Dans les plaines avec Custer

La vie occidentale et les actes du chef aux cheveux jaunes, sous lequel servait le clairon du garçon Ned Fletcher, lorsque, dans les années troubles 1866-1876, la septième cavalerie combattante a aidé à gagner le Kansas, le Nebraska et le Dakota pour le blanc. Civilisation et paix d'aujourd'hui

Edwin L. Sabin

Writat

Cette édition parue en 2023

ISBN : 9789359250687

Publié par
Writat
email : info@writat.com

Contenu

AVANT-PROPOS

C'est l'histoire de Ned Fletcher et de la septième cavalerie régulière de l'armée américaine, alors qu'ils suivaient dans les plaines occidentales le général Custer aux cheveux jaunes. Pourtant, il ne s'agit pas uniquement d'une histoire de combats ; car être un bon soldat ne signifie pas qu'il faille servir seulement pour combattre. En effet, il existe d'autres combats dignes que ceux du plomb et de l'acier, du cheval et de l'infanterie. Tout citoyen sérieux est un bon soldat. Le général Custer était aussi grand en paix qu'en guerre ; à la maison comme aux champs, et il aimait ses devoirs domestiques autant que ses autres devoirs, ce qui est le signe d'un véritable homme.

Le général Custer existe aujourd'hui. Il reste des hommes et des femmes qui ont marché avec lui. Quant à Ned Fletcher, qui peut le dire ? Une petite fille nommée Fletcher a été capturée par Cheyennes et Sioux, tout comme la sœur de Ned a été capturée ; et le chef Cut Nose l'appelait « Little Silver Hair ». Le général Custer l'aurait sauvée, comme le montrent les archives officielles. Deux petits enfants ont été retrouvés dans le village Cheyenne sur la Washita. Dans la bataille ici, un garçon clairon a été blessé tout comme Ned a été blessé. Oui, et à Fort Wallace, un petit clairon a été tué. De sorte que les garçons servaient dans l'ancienne septième cavalerie, sous les ordres du général Custer. En tant que garçon courageux, Ned aurait pu être là, même sous un nom différent.

Le général Custer a laissé sa propre histoire sur ses jours dans les plaines du Kansas et du Nebraska. Il se trouve devant moi. Mme Custer, sa camarade de garnison, de camp et de marche, a écrit plusieurs livres sur lui. Ils mentent devant moi. Il existe une biographie d'un certain capitaine Whittaker, écrite à la fin de la dernière bataille, il y a près de quarante ans. Aux côtés du général Sheridan et du général Custer, lors de leur campagne contre les Cheyennes et les Kiowas, il y avait un journaliste, Randolph Keim, qui a également écrit un livre. Il y a eu des chapitres, dans d'autres livres et dans des revues, et des brochures d'autrefois ; et, comme je l'ai dit, il existe aujourd'hui des hommes et des femmes qui ont connu le général. Parmi tous ces éléments, il convient de rechercher davantage d'informations. Aucune plume ne peut décrire une chose aussi belle qu'un homme.

Ce livre doit donc parler du Custer que Ned le garçon et le jeune ont vu ; et des affaires auxquelles il prit part lors de cette lutte finale où la race blanche supplantera la race rouge, dans les plaines du nord et du sud. Dans le récit de ces années, j'ai essayé de montrer ce que ressentait la race blanche et ce que ressentait la race rouge ; car chacun avait ses droits et ses torts, et chacun faisait le bien et le mal. Le résultat en est venu le bien général, que l'église et l'école ont pu s'élever et que les gens ont pu travailler et jouer en paix, là où autrefois se trouvaient seulement les huttes improductives, et la pensée principale était la guerre et le pillage.

Edwin L. Sabin.

Coronado, Californie, 1er juin 1913.

TABLEAU CHRONOLOGIQUE

GEORGE ARMSTRONG CUSTER

Célèbre soldat américain et chef de cavalerie pendant la guerre civile et lors des campagnes indiennes par la suite. Un citoyen fidèle, un fils tendre, un mari dévoué. Nom de famille « Autie » ; autrement appelé Armstrong; par des correspondants de guerre surnommés « le garçon général » ; par les soldats surnommés « Old Curly » et « Jack » ; intitulé par les Indiens « les cheveux jaunes », « les cheveux longs » ou, en toutes lettres, « chef blanc aux longs cheveux jaunes ».

Né à New Rumley, Ohio, le 5 décembre 1839.

Père : Emmanuel H. Custer, du Maryland.

Mère : Maria Ward Kirkpatrick, de Pennsylvanie.

A passé son enfance à New Rumley, à la ferme et avec sa sœur à Monroe, Michigan.

A fait ses études à New Rumley, à la Stebbins Academy (Monroe) et au Monroe « Seminary », ainsi qu'à la Hopedale, Ohio, Normal School.

Nommé à l'Académie militaire de West Point, 1857.

Diplômé dernier de sa classe, 1861.

Affecté comme sous-lieutenant, Compagnie G, Deuxième cavalerie des États-Unis.

Trois jours après avoir quitté West Point, il se présente au service de l'armée du général McDowell, le matin de la bataille de Bull Run.

Bientôt détaillé comme aide de camp et adjudant général adjoint dans l'état-major du général Philip Kearny.

Sous-lieutenant, Cinquième cavalerie des États-Unis, 1862, sous les ordres du général Stoneman.

Sert brièvement auprès des ingénieurs topographiques, 1862.

Nommé aide de camp dans l'état-major du général McClellan, en juin 1862, avec grade de capitaine.

Après le retrait de McClellan, il est nommé premier lieutenant de la Cinquième Cavalerie.

En attente d'ordre, à Monroe, hiver 1862-1863, courtise et gagne sa future épouse, Elizabeth Bacon.

Se présente au poste de premier lieutenant auprès de la Compagnie M, Cinquième Cavalerie, Armée du Potomac, avril 1863.

Nommé aide de camp du général Pleasanton, commandant la première division du corps de cavalerie de l'armée du Potomac.

Juin 1863, à l'âge de 23 ans, nommé général de brigade des volontaires, commandant de la deuxième brigade (la brigade « Michigan »), troisième division, corps de cavalerie, sous les ordres du général Kilpatrick, et se distingue à la bataille de Gettysburg. "Le jeune général aux mèches dorées."

Légèrement blessé à Culpepper, septembre 1863.

Marié le 4 février 1864 à Monroe, Michigan, avec Elizabeth Bacon, fille du juge Daniel S. Bacon, et emmène son épouse avec lui au camp du quartier général de la brigade.

Sheridan, le nouveau commandant de cavalerie, se voit confier l'avance dans les différents raids.

Transféré au commandement de la Deuxième Division de Cavalerie, et enfin en septembre 1864, à celui de la Troisième Division.

Octobre 1864, âgé de 25 ans est breveté major-général des volontaires, pour bravoure. Le plus jeune de l'armée.

Continue de diriger la troisième division de cavalerie, qui se distingue par sa discipline, son élan et les cheveux longs, les chapeaux de cavalier et les cravates rouges volantes de ses hommes, copiés d'après le costume bien connu de Custer.

Onze chevaux sont abattus sous lui, au combat. En six mois, sa division capture 111 pièces d'artillerie de campagne, 65 drapeaux de bataille et 10 000 prisonniers dont sept généraux. Il ne perd pas un drapeau ou une arme et ne subit pas la défaite.

Le 9 avril 1865, il reçoit un drapeau de trêve véhiculant le premier mot indiquant que le général Lee envisage de se rendre. Ainsi, « le jeune général » a combattu de Bull Run à Appomattox.

A la fin de la guerre, une division de cavalerie est envoyée au Texas.

Il offre le commandement de la cavalerie de l'armée du général Juarez, Mexique, dans le conflit avec l'empereur Maximilien ; mais le Congrès n'est pas autorisé à l'accepter.

En 1866, il est breveté major-général dans l'armée régulière, pour le service de guerre.

En octobre 1866, il est nommé lieutenant-colonel pour commander la septième cavalerie des États-Unis et reçoit l'ordre de se rendre à Fort Riley, au Kansas.

Cinq années de service, de 1866 à 1871, dans les plaines du Kansas, du Nebraska, du Colorado et du territoire indien, aboutissant à l'assujettissement des Kiowas, Arapahos, Cheyennes, Comanches et Apaches dans ce district.

De 1871 à 1873, stationné avec son régiment au Kentucky.

Au printemps 1873, il ordonna avec son régiment de se rendre à Fort Rice, dans le Dakota, pour des opérations parmi les Sioux. Occupe le nouveau poste de Fort Lincoln.

S'engage dans des campagnes le long de la rivière Yellowstone et explore et exploite les Black Hills.

25 juin 1876, âgé de 37 ans, tué avec cinq compagnies de sa cavalerie dont un seul homme, un éclaireur Crow, s'échappe, à la bataille de Little Big Horn, Montana, avec 3000 Sioux.

JE
UN WAIF SUR LA PRAIRIE

Dans toutes les directions s'étendaient les prairies brunes et solitaires du centre-nord du Kansas, 1866. D'un horizon à l'autre, aucune maison d'aucune sorte n'était visible, ni même un arbre, à l'exception de lignes basses de saules et de peupliers occasionnels marquant le cours des ruisseaux. . Le ciel bleu pâle de la fin novembre se courbait légèrement, la brise constante des plaines faisait bruisser les mauvaises herbes séchées et le tapis d'herbe à buffle séché au soleil ; et Ned Fletcher, marchant péniblement, se sentait un tout petit garçon dans un très vaste monde.

Cependant, il n'avait pas peur de la grandeur ; et comme il se précipitait aussi vite qu'il le pouvait, l'oreille attentive aux serpents à sonnettes au soleil et l'œil sur un vaste troupeau de buffles paissant loin au nord-est, il était plutôt heureux de sa solitude. Des objets en mouvement, un cheval, pouvaient signifier des Indiens, et il ne voulait pas d'Indiens. Ah non, non, non.

Ned était tête nue, ses cheveux longs et emmêlés comme s'ils avaient besoin d'être coupés et peignés. Mais qui avait-il pu, dans les camps indiens, couper ou coiffer les cheveux d'un prisonnier blanc ? Il portait sur son corps un fragment de couverture taché en lambeaux, la tête passée à travers une fente. Un pied était fourni avec un vieux mocassin auquel il manquait une partie de la semelle ; l'autre pied n'avait rien. En marchant précipitamment, il boitait.

Où il se trouvait, il ne le savait pas. Il était toujours au Kansas, croyait-il, même si une partie de ce pays plat des prairies ressemblait beaucoup à une autre. Depuis qu'il s'était échappé des Sioux, il essayait de se diriger tout droit vers l'est ; mais il s'était faufilé le long des lits tortueux des ruisseaux et avait dormi un peu, et maintenant il ne pouvait pas dire exactement où il se trouvait ni jusqu'où il aurait pu aller.

Quelque part auparavant se trouvaient les colonies de la frontière du Kansas, à partir desquelles s'étendait vers l'ouest le chemin de fer du Kansas Pacific, à destination de Denver. Au nord se trouvait la piste des émigrants de Republican Fork vers Denver et au sud se trouvait la piste de Smoky Hill. Avec ceux-ci, et avec les ranchs et hameaux éloignés qui étaient susceptibles d'être rencontrés, il semblait à Ned que, par tous les moyens, il serait sauvé s'il continuait.

Soudain, il s'arrêta net, le pied boiteux levé, et regarda. Il était tout prêt, comme un chien de prairie ou autre animal sauvage timide, à disparaître. C'est ce qui l'alarmait : le troupeau de buffles en pâturage, qui ressemblait à une grande étendue de groseilliers noirs, s'était brisé et était en fuite !

Comme tout le monde dans l'Extrême-Ouest le savait ou devrait le savoir, les buffles qui couraient étaient des buffles effrayés ; et la question serait naturellement : « Qu'est-ce qui les a effrayés : les chasseurs blancs ou les chasseurs indiens ? Beaucoup de choses, même la vie, pourraient dépendre de la réponse.

Le cœur de Ned battait à tout rompre dans sa poitrine osseuse, sous la fine couverture, et il cherchait une cachette du regard.

Le lit du ruisseau était trop loin ; la terre autour était plate, sablonneuse et chauve ; mais à proximité se trouvait un curieux creux circulaire, comme une fossette dans la face brune de la prairie. Accroupi et effleurant, Ned se précipita vers lui et s'y plongea.

C'était un buffle. Au début, un vieux buffle, tourmenté par les mouches, avait pataugé et corné et remonté le gazon d'un point faible de la prairie, et là, il avait pris un bon roulement. D'autres buffles l'avaient suivi, agrandissant le trou tout en profitant de leurs bains de boue. À la fin du mois de novembre, la mare était sèche, mais elle mesurait deux pieds de profondeur et quinze pieds de largeur.

Derrière le bord en pente du vautour, Ned était allongé tout près et regardait par-dessus. C'était un garçon courageux, mais il frissonnait d'excitation. Après s'être échappé, être allé si loin et être presque en contact avec les Blancs, allait-il être repris ? Il ne pouvait pas le supporter – non, il ne pouvait pas le supporter, à moins d'y être obligé. Quand il le faut, les gens peuvent supporter beaucoup de choses.

Les buffles grossissaient rapidement et, avec leur galop singulier, ils avançaient en trombe. Il y en avait plusieurs milliers ; le battement de leurs sabots se fondit dans un rugissement sourd ; sur leur torrent de dos noirs flottait une écume jaune de poussière.

Regardant anxieusement au-delà d'eux, Ned cherchait les chasseurs. Il crut les voir, des cavaliers, voilés de poussière, qui les poursuivaient avec tant de fureur. Étaient-ce des cavaliers blancs ou rouges ? Puis il vit, avec soulagement, que le troupeau se déplaçait au-delà de son terrier, et non au-dessus. De toute façon, il ne serait pas piétiné à mort ; et peut-être qu'on ne le verrait pas. Et puis il vit qu'un seul buffle s'était séparé du troupeau volant, et qu'il avait jumelé avec lui un seul cavalier pour le descendre. *Ils* se dirigeaient presque directement vers le vautour.

Ned s'aplatit aussi plat qu'un crapaud cornu ou un lézard et, immobile, observait. Il n'osait pas remuer la tête, il osait à peine respirer. Les Indiens, comme il le savait, avaient des yeux très attentifs à tout mouvement sur la surface du sol.

Le buffle courait vaillamment, tête baissée, queue courbée, l'avant lourd propulsé par l'arrière-train léger. Sur ses derrières, le chasseur était poursuivi. Ned, scrutant à travers un écran de mauvaises herbes, attacha les yeux sur lui pour le lire. Il portait un chapeau ; bien! Il portait une chemise ou un manteau ; très bon! Il tenait un revolver ; très bien! Il chevauchait comme un homme blanc ; Hourra!

Le cœur battant à nouveau, Ned attendit encore une minute, pour être sûr.

Comme le buffle courait ! Comme le chasseur chevauchait ! C'était un gros buffle taureau. Ned pouvait voir sa tête hirsute, comme celle d'un lion ; il croyait voir sa langue pendante, mousseuse et rouge ; Il pouvait presque voir ses yeux brillants et entendre sa respiration haletante. Le cavalier — oui, il était blanc ! — se penchait en avant, levant son bai aux longues jambes vers la course. Sa main droite tenait haut un lourd revolver, sa main gauche rassemblait les rênes lâchement tirées ; son chapeau à larges bords s'enflammait au gré de la brise qu'il faisait ; ses cheveux, jaunes et libres, flottaient vers l'arrière. Il poussa un cri sauvage et exultant, et son cheval, s'allongeant de bond en bond, mangeait équitablement l'espace réservé à la carrière fatiguante et lourde. Il fallait un cheval rapide pour faire cela ; mais le buffle était blessé, car maintenant de sa langue rouge coulait quelque chose de plus rouge encore.

Ned venait de conclure que le chasseur devait être un soldat, car les coutures de son pantalon, visibles entre les bottes et la chemise ou le manteau, portaient de larges rayures, lorsqu'il réalisa aussi que cette chasse, comme le reste de la chasse, dépassait son se complaire; et que s'il ne se faisait pas connaître, il ne serait pas vu. Encore une minute, et le buffle et son cavalier seraient là, et il y avait peu de chances qu'ils remarquent un jour une chose aussi petite que lui, derrière eux. Avec un ressort, Ned se précipita dehors ; agitant les bras et appelant, il courut à travers la prairie.

Ses pensées et ses yeux étaient tournés vers le cavalier, ce cavalier blanc. Il ne se souciait plus du buffle, à présent – mais le buffle ne se souciait pas de lui. Ned se dirigea vers le chemin même de la poursuite à récurer, agitant la main et criant ; et virant à une tangente brusque, le buffle se précipita immédiatement vers lui. La petite queue du buffle se releva à moitié, sa tête hirsute tomba plus bas et il se jeta sauvagement sur ce qu'il pensait être un nouvel ennemi.

Ned ne s'arrêta pas pour discuter. Un buffle enragé qui arrive à toute vitesse n'écoute pas parler, et le fait que Ned n'était qu'un garçon ne faisait aucune différence pour ce grand gaillard. Dans un saut latéral, Ned esquiva, se retourna et se dirigea de nouveau vers son vautour.

Cela semblait être la chose à faire. Maintenant, il oubliait le cavalier et pensait au buffle. Il avait peu d'espoir de le battre, car un buffle peut courir aussi vite qu'un cheval ordinaire et ce buffle était très en colère. Ned imaginait que le souffle chaud du grand animal lui brûlait le dos, que les cornes dures et trapues l'effleuraient là ; ses jambes étaient faibles et ses pieds lourds ; et, regardant nerveusement derrière lui, tandis qu'il courait, il trébucha et s'étala éperdument. Quand il devrait arrêter de rouler, et alors ?

Il s'arrêta et se remit debout et regarda rapidement, à quatre pattes, avant de pouvoir se lever. Ses prochains mouvements dépendaient du buffle. Le buffle s'était arrêté, comme surpris. Il était presque imposant, tellement il était énorme ; il observait Ned, sa bosse emmêlée haute, sa tête barbue et poilue basse, sa langue dégoulinante d'écume cramoisie, ses globes oculaires striés de rouge se détachant au milieu de ses mèches emmêlées, sa gorge grondant, ses sabots antérieurs jetant la terre en signe de défi. Dès qu'il pourrait débattre un peu de ce qui avait contrarié son nouvel ennemi, il chargerait à nouveau.

Ned, accroupi sur les mains et les genoux, regardait le buffle ; le buffle, grondant, piaffant et saignant, regardait Ned.

Mais le cavalier… le cavalier ! Avec un bruit de sabots rapide, il galopa. « Reste tranquille, mon garçon ! Restez à terre ! » » cria-t-il d'une voix claire et sonore. Ned n'a jamais oublié à quoi il ressemblait, car avec ses cheveux jaune vif flottant, les extrémités de sa cravate cramoisie ruisselant sur sa gorge, son chapeau noir évasé, ses grands yeux bleus dans son visage moustachu bronzé flamboyant, la bride libre et le revolver pointé, comme un tourbillon, il a dépassé le grande bête – tirant tout en le faisant – <u>et maintenant, passant à toute vitesse devant Ned également, il se pencha, à la manière d'un Indien</u>, saisit Ned sous les bras et, avec un fort soulèvement, le hissa jusqu'à la selle.

Pendant un instant de plus, le cheval, avec Ned ainsi suspendu à côté de lui, poursuivit sa route. Puis, en réponse à un ordre vigoureux et à la traction de la main gantelée tenant à la fois le revolver et les lignes, il a fait volte-face et s'est arrêté. Étourdi, s'accrochant désespérément à la taille en peau de daim, Ned regardait devant lui. Le grand taureau était couché, donnant faiblement un dernier coup de pied. Ned leva les yeux, face à un visage baissé. C'était un beau visage viril ; mince et profondément bronzé, avec des yeux bleus ensoleillés, un front large et haut, un nez droit, une moustache fauve flottante, un menton ferme et fendu, le tout sous un grand chapeau mou noir à bords souples, sous lequel les cheveux jaune vif tombaient en longues vagues bouclées jusqu'au col de chemise. Ce col de chemise était généreux et roulé, en flanelle bleue avec une étoile blanche à chaque point devant. Sous le col se trouvait une longue cravate douce en soie cramoisie, dont les extrémités étaient légèrement nouées et pendaient à l'extérieur d'un manteau en peau de daim à franges. Entre la jupe du manteau et le haut des bottes d'équitation, il y avait un pantalon poussiéreux bleu militaire, avec de larges rayures jaunes le long des coutures. Dans l'ensemble, aux yeux vifs et étonnés de Ned, il était un individu des plus attirants et des plus remarquables.

Baissant les yeux, tandis que Ned levait les yeux, il sourit chaleureusement et dit :

« Eh bien, nous avons eu le buffle avant qu'il ne vous ait eu, n'est-ce pas ? Voyons."

Avec un « Whoa, Phil ! Calme, maintenant ! jusqu'au cheval, il abaissa soigneusement Ned et le reposa sur le sol ; puis, s'élançant facilement, il descendit de cheval et, laissant le cheval debout, le revolver prêt, il s'approcha du buffle. Mais le buffle était mort.

"Très bien", répondit-il à Ned, qui regardait anxieusement. "Hourra! C'est un grand gars, n'est-ce pas ! Et voilà les chiens ! Salut!" et soulevant une corne de vache de sa fronde jusqu'à ses lèvres, il souffla un souffle émouvant et joyeux. « Regardez-les s'en sortir ! Le rythme était trop chaud pour eux, cette fois. Eh bien », s'adressa-t-il plus directement à Ned, « viens par ici et parle-moi de toi. Tu es un garçon blanc, n'est-ce pas ? Je m'appelle Custer—Autie Custer ; quel est ton?"

«Ned Fletcher», balbutia Ned. « Je suis un garçon blanc, mais j'ai été captif avec les Indiens. Maintenant, je m'échappe. Vous—vous êtes un officier dans l'armée, je suppose.

"Qu'est-ce qui te fait penser cela?" La question était rapide et précise, avec des yeux bleus scintillant derrière elle.

Ned hésita. Son regard s'égarait vers les points noirâtres, que l'on disait être des chiens, qui s'approchaient rapidement à travers la prairie ; et je revins à cette silhouette droite, souple, aux épaules carrées, se tenant là si fascinante par son visage, sa forme et son costume. Ned ne pouvait pas dire exactement pourquoi, mais il sentait que cet homme était à la fois un soldat et un leader. S'il n'était pas officier, il devrait l'être, de toute façon. Alors Ned hasarda :

« À cause de ces rayures… et tu as des étoiles sur le col de ta chemise. »

Les yeux bleus pétillaient joyeusement.

« Oh, ces étoiles ne comptent pour rien. C'est une chemise de marin. Et peut-être que j'ai volé le pantalon. Ma femme m'appelle « Autie », les hommes m'appellent « Jack », mais de temps en temps, quelqu'un m'appelle « Colonel », donc je suppose que je suis une sorte d'officier, après tout. Mais ici, si vous êtes un garçon blanc, vous devez porter quelque chose. Tu n'as pas froid ? Vous devez avoir froid. Prends mon manteau. Captif des Indiens, dites-vous ? Où? Comment est-ce arrivé? Mets ce manteau et dis-le-moi. Je vais couper la langue de ce buffle. Avez-vous déjà vu la langue d'un buffle coupée ? C'est tout un boulot, n'est-ce pas ! Salut! Bonjour les chiots ! (Car les chiens arrivaient.) À bas, Maida ! En bas, flirtez ! Blucher! Bon chien, Byron ! Où est Rover ? Oh oui; Je vois. Dépêche-toi, Rover, ou tu arriveras trop tard. Là! Ça fera l'affaire. La prochaine fois que vous chasserez avec le vieil homme, vous garderez votre vent pour le dernier coup, n'est-ce pas ! »

Les chiens étaient des animaux splendides : trois chiens de chasse décharnés au poil rugueux, un chien de chasse au cerf, un ou deux chiens de chasse au renard. Ils entraient haletants et impatients, pleurnichant, gambadant et reniflant à droite et à gauche. Le colonel Custer s'agenouilla et, sortant son couteau de chasse, ouvrit la gueule du taureau mort et coupa la langue épaisse.

Ned ne voulait pas enfiler le manteau en peau de daim, mais on lui avait ordonné de le faire, alors il l'a fait et il a laissé tomber la couverture en lambeaux. Le manteau le recouvrait presque. Tandis que les chiens le flairaient et que l'excitation régnait toujours, il répondait aux questions.

« Les Dog Soldiers ont tué mon père, incendié le ranch et nous ont emmenés avec eux, ma mère, ma sœur et moi. Ma mère est morte, ils l'ont fait travailler trop dur (et Ned s'est étouffé), et je ne sais pas où est ma sœur mais je vais la retrouver.

« Où était le ranch ?

"Sur le Bijou dans le Colorado."

"Il y a combien de temps?"

"À peu près un an. J'ai été échangé aux Sioux. Mais quand j'en ai eu l'occasion, je me suis enfui.

« De leur village ?

"Non monsieur; en marche. »

« Qui étaient les chefs ?

« Le chef Sioux était Pawnee Killer et le chef Cheyenne était Cut Nose. J'ai fui Pawnee Killer. Ma sœur est sortie avec les Cheyennes du vieux Cut Nose, je crois.

« Où veux-tu aller, mon garçon ?

"N'importe où, pour que je retrouve ma sœur."

"D'accord." Le colonel Custer avait fini de lui couper la langue. Il essuya alors son couteau sur la laine du buffle et se leva. « Nous allons d'abord vous ramener à Riley. C'est là que j'habite : Fort Riley. Ce n'est pas loin ; une journée de balade. Nous partons en reconnaissance. Voilà mon infirmier, maintenant. Le paresseux ! Hein, Phil ? et le beau cheval bai, ainsi interpellé, lui dressa les oreilles. « D'abord, nous laissons l'infirmier, puis nous laissons les chiens, et nous tuons un buffle et récupérons un garçon ! Ce sera quelque chose à dire à la vieille dame à notre retour.

Ce bel et énergique officier de l'armée avait un air si joyeux et si enfantin que Ned, un autre garçon, se retrouvait déjà amoureux de lui.

Maintenant, l'infirmier galopa. Il portait une casquette, une blouse et un pantalon bleu marine du service réglementaire ; et grâce à ses galons et chevrons jaunes et à la corne de cuivre qui pendait à son épaule, il était clairon.

Il arriva poussiéreux et rouge, son cheval très gonflé ; s'arrêtant, il salua, essayant de ne pas le regarder. Le colonel Custer se redressa très grand, droit et militaire, le regarda sévèrement et parla d'un ton bourru – même si Ned était certain que ses yeux bleus brillaient.

« Emmène ce garçon avant toi, Odell. Où est le reste de la troupe ?

"Oui Monsieur. À la suite du buffle, monsieur.

"Où étais-tu?"

"J'essaie de vous rattraper, monsieur."

"Oh! Je vois." Et tandis que le colonel Custer se tournait vers son propre cheval et attachait la langue de buffle à la selle, Ned imagina non seulement l'étincelle dans les yeux mais aussi un sourire sous la moustache jaune.

"Eh bien, mon garçon, tu dois monter à bord avec moi, dit le général", dit le clairon Odell. « Donnez-moi une emprise sur vous et je vous aiderai à vous relever. Mais tu devrais avoir une couverture pour tes jambes. Il fait froid, je roule. Utilise cette couverture, maintenant, je vois que tu es là.

"Non. J'en ai assez », affirma Ned en regardant le fragment de couverture avec dédain. Le lourd manteau en peau de daim lui tombait sous les genoux et il était habitué à l'air froid.

"Oui; enroulez ce morceau de couverture autour de vous, sinon vous aurez un trou dans les jupes de selle d'Odell », ordonna le colonel Custer, alors qu'il sautait à califourchon sur sa propre selle.

« Vous entendez ce que dit le général », rappela sobrement Bugler Odell. « Va chercher la couverture et viens, maintenant.

Alors Ned, comprenant que c'était évidemment la coutume d'obéir à tout ce que lui disait l'homme aux cheveux jaunes, souleva avec précaution le fragment de couverture sale et s'approcha de l'étrier du clairon. Un pied dessus, et le soldat le tirant vigoureusement, il fut bientôt assis devant le pommeau bas, où il replia la couverture autour de ses jambes.

"Prêt?" demanda le clairon. « C'est parti, et vous feriez mieux de tenir bon, car le général n'attendra pas. Ce chien est un tarrer.

"Le général? Est-ce un général ! Il a dit qu'il était colonel, balbutia Ned, perplexe, alors qu'ils suivaient l'homme aux cheveux jaunes, d'un trot cahoteux qui se transforma bientôt en un galop plus doux.

"OMS? Le général Custer ? Bien sûr, il est colonel de gauche des réguliers, commandant la Sivinth Cavalry ; mais il était général de brigade et major-général breveté des volontaires de la guerre, et aussi le plus jeune de toute l'armée. Oui, et c'est un brevet de major-général ou de régulier qu'on vient de lui remettre. Il faut donc l'appeler « général », et ne l'oubliez pas. »

« *Général* Custer ! Oh, je connais *le général* Custer ! Il était le « petit général » ! » s'exclama Ned, excité. «Mon père le connaissait, je veux dire. C'était le général de mon père. Maintenant, je me souviens. Au début, je n'y ai pas pensé.

« Eh bien, c'est un bon soldat et un brave homme », commenta succinctement le clairon ; "et avec la Sivinth Cavalry, il va former un régiment, ou je me trompe beaucoup."

La carcasse du buffle mort avait été laissée sur place. La prairie était auparavant exempte d'autres buffles, car tout le grand troupeau en fuite avait disparu. Le général Custer, chevauchant superbement, ses bouts de cravate cramoisis et ses cheveux jaunes flottant ensemble, ses chiens haletants de chaque côté et sur ses talons, augmentait rapidement son avance ; son jeune cheval était un coureur et un pur-sang, et le cheval du soldat était lourd et ordinaire. Agrippé à la crinière avec ses mains et aux rabats de selle avec ses tibias, Ned, sûr de lui et pas le moins du monde effrayé (il avait trop souvent monté jambes nues et à cru, avec les Indiens) aimait le galop, mais souhaitait afin qu'ils soient plus proches du «général».

Des points noirs, se déplaçant à la surface de la prairie, sont apparus auparavant. Le général ralentit le pas, et tandis que le clairon et Ned approchaient, il ordonna par-dessus son épaule :

« Sonnez le rassemblement. »

Le clairon Odell tenta de saluer, de mettre son cheval au trot et de porter son clairon à sa bouche, tout cela en un instant. Mais le cheval secouait la tête, rongeait et tirait, et le clairon, oscillant entre l'homme cavalier et l'enfant cavalier, se coinçait fermement. Odell marmonna plusieurs remarques colériques et dépitées.

"Je vais tout gâcher", proposa Ned amicalement. "Devrais-je?"

"Toi!" grogna le soldat Odell. « C'est le rassemblement, au clairon, que veut le général. Si vous voulez bien tenir ce chien une seconde, maintenant… » et, rouge et troublé, il tira fort.

«Je vais tout gâcher. Je peux, répéta Ned avec empressement, désireux de montrer son courage et d'aider Odell embarrassé.

Alors que le cheval obstiné caracolait, le clairon se libéra à nouveau, se déplaçant assez brusquement, de sorte que Ned n'eut qu'à l'atteindre et à l'attraper. Il l'a rapidement appliqué sur ses lèvres (tout en le serrant fermement avec sa main et ses deux tibias) et a fait exploser le rallye du mieux qu'il pouvait. Des notes aiguës claires et passablement régulières sonnaient.

"Assez bien, b'gorry!" murmura Odell. « Mais que dira le général ? Donnemoi cette corne.

Au moment où la dernière note s'éteignit, le général avait fait rouler son cheval pour regarder.

« Qui a raté cet appel ? » il cria.

"Je l'ai fait", annonça courageusement Ned. "M. Odell gérait son cheval, et il n'a pas dit que je pourrais le faire, mais je l'ai fait.

"Le garçon a pris le klaxon avant que je puisse l'arrêter, monsieur", a expliqué Odell, agité. « Je vais le faire sauter maintenant, monsieur. Ce satané hoss… » et le clairon Odell sursauta sauvagement, tirant sa monture sur ses hanches.

« Il a donc très bien gâché », déclara le général Custer. « Essaye encore, mon garçon. Mettez plus de force derrière cela, pour que ces soldats là-bas entendent. Nous sonnons le signal pour qu'ils viennent ; voir?"

Ned souffla énormément, collant ses lèvres, gonflant ses joues et écarquillant les yeux. Les notes sonnaient au loin, à travers la prairie brune. Et maintenant, les points devaient avoir entendu, car par deux ou trois, ils arrivaient, devenant toujours plus gros et se transformant en hommes à cheval.

Le général courait facilement, suivi de près par Bugler Odell et Ned.

« Où as-tu appris le clairon ? il a ordonné.

«De la part de mon père», répondit fièrement Ned. "Il connaissait tous les appels de l'armée."

« Il l'a fait, n'est-ce pas ? Où les a-t-il appris ?

« Pendant la guerre. C'était un clairon.

« Quel régiment ?

«Sixième cavalerie du Michigan.»

"Quoi!" Le général Custer arrêta son cheval alors qu'il se retournait en selle et scrutait Ned, ses yeux bleus brillants. « Était-il un Michigander ? Dans mon ancienne brigade, donc ! C'était un de mes garçons ! Le fils ou la fille de l'un de mes garçons est comme un membre de ma propre famille. Bien sûr, vous viendrez avec moi à Fort Riley. Qu'est-ce que vous voulez faire?"

Une résolution soudaine s'empara de Ned.

« Moi aussi, j'aimerais rejoindre l'armée et chasser les Indiens jusqu'à ce que je retrouve ma sœur. »

« Vous le ferez », déclara le général avec enthousiasme. « Je vais t'enrôler comme clairon dans la Septième Cavalerie, et nous chasserons les Indiens ensemble et retrouverons ta sœur, j'en suis sûr. Serrez-lui la main. Il retint habilement son bai agité vers le côté du cheval de troupe et lui tendit la main. Avec une forte poigne, son gant nerveux se referma chaleureusement sur les doigts minces et cicatrisés de Ned. "Maintenant, parle-m'en plus sur ton père."

Ainsi, pendant qu'ils chevauchaient lentement, attendant l'arrivée des soldats, Ned fit : à propos de ce général singulièrement jeune (le plus jeune, avait dit le clairon Odell, de toute l'armée, commandant des hommes, comme le père de Ned, presque deux fois son âge) le l'histoire de la façon dont M. Fletcher, après la guerre, avait déménagé à la frontière du territoire du Colorado et s'était installé dans un ranch ; comment les hors-la-loi Cheyennes et Sioux, appelés « Dog Soldiers », avaient attaqué le ranch, le tuant sur le terrain, incendiant les bâtiments et emportant Ned, la mère de Ned, et sa sœur âgée de huit ans.

Pendant que le général posait des questions, les autres soldats, répondant au « rassemblement », commencèrent à arriver.

II
AU VIEUX FORT RILEY

De bonne heure arriva un lancier, portant le guidon fourchu en hirondelle, son cheval soufflé et mouillé. Les soldats se rassemblèrent autour de lui.

Le premier des cavaliers était un homme et non un soldat ; au moins, il ressemblait davantage à un beau desperado gentleman. Il était assis confortablement, souple et large d'épaules ; de sous son chapeau noir à larges bords tombaient sur les épaules de longs cheveux blonds bouclés. Il portait autour de la taille une paire de revolvers à manche en ivoire, un à chaque cuisse. Il portait des bottes brillantes et souples arrivant jusqu'au genou ; culottes d'équitation ajustées en peau de biche blanche; une fine chemise de flanelle bleue ouverte au col et bordée de rouge sur le devant ; autour de son cou était noué un mouchoir de soie bleue ; il avait sur les mains des gants à manchettes bien bordés. Sa peau était claire, avec juste une touche de brun soleil ; une longue moustache blonde tombait de chaque côté d'un menton ferme et propre ; son nez était un nez de faucon audacieux, et aussi perçants que les yeux d'un faucon étaient ses yeux d'un bleu d'acier. Dans l'ensemble, il semblait être un homme avec lequel il fallait compter.

"Eh bien, Bill", s'adressa au général avec entrain, "je ne voulais pas vous abandonner, mes amis, mais j'avais besoin d'exercice."

"Je vois," acquiesça gravement Bill. Ses yeux vifs et d'acier remarquèrent la langue du buffle ; ils lisent chaque détail du visage et de la silhouette de Ned ; et balayant rapidement l'horizon, ils revinrent vers lui.

"J'ai tué un gros taureau et j'ai trouvé un petit garçon", a poursuivi le général. « Ned, ce monsieur est M. James B. Hickok, mieux connu sous le nom de Wild Bill. C'est un ami précieux à avoir.

M. Hickok retint son cheval et tendit la main à Ned.

"Comment vas-tu?" » il a parlé poliment. Sa voix était douce, mais vibrante, et Ned l'aimait bien. "Comptez-moi à votre service."

Ned était certain que M. Hickok ne se moquait pas de lui ; et, confus, il lui serra la main. Sur quoi M. Hickok ramena gracieusement son cheval vers le général.

Tous les soldats étaient arrivés. « À en juger par leurs rouleaux de couvertures et leurs musettes, ils doivent être en reconnaissance, pensa Ned, et pas seulement en chasse. Parmi les derniers arrivés se trouvait un autre jeune officier, un capitaine, disaient les doubles barres de ses bretelles.

« Très bien, Hamilton. Maintenant que vous nous avez montré que vous êtes en sécurité, nous allons continuer », a déclaré le général, toujours d'humeur plaisante. Le fait qu'il ait éloigné toute sa compagnie et qu'il ait vécu une aventure lui plaisait énormément.

D'un geste rapide, il agita la main et, accompagné de M. Hickok, trottina vers l'avant. Le capitaine Hamilton escortait d'un côté de la colonne, tandis que les soldats se déployaient deux par deux. Derrière le général se trouvaient le caporal suppléant et le clairon Odell, Ned le tenant fermement. De temps en temps, le clairon Odell laissait passer des informations par-dessus l'épaule de Ned.

«C'est Wild Bill», dit-il avec prudence. « C'est le nom qu'il préfère. Il est l'éclaireur en chef du général et le gardien de la paix dans tous les domaines, car il est le patron de Riley, je vous le dis. Mesurant six pieds deux pouces, il se tient en chaussettes ; vous pouvez lui étendre la taille avec vos mains. Le tir le plus rapide avec le pistolet que j'ai jamais vu ; Chain Lightnin' ne peut pas le battre. Mais on ne penserait pas qu'il était si taré, pour lui parler. Et quand il est en colère, il ne parle pas beaucoup plus fort et ne dit pas beaucoup plus ; Pourtant, vous pariez que ses paroles et ses regards seront durs pour que le pire méchant de la piste se calme et dise : « Certainement, Bill. Excusez-moi, M. Hickok. Il a servi dans les troubles du Kansas avant la guerre, lorsque les hommes des terres libres et les esclavagistes faisaient de la frontière un endroit brûlant. Il était également un éclaireur de l'Union ici pendant la guerre et a combattu à la bataille de Pea Ridge, en Arkansas. À l'époque de Wan, à Soixante-wan, seul dans une pièce, il fut attaqué par dix bandits frontaliers, corps à corps, et quand ce fut fini, ils étaient tous morts et il était « presque mort avec onze chevrotines en lui et treize autres blessures ». »

« Est-il un soldat maintenant ? » demanda Ned, impressionné.

"Non; pas ce qu'on pourrait appeler un soldat ordinaire. C'est un frontalier, un frontalier. Certains pourraient le qualifier de dispersé, derrière son dos ; et certains sont joueurs ; mais de toute façon, il a le courage et le courage, et sa parole vaut comme de l'or, et c'est le genre d'hommes dont ce pays a besoin.

Ils continuèrent leur route pendant que Ned réfléchissait au personnage du terrible Wild Bill Hickok. Il était apparu comme un individu si doux et si gentleman que la description du clairon Odell ne semblait pas correspondre.

« La Sivinth Cavalry va recevoir sa part d'hommes de bien », reprit confidentiellement Bugler Odell. « Votre capitaine… c'est un brave garçon et un grand farceur. Capitaine Hamilton, je veux dire. Bien sûr, c'est un lieutenant-colonel de la guerre ; mais il est nommé capitaine des Reg'lars, par nomination au Sivinth. Son grand-père était un grand homme du nom d'Alexander Hamilton. Ah, le Sivinth soit entièrement dirigé par des généraux, des colonels et des majors ; et les titres soient si épais qu'ils vous font tourner la tête. Je ne suis qu'un simple sergent, mais certains des hommes enrôlés sont des généraux, par courtoisie, comme vous le découvrirez.

"Vous avez raison", acquiesça le caporal suppléant. "La guerre a laissé de nombreux hommes avec le métier de soldat comme seul travail."

Wild Bill était un éclaireur précis, car alors que le soleil se couchait, ils aperçurent tous directement devant eux, au sommet d'un plateau adossé à des collines, un groupe irrégulier de bâtiments, les fenêtres brillaient au-dessus du niveau de l'étendue en contrebas. Entre les deux se trouvaient des arbres marquant un ruisseau.

«Voilà Riley», annonça Bugler Odell en le désignant. « Ci-dessous se trouve la fourche de Smoky Hill du Républicain, et la ligne de peupliers qui court vers le nord est le Républicain lui-même. Le poste se situe dans le coude des deux, là où ils se rejoignent et forment le Kaw ou le Kansas.

Alors qu'ils s'approchaient, Ned les regarda avec curiosité. Le message a fait sensation et tout le monde dans la colonne semblait heureux de revenir. Maintenant, le mât du poste, avec les couleurs flottant encore, apparaissait clairement. Le général s'agitait avec agitation sur sa selle, comme s'il avait envie de raccourcir la distance. Les chiens, qui s'étaient éloignés au loin, galopèrent plus loin, et plus loin, s'arrêtant aussitôt pour regarder derrière eux avec espoir et voir que la colonne arrivait sûrement.

Soudain, à travers la lueur rose-violet qui embellissait le paysage plat, flottaient haut et doux les notes d'un clairon au poste. Toute la colonne écoutait, ou paraissait écouter.

« C'est la retraite ; boum, le canon avenin' et le drapeau descend », expliqua Bugler Odell, comme si Ned ne le savait pas.

Mais Ned le savait, et il hocha la tête ; car c'était l'un des appels militaires que lui avait enseignés son père.

Les longues notes moururent au milieu d'un sourd « Boom ! » au canon du soir ; et Ned vit le drapeau glisser le long du grand mât.

«Ma foi, nous serons en lock-out», rigola Odell en plaisantant. « Le général n'aimera pas ça ; il veut être à la maison avec sa femme.

« Donnez le trot », dit sèchement le général, sans tourner la tête.

Le clairon Odell l'a fait ; et à travers la colonne bruyante résonnait la voix vive du jeune capitaine Hamilton : « Trot… marche ! Ils s'éloignèrent tous au trot, les cantines tintant, les carabines cahotant, les selles grinçant, les chevaux grognant. Tout près se trouvait le bois clairsemé de la rivière Républicaine, qui coulait du nord ; il fallait évidemment traverser cette rivière, puisque le poste était de l'autre côté.

« Donnez-leur Garryowen, Hamilton », appela le général. Et il ajouta à part : « Alors ils souperont chaud. »

Le capitaine Hamilton fit un signe de tête à Bugler Odell ; et maintenant, alors que la colonne s'enfonçait dans le gué, Odell poussa une mélodie animée. C'était l'un des airs les plus joyeux et les plus émouvants que Ned ait jamais entendu, et il résolut de l'apprendre. Cela a donné de la vie à toute la colonne.

"C'est un nouveau désir pour vous, je parie", remarqua Odell, après avoir fait une pause pour reprendre son souffle. « C'est une chanson irlandaise que le général aime, et c'est la marche de la Sivinth Cavalry. »

Le poteau était au-dessus de la rive opposée. Il ressortait clairement dans l'air vif, et parmi les bâtiments, Ned pouvait voir des silhouettes se précipitant d'avant en arrière. Certains d'entre eux étaient des femmes. Les chiens s'éloignèrent à toute vitesse, pataugeant dans les bas-fonds et gravissant la montée en courant pour le souper. Les chevaux partirent ensuite en toute hâte, gravissant le sentier escarpé et battu qui menait du lit de la rivière au plateau plat au-dessus ; et au trot, la colonne de retour entra bientôt dans le poste militaire du vieux Fort Riley.

C'était sombre ; composé de casernes nues mais substantielles et de quartiers d'officiers, hauts de deux étages, en pierre blanchâtre recouverte de plâtre. Ces bâtiments, bordés de vérandas, étaient tournés vers l'intérieur, formant un carré brisé. En dehors de la place se trouvaient plusieurs autres bâtiments, en pierre et en planches, qui étaient, comme Ned l'apprit bientôt, les entrepôts et les écuries.

Dès que la colonne s'arrêta, le général descendit prestement de cheval, et laissant son cheval à son ordre et le renvoi de la colonne au capitaine Hamilton, il se dirigea droit vers deux femmes qui l'attendaient, accablées par les aboiements des chiens.

Il embrassa l'un avec plaisir, tandis qu'à l'autre il tendit sa main libre.

"Nous y sommes, Libbie", l'entendit Ned dire. "Prêt pour le meilleur de Lizzie. Je lui ai apporté une langue de buffle, une grosse. Et une recrue aussi. Avec son bras autour des épaules de la femme, il fit signe à Ned. « Oh, Ned ! Venez ici."

Ned avança lentement. Il avait honte de ses haillons.

La femme que le général traitait si affectueusement était petite, aux yeux noirs et douce ; l'autre femme était une jolie fille, rondelette et espiègle, très bouclée, avec une profusion de cheveux dorés dansants. Elle souriait au capitaine Hamilton, qui avait maintenant renvoyé la colonne.

"Ned, l'une de ces dames est ma femme, Mme Custer, et l'autre est notre invitée, Miss Diana", informa le général, un scintillement dans ses yeux bleus. « Vous pouvez deviner lequel est lequel. J'ai récupéré Ned dans la prairie, en même temps que j'avais le buffle, et quand le buffle était sur le point de l'attraper », a-t-il expliqué aux deux. « Il veut être soldat, et je pense que nous allons en faire un clairon. Qu'en penses- *tu* ?

"Oh, pauvre garçon!" s'exclama la petite femme aux yeux noirs, en tenant Ned à deux mains, tandis que Miss Diana lui souriait vivement. « Est-il perdu, Autie ?

« Même vieille histoire », répondit sobrement le général. « Un reste d'un autre raid indien. Je vais vous en parler. Mais il restera avec nous, et nous allons lui trouver sa sœur. Elle est tout ce qui reste, quelque part parmi les tribus.

"Oh!" haletèrent les deux femmes.

« Il peut venir avec nous, n'est-ce pas ? » demanda Mme Custer. "Il doit avoir faim et il devrait avoir des vêtements."

"N-non, il ferait mieux de rester avec Odell", décida le général. « Je vais demander au quartier-maître de l'équiper. Il doit jouer avec les autres hommes. Il doit être enrôlé comme clairon.

Old Fort Riley s'est avéré un endroit animé. Il avait été localisé à l'automne 1852 et reconstruit en 1855 pour offrir une protection aux colons qui passaient vers l'ouest le long de la vallée de la rivière Kansas. Avant d'être baptisé en l'honneur du général Bennet C. Riley, on l'appelait Camp Center, car il était censé être le centre géographique des États-Unis. Elle se remplissait désormais rapidement de recrues pour la nouvelle septième cavalerie américaine. De nombreuses autres personnes affluaient également en attelage de bœufs, de mulets et de chevaux. Les rails de la branche Kansas Pacific rampante vers l'ouest de l'Union Pacific Railroad s'étaient approchés, pour continuer encore et encore, jusqu'à Denver.

Le poste était situé sur un large plateau au-dessus des rivières, sans arbre ni arbuste, où le vent soufflait toujours. La rivière Républicaine, qui descendait du nord, et la Smoky Hill, qui coulait de l'ouest, rejoignaient les courants ; et en contrebas du fort coulait vers l'est la noble rivière Kansas, dans une belle vallée parsemée de fermes de colons et traversée par le nouveau Kansas Pacific Railroad. À l'ouest du fort, on pouvait voir d'autres fermes, le long de Smoky Hill et la ville de Junction City.

Malgré la nudité et le vent (qui n'étaient pas étrangers à Ned, qui avait vécu dans les plaines du Colorado), Fort Riley avait ses charmes. L'air était frais, la vue était large, et avec les nombreux soldats et les arrivées fréquentes en scène, à cheval ou en charrette, il se passait constamment des choses.

En fait, partout où se trouvait le général, quelque chose devait arriver. Il rendait les choses animées, surtout lorsqu'il n'était pas en service. Lui et Mme Custer étaient de très bons amis ; et, à côté d'elle, il aimait les chevaux et les chiens – mais lequel était le meilleur, c'était difficile à dire. Il possédait une meute complète de chiens : des fox hounds (l'ancien appelé Rover) du Texas, où il avait été stationné après la guerre ; une paire de chiens de chasse, dont l'un s'appelait Byron ; Fannie un fox-terrier ; les chiots cerfs, Maida et Blucher ; et un bouledogue blanc aux pattes arquées nommé Turk, qui était le rival mortel de Byron. Il avait trois chevaux, magnifiques, portant le nom d'amis de l'armée ; Jack Rucker était une jument pur-sang du Texas ; Phil Sheridan était un poulain de sang originaire de Virginie ; et Custis Lee, un cheval au rythme très rapide, était habituellement monté par Mme Custer.

Le quartier général du poste, où vivaient le général et sa famille, était la meilleure des maisons doubles en pierre à deux étages entourant le terrain d'armes. Cela résonnait fréquemment avec des chants, des rires, des cris joyeux et le cor de chasse du général. La maison était composée du général et de Mme Custer, de Lizzie, la fidèle cuisinière noire, qui avait accompagné le général dans le Sud pendant la guerre, et d'un petit garçon noir qui voulait devenir jockey. Et puis bien sûr, il y avait les chiens. Dans l'autre moitié de la maison vivaient le major Alfred Gibbs et sa famille. Le major Gibbs était un homme corpulent et soigneusement habillé, qui était soldat depuis 1846. Il se classait à côté du général Custer.

Dans sa maison, le général était le même esprit joyeux et actif qu'il était lorsqu'il était à cheval ; en service au poste ou à l'extérieur, et mêlé aux soldats, il faisait l'officier strict. Il pouvait plaisanter avec les autres officiers, mais tous les hommes comprenaient qu'il était le chef et qu'il ne tolérerait aucune intrusion dans sa dignité militaire. Ainsi, bien qu'ils l'appelaient (hors de son entendement) le « vieil homme » et « le vieux Jack » (à cause des initiales GAC, pour George Armstrong Custer, sur ses bagages), ils le saluèrent promptement, obéirent instantanément et essayèrent de le faire. pas de blagues sur *lui* !

Pendant le long hiver, des officiers, des recrues et des chevaux arrivaient presque quotidiennement à Fort Riley pour faire monter le rôle de la septième cavalerie. Ned a appris à les connaître tous. Le général Custer, enfantin et aux cheveux jaunes, resta aux commandes ; car bien qu'il ait eu le grade de lieutenant-colonel, son officier supérieur du régiment, le colonel Andrew Jackson Smith, major-général et ancien combattant, qui remontait à 1838, était maintenu en service ailleurs. C'est pourquoi le « vieux Jack » tenait les rênes du poste, et les soldats en furent rapidement informés.

Parmi les jeunes officiers, Ned aimait particulièrement son capitaine, Louis M. Hamilton, qui était également lieutenant-colonel ; le premier lieutenant Tom Custer, le frère cadet du général, un lieutenant-colonel qui s'était enrôlé dans la guerre à seize ans et portait deux médailles pour les drapeaux ennemis capturés ; le capitaine Myles Keogh, qui avait servi le pape ainsi que dans l'armée du Potomac ; le lieutenant Myles Moylan, l'adjudant ; et les jeunes sous-lieutenants qu'on appelait « queues rasées », « têtards » et « plèbe ».

Wild Bill, l'éclaireur frontalier, était fréquemment au poste, parcourant à cheval ou en étape le long du sentier vers l'ouest. Il était aussi exigeant dans sa tenue vestimentaire que le vieux major Gibbs ; tout ce qu'il portait était fait des meilleurs tissus, depuis la douce chemise blanche plissée et le drap large de Junction City jusqu'à la chemise de flanelle bleue et la culotte d'équitation sur la piste. Peu importe comment il était habillé, il était toujours le même personnage calme et courtois, mais on ne le voyait jamais sans les deux revolvers à manche en ivoire à ses hanches. Le rapport indiquait qu'il pouvait tirer vers le centre sans viser ; et pouvait tirer en arrière par-dessus son épaule ou sous son bras, avec la même rapidité.

Tout l'hiver, les soldats furent régulièrement entraînés et soumis à une discipline constante. «Mise en forme», a déclaré le clairon Odell. Certains hommes se plaignirent et certains désertèrent ; mais les meilleurs hommes se rendirent compte qu'une formation stricte était nécessaire.

Les clairons sonnaient de tôt à tard. Deux clairons étaient attachés à chaque compagnie. Ned se retrouva affecté à la compagnie du capitaine Hamilton, et il en fut heureux. Il portait désormais l'uniforme du clairon, qui avait d'étroites doubles bandes jaunes sur le pantalon et un galon jaune sur la poitrine. C'était vraiment un uniforme égal à celui de n'importe quel officier ; mais--

« Tous les allégeances et aucune autorité », a déclaré en riant Odell, qui était clairon en chef. "C'est ce qu'on dit du trompettiste."

L'hiver s'est déroulé sans aucun combat indien, mais avec la septième cavalerie se préparant. Les trains arrivèrent et les excursionnistes étaient plus nombreux que jamais : certains voulaient chasser le bison, d'autres voulaient voir des Indiens, et certains voulaient chercher des terres. Des rumeurs rapportaient que les Cheyennes, les Sioux et les Arapahos, à l'ouest, ne tenaient pas leurs promesses ; et que ce printemps, ils s'opposeraient à la poursuite de l'avancée du chemin de fer à travers leurs terrains de chasse. Les colons de l'ouest du Kansas commençaient à nouveau à s'alarmer. La Septième Cavalerie doit les protéger, ainsi que l'étape de Smoky Hill et la route des émigrants vers Denver, ainsi que l'enquête ferroviaire.

Bientôt, on sut que dès l'ouverture du printemps, la Septième Cavalerie prendrait le terrain. À cette époque, Ned, sous la direction du chef clairon Odell, était un excellent trompettiste. Le réveil, l'appel des malades, l'appel du mess, les écuries, les bottes et les selles, l'assemblée, l'exercice, le feu, le trot, la charge, le tatouage, les claquettes, il les connaissait tous. Il avait appris « La fille que j'ai laissée derrière moi » ; et il avait appris "Garryowen"——

"Nos cœurs si vaillants nous ont valu la renommée,
car on saura bientôt d'où nous venons.
Où que nous allions, ils redoutent le nom
de Garryowen dans la gloire."

Cet air inspirant sur lequel avait chargé la troisième brigade Custer pendant la guerre, et qui était maintenant adopté par la septième cavalerie.

Ainsi, après avoir été déclaré par Odell comme un « honneur au régiment », Ned se sentait un soldat et prêt avec les autres soldats.

III

LE SEPTIÈME PREND LE TERRAIN

"C'est comme ça", a déclaré Odell après le désordre. « Nous sommes obligés d'y aller. Ces Rapahos, ces Cheyennes, ces Kiowas, ces Paches et ces Sioux là-bas sont prêts à se comporter à nouveau avec méchanceté, et l'armée devra les calmer. Par leur traité de soixante-cinq, n'ont-ils pas promis de se tenir à l'écart des sentiers terrestres, de ne pas camper de jour ou de nuit à moins de dix milles de l'un d'eux, ni de visiter une colonie blanche sans autorisation préalable ? Et qu'ont-ils fait ? L'été dernier seulement, ils ont continué leurs raids meurtriers, à maintes reprises, et le traité n'a pas encore un an. N'ont-ils pas tué et volé tout de suite et traversé les colonies de Saline et de Salomon, jusqu'à l'ouest d'ici, chassant les fermiers ? Et n'ont-ils pas gêné la route d'étape le long du Smoky et la route vers le sud-ouest par le Santy Fee Trail, et n'ont-ils pas menacé l'avancée du chemin de fer ?

« Ils accusent la bande de Dog Soldiers du vieux Cut Nose et de Pawnee Killer », a déclaré quelqu'un. "Ces Dog Soldiers n'étaient pas là pour signer le traité, et ils disent qu'ils n'y sont pas liés."

« Qui sont ces Chiens Soldats, à part les pires coquins de toutes les tribus ? grogna le sergent Henderson, qui avait combattu les Indiens avant les années soixante. "Je les connais."

"Eh bien, ce pays appartenait d'abord aux Indiens, n'est-ce pas ?" poursuivi une recrue. « Nous le traversons sans demander « avec votre permission », et nous nous installons au milieu de tout cela et prenons tout ce que nous pouvons. J'ai entendu dire que les buffles sont également plus rares qu'avant, depuis que les Blancs ont ouvert le pays. C'est de cela dont dépendent les Indiens pour vivre : les buffles.

"Ah, maintenant, peut-être que tu as raison, et je pense moi-même que les Indiens sont parfois traités un peu mal," répondit Odell. « Il y a des coquins des deux côtés. Mais que feriez-vous ? Garder toute cette histoire de pays occidental pour que les Indiens puissent chasser ? Wan Injun a besoin d'environ dix milles carrés de territoire, et il l'aime tel qu'il l'a trouvé. L'homme blanc occupe un demi-mile carré – oui, et bien moins – et il le conserve et l'améliore ; et deux hommes blancs et leurs familles peuvent vivre dans l'espace requis par les petits Indiens pour chasser pendant que les femmes font le travail.

« Tant qu'il y aura un sentier non clôturé, lorsque l'herbe verdira au printemps et que les bourgeons des saules et des peupliers gonfleront, les Indiens – et particulièrement les jeunes Indiens – deviendront inquiets », a déclaré le sergent Henderson. « Le printemps est le temps de la guerre, l'été est le temps des visites, l'automne est le temps de la chasse. En hiver, les Indiens sont heureux que le gouvernement s'occupe d'eux. Nous faisons passer deux voies ferrées, les Blancs sont de plus en plus nombreux, les Indiens sont dirigés par le gouvernement, trompés par les commerçants et entassés par les colons, et ils ne voient rien d'autre à faire pour eux que de nettoyer le pays – s'ils le peuvent.

Wild Bill était allé au galop jusqu'au terrain de parade et avait traversé le quartier général. Arrivé à la véranda de la maison du général, il s'arrêta net et tomba à terre, comme s'il avait été appelé. Puis il entra.

Lorsqu'il sortit, il s'éloignait en toute hâte, lorsque le sergent le héla en passant.

"Quelles sont les nouvelles, Bill?"

«Aiguisez vos sabres», dit brièvement Wild Bill, sans lâcher les rênes.

Il poursuivit son chemin et s'engagea dans la route d'étape qui menait vers l'ouest, en remontant la rivière Smoky Hill. De toute évidence, il transportait des dépêches vers les forts Harker et Hays, les nouveaux postes de la Septième Cavalerie qui gardaient la poursuite de l'avancée du Kansas Pacific.

Wild Bill avait abordé le sujet, comme toujours. Il n'a pas perdu de mots. Avant l'exercice de l'après-midi, la rumeur s'était répandue comme une traînée de poudre dans le poste que la Septième Cavalerie devait être prête à prendre le terrain, équipée pour le service, dans une quinzaine de jours.

C'était une excellente nouvelle. Le vieux Fort Riley en bouillonnait. Or, dans ces journées du début de mars, il y eut une augmentation soudaine des exercices montés, longs et durs ; un effort d'entraînement au tir avec les carabines à répétition Spencer, prouvant que la plupart des hommes ne tiraient pas mieux qu'ils montaient ; ferrage des chevaux et bricolage des chariots à la forge du fort ; et meulage des sabres sur les meules de poste.

En passant devant une meule, Ned remarqua le soldat Malloy occupé à appliquer le tranchant d'un sabre inhabituellement long. Malloy était le « gréviste » ou l'homme à tout faire d'un officier en service chez le général. Il leva les yeux vers Ned et, essuyant la sueur de son front, sourit. Le soldat qui se tournait vers lui aussi.

« Reconnaissez-vous le gros autocollant-crapaud ? » demanda Malloy.

Ned secoua la tête, dubitatif. Malloy le lui tendit obligeamment.

"Regarde-le et pèse-le. C'est celui du général. Je pensais que tu l'avais peut-être vu accroché à son mur. C'est quelqu'un qui a été capturé pendant la guerre ; et le bruit du grincement lui rappela qu'il voulait que ça soit aiguisé. « Malloy, dit-il, polissez mon grand couteau à scalper avec les autres. »

"Pouvez-vous le balancer?" plaisanta l'autre soldat.

Ned leva le sabre et l'examina. C'était aussi long qu'il était grand ; était bien plus longue et plus lourde que la réglementation. Sur la lame brillante étaient gravées des lettres :

Ne me dessine pas sans motif ;
Ne me gaine pas sans honneur.

Quelle épée ! Non, Ned ne pouvait pas le balancer. Il l'a rendu.

«C'est du vrai acier Damas, disent-ils», informa l'assistant de Malloy.

« Est-ce que le général va le mettre en marche ? » demanda Ned dans l'expectative.

"Non, je ne pense pas", répondit Malloy; « mais il le ferait s'il le voulait, je parie – tout comme il porte ses cheveux longs et sa cravate rouge. C'est un homme formidable qui fait ce qu'il veut, ce vieux Jack.

"Têtu, on pourrait l'appeler", a ajouté l'autre homme. "C'est comme courir après un buffle, seul et loin de son commandement, sans savoir que les Indiens sont juste de l'autre côté de la crête."

Les cheveux jaunes et la voix rapide du général étaient partout, alors que, avec des yeux et un esprit vifs, il supervisait les préparatifs du poste. Car on savait désormais que ce serait une marche importante, où qu'elle mène ; avec de l'infanterie et de l'artillerie ainsi que de la cavalerie, et avec le major-général Winfield Scott Hancock lui-même qui l'accompagnait. Le but, semblait-il, était d'avoir une conversation avec les Indiens et de leur montrer que les États-Unis étaient prêts, avec des soldats, à protéger les Blancs dans les plaines.

Le général Hancock était le commandant du département militaire du Missouri. Son quartier général était Fort Leavenworth, sur la rivière Missouri, à la frontière orientale du Kansas. De Fort Leavenworth arrivaient l'artillerie et la majeure partie de l'infanterie. En tout, il y aurait environ 1 400 hommes, pensa Odell.

L'expédition donna à Fort Riley un aspect guerrier. Les éclaireurs ont d'abord commencé à se rassembler. Wild Bill était là de toute façon ; et entra, entre autres, un jeune éclaireur nommé Cody—Bill Cody. Il avait été chez Riley, de temps en temps, auparavant. Avec ses cheveux noirs flottants, ses grands yeux noirs, sa moustache soyeuse et sa barbichette, ainsi que ses peaux de daim et ses armes, il avait en effet droit à un respect considérable.

"Connais-tu cet homme?" avait demandé à Odell, à Ned.

"Non."

« C'est un bon garçon. Il s'agit de Bill Pony Express. C'est comme ça qu'on l'appelait. Était le plus jeune cavalier de Pony Express sur la ligne. Ma foi, il chevauchait quand il n'était pas plus âgé que toi, mon garçon, transportant le courrier à travers les plaines. Maintenant, il se classe parmi Wild Bill et les autres éclaireurs. Et on dit qu'il est le meilleur chasseur de bisons, blancs ou rouges, à l'ouest de Leavenworth.

Il y avait aussi un petit Mexicain trapu, basané, grêlé et très simple, que tout le monde appelait Roméo parce qu'il s'appelait Romero. Et finalement arriva un homme au gros nez, aux yeux bleuâtres, aux cheveux rouge brique et aux moustaches mêlées, dont le titre était California Joe.

California Joe n'a jamais été vu sans son chapeau mou et gras sur ses cheveux abondants et sa courte pipe en bruyère noire entre ses lèvres moustaches. Des pantalons amples étaient rentrés profondément dans des bottes poussiéreuses et un vénérable pardessus de cavalerie était drapé sur plusieurs couches d'autres vêtements. Il montait un grand mulet qui, selon lui, battait un cheval « tout creux ». Pendant qu'il se prélassait, il était prêt à parler à n'importe qui. Par ses nombreuses remarques surannées, il était manifestement un personnage étrange.

L'arrivée des troupes de Fort Leavenworth a amené une escouade d'Indiens du Delaware, ainsi que d'autres éclaireurs. Ils venaient de leur réserve près de Fort Leavenworth. Le chef était Fall Leaf, un vieil homme bien bâti et à l'air féroce, chef de guerre de la tribu Delaware et grand combattant. À propos du train, il grogna : « Très bien ! Je suis allé à merveille ! Battez le buffle et le poney. À propos du télégraphe, il a déclaré : « Je ne comprends pas, mais c'est très bien. Rapidement ! Comme une flèche ou une balle entre des endroits larges ; mais c'est bien mieux. Son neveu, le général Jackson, était un autre membre de l'équipe. Le général Jackson était mince et petit, mais courageux.

Les troupes arrivées en train du fort Leavenworth étaient une batterie d'artillerie légère et six compagnies de la trente-septième infanterie, avec une compagnie du génie, pour la pose des ponts. Ils dressèrent leurs tentes à l'extérieur du poste.

Au même moment arrivèrent également le général Winfield Scott Hancock et son état-major, dont le général Smith. Le général Hancock était le commandant du département sur le terrain ; mais le général Smith, en tant que colonel de la septième cavalerie, commandait la marche. Un homme énergique, au visage rond, aux lourdes moustaches, s'est révélé être le général Smith, qui se laissait tomber et faisait les choses lui-même pour que les choses soient bien faites. Il s'était fait une grande réputation à la fin de la guerre.

Tous les officiers étaient heureux de serrer la main du général Custer, le plus jeune de toute la troupe, à l'exception de quelques « tads » fraîchement sortis de l'Académie ou tout juste nommés dans la vie civile.

Mais parmi les nouveaux venus les plus intéressants se trouvait un petit garçon indien qui avait été capturé chez les Cheyennes lorsque, à Sand Creek, au moment de Thanksgiving, en 1864, les volontaires du Colorado attaquèrent le village de Cheyennes et Arapahos de Black Kettle et le détruisirent. Les Cheyennes et les Arapahos ont affirmé que l'attaque avait été un massacre ; et ils avaient exigé que les Blancs leur rendent le petit garçon et sa sœur. Le général Hancock avait amené le petit garçon pour le rendre et montrer ainsi aux Indiens que le cœur du Grand Père Blanc de Washington était bon envers eux. Le petit garçon avait été élevé dans l'Est et parlait anglais et, à part sa couleur, il ressemblait à n'importe quel garçon blanc.

"Bien sûr, c'est une bêtise", déclara Odell, au désordre. « Les Indiens penseront seulement que le gouvernement a peur d'eux, et ils prendront le garçon et ne feront rien en retour. Qu'en est-il de tous les captifs blancs qu'ils détiennent ? Et la sœur de Ned ? Les voyez-vous la rendre ?

"Eh bien, mais ce combat à Sand Creek n'était-il pas une grosse erreur de la part des soldats ?" » a demandé la recrue bavarde – qui était avocat avant de s'enrôler. "D'après ce que j'ai compris, l'accusation visait un village ami qui avait hissé le drapeau des États-Unis pour se protéger."

« De toute façon, toute cette question indienne est un problème », dit Odell. « Si vous les traitez comme vous traiteriez des hommes blancs, ils ne comprennent pas, car ils vivent selon des règles différentes. Et si vous les traitez comme des hommes rouges et que vous combattez le feu par le feu, alors vous devez faire des choses qu'un homme blanc ne devrait pas faire. À Sand Creek, les hommes blancs se sont vengés comme les hommes rouges se vengent ; et même si ce n'était pas exactement une manière civilisée de combattre, cela a néanmoins donné la paix aux colons pendant un certain temps, b'gorry.

Entendre cette discussion a donné une grande réflexion à Ned. Et si le général Custer faisait échanger le petit garçon indien contre la sœur de Ned ? Et si! C'était peut-être le plan. Mais avant d'oser demander au général, il l'a découvert.

Le général Hancock était un bel homme de grande taille, très militaire, avec une moustache grisâtre et une barbiche courte ; et il avait l'air et agissait comme s'il était effectivement celui qui s'était comporté si vaillamment, comme il l'avait fait, lors de la guerre du Mexique et à la bataille de Chancellorsville pendant la guerre civile. Ned s'était arrêté pour le regarder, lui et le général Custer, marcher d'un pas vif et causer ensemble alors qu'ils traversaient le terrain de parade. Le général Custer aperçut soudain Ned, debout, et, d'un geste impulsif, lui fit signe d'avancer.

Ned redressa les épaules, avança d'un pas militaire, et, interceptant les deux officiers, joignit ses talons, rentra son menton et son ventre et salua. Ils acceptèrent le salut – le général Hancock le regardait attentivement. Ned était heureux de se sentir soigné et militaire. Alors il a attendu.

"C'est le garçon dont la sœur est détenue par les Cheyennes", disait le général Custer, "et au sujet duquel je vous ai adressé la communication suggérant que le gouvernement échange le garçon Cheyenne contre elle."

«Je vois», répondit le général Hancock. «Le ministère de la Guerre, comme j'ai été obligé de vous l'informer, a décidé qu'une telle démarche n'était pas judicieuse, étant donné que le traité prévoyant le retour du garçon avait été conclu sans aucune réserve de cette nature. Je suis désolé, mon garçon," proposa-t-il à Ned. "Mais nous essaierons de récupérer votre sœur, dès que possible."

Le cœur de Ned avait fait un bond, pour ensuite retomber. Il ne pouvait pas parler. Le général Custer a dû lire sa déception, car il dit rapidement :

"Je comprends que tu sais très bien sonner du clairon maintenant, mon garçon."

"Oui Monsieur. Je le pense, monsieur.

« Connaissez tous les appels ; tout le monde?"

"Oui Monsieur."

« Et Garryowen ? Les yeux bleus de Custer dansaient.

"Oui Monsieur."

« Eh bien, poursuivit le général Custer, vous pouvez vous présenter au quartier général du poste en tant que clairon du quartier général. Mais j'en ai besoin d' un *bon* . N'oubliez pas cela.

"Oui Monsieur. Je le ferai, monsieur, balbutia Ned. Son cœur battait à nouveau, sa joie l'étouffait, il savait qu'il était comme une betterave.

Un clairon, choisi à son tour parmi les clairons de la compagnie, était toujours de service au quartier général en tant que clairon ordonné ; mais Ned avait été omis, jusqu'à ce qu'il connaisse parfaitement les appels. Maintenant, il était enfin choisi ; il avait le droit d'apporter sa literie dans la chambre des infirmiers du bâtiment du quartier général ; il y resterait et y dormirait, et serait constamment près du général, pour passer des appels pour le poste et faire des courses partout où le général ou l'adjudant pourrait l'envoyer - ou là où Mme Custer pourrait vouloir l'envoyer. . Certains clairons aimaient ce devoir ; certains ne l'ont pas fait, même si tous ont aimé avoir une chance de cuisiner et de cuisiner avec Eliza ! Mais pour Ned, ce n'était pas particulièrement la cuisine : c'était d'être là avec le général Custer.

Une autre compagnie du trente-septième infanterie arriva, ainsi que plusieurs compagnies du trente-huitième infanterie, un régiment de couleur. C'étaient une étrange variété de soldats ; beaucoup d'entre eux viennent directement des plantations du sud et ne sont pas encore disciplinés à la vie militaire. Ils devaient mettre en garnison le poste pendant que la Septième Cavalerie était absente !

A la fin du mois de mars, l'expédition était prête à démarrer. Les cartouchières et les ceintures étaient pleines, les vêtements réparés, les chevaux ferrés et, selon la cavalerie, les fantassins (appelés «doughboys») avaient tous leurs chaussures ressemelées. Ned savait bien que le général était mieux équipé que quiconque ; car au quartier général, il avait vu Mme Custer voler activement autour de la maison, rassemblant des objets à ranger dans le gros coffre à provisions bleu portant les lettres « GAC, 7th Cav., USA ».

Dans la petite chambre qui lui appartenait comme clairon ou trompettiste, Ned se réveilla tôt, plein d'impatience. C'était le jour du départ, et il devait faire le départ. D'après les ordres du trompettiste, écrits par l'adjudant et punaises sur le mur, et selon l'horloge, le « Premier appel » n'était pas dû avant vingt minutes. Il devait donc attendre, jusqu'à ce qu'à la seconde exacte il surgisse dans l'aube rose, devant le bureau, comme on l'appelait. Debout et militairement debout au pied des marches, tourné dans toutes les directions, il soufflait sur son clairon en cuivre usé provenant des fournitures du quartier-maître l'avertissement « Premier appel ».

Au moment voulu, les clairons de la compagnie commencèrent à se rassembler autour du mât du drapeau ; jusqu'à ce que, au lever du soleil, ce soit l'heure du réveil. Au mot du sergent de garde (qui bâillait), tous mirent le clairon aux lèvres et firent retentir la note initiale. "Boom!" rota le pistolet du matin; jusqu'au sommet du mât, le drapeau flottait glorieusement ; et dans l'air clair du matin retentit, des clairons au-dessous, le réveil joyeux :

Je ne peux pas les lever, je ne peux pas les lever, je ne peux pas les lever ce matin, je ne peux pas les lever , je ne peux pas les lever, je peux' je ne les fais pas du tout lever ; Le caporal est pire que le simple soldat, le sergent est pire que le caporal, le lieutenant est pire que le sergent et le capitaine est pire que tous.

Au même moment, du camp d'infanterie et d'artillerie sonna également son réveil.

Il y eut une brève pause ; et ensuite il faut sonner « Assemblée ». De la caserne, les hommes affluèrent, boutonnant leurs manteaux et mettant leurs casquettes, pour former leurs compagnies. Les sergents faisaient l'appel et faisaient rapport sur les « présents, absents ou signalés ».

Des fumées s'élevaient des cheminées des cuisiniers de l'entreprise, des épouses et des domestiques dans la rangée des officiers, et bientôt Ned, maintenant seul, depuis le terrain de parade dut sonner « Mess » :

Soupe, soupe, soupe, pas un seul haricot ;
Du café, du café, du café, et pas un peu de crème ;
Du porc, du porc, du porc, et pas une séquence de maigre reprochée !

Alors aussi, il sonnait « Écuries » :

Venez à l'écurie tous ceux qui le peuvent, et donnez à vos chevaux de l'avoine et du blé ; Car si vous ne le faites pas, votre colonel le saura, et alors vous le regretterez, aussi sûr que vous êtes né.

Et « Appel de malade » :

Allez chercher vos pilules, allez chercher vos pilules ; Allez chercher vos pilules, allez chercher vos pilules ; Allez chercher vos pilules, allez chercher vos pilules ; Va chercher tes pilules. Va chercher tes pilules.

Cependant il y avait peu de malades, en ce jour où la septième cavalerie devait marcher.

Le reste des appels de garnison, tels que la montée de garde et la fatigue, étaient confiés au clairon de l'infanterie de couleur, car l'infanterie succédait désormais à la routine du vieux Fort Riley. La cavalerie avait quelque chose de mieux.

Alors qu'il faisait une course à la maison du général, Ned y entendit les préparatifs. Devant les marches de la véranda se tenait le cheval du général

Phil Sheridan. À l'intérieur, le général disait au revoir à Mme Custer. Ned pouvait l'entendre assurer à la « vieille dame » (qui était le titre favori de Mme Custer, à part Libbie) que ce serait une courte campagne ; que les Indiens auraient peur de semer le trouble et qu'il reviendrait très bientôt.

« Oh, il le fera, Miss Libbie ; il reviendra, car nous le savons », a réconforté Eliza. « De toute façon, cette campagne dans les plaines, ce n'est pas une mauvaise campagne à Virginny. Vous le savez, n'est-ce pas ?

Le général sortit, faisant claquer ses éperons et son sabre. Il ne portait plus maintenant son manteau en peau de daim ; il portait l'uniforme de fatigue complet d'un lieutenant-colonel de cavalerie. Il portait toujours son chapeau mou noir, avec un cordon et un pompon dorés. Ses chiens couraient devant lui, ravis à la perspective d'un galop. De toute évidence, ils devaient partir.

Du quartier général sortit l'adjudant Moylan, prêt à monter. Équipé de son propre sabre et de son revolver, comme n'importe quel trompettiste, Ned se raidit au garde-à-vous.

«Des bottes et des selles saines», ordonna l'adjudant.

Ned porta son clairon à ses lèvres et sonna haut et fort la mesure enjouée de « Boots and Saddles ». Ici et là les soldats se précipitaient vers les écuries, pour seller et brider ; et il semblait que certains d'entre eux l'avaient déjà fait. Les équipiers attachèrent le dernier harnais à leurs mules et les menèrent au trot pour les traces.

Le général Custer, aux yeux bleus, aux boucles d'or, au visage de bronze, mince mais nerveux, se tenait sur la véranda de sa maison, tirant sur ses gantelets tout en observant l'agitation. Mme Custer s'est faufilée, avec la jolie Diana (aux yeux rouges suspects, imagina Ned) et s'est pressée à côté de lui. Il passa son bras autour d'elle. De la porte derrière, on voyait le visage noir, enturbanné d'un bandana rouge, d'Eliza.

«À cheval», dit l'adjudant à propos de Ned.

Ned sonnait « To Horse ». Hors des écuries, les soldats se bousculèrent, conduisant leurs chevaux pour former les lignes de la compagnie.

Le général se baissa précipitamment et embrassa Mme Custer. Il descendit les marches en claquant, son chapeau mou à un angle cavalier, sa cape d'officier doublée de jaune flottant et laissant apparaître en dessous sa cravate cramoisie. Il prit les rênes du garçon nègre et sauta sur Phil Sheridan.

L'adjudant Moylan monta à cheval et Ned monta à bord de son cheval spécial Buckie, au trot pour le suivre à travers le terrain de parade.

Les compagnies se formaient et attendaient, chacun à la tête de son cheval. Les tambours et les clairons de l'infanterie avaient également sonné ; toutes les tentes avaient été détruites, et les lignes bleues et blanches se tenaient au même rang, dans une « tenue correcte ».

"Préparez-vous à monter!" cria le général Custer en tirant son sabre.

"Préparez-vous à monter!" répétèrent les commandants de compagnie.

Chaque soldat se retournait, mettait sa botte gauche dans l'étrier, et la main sur la crinière et la selle, attendait.

"Monter!"

D'un seul mouvement, les blouses bleues se soulevèrent et furent en selle. Quelques chevaux plongeèrent, mais ils restèrent en ligne. Les conducteurs de chariots étaient assis, leurs lignes tendues, leurs fouets levés. Sur les marches ou les porches de tous les quartiers des officiers, des femmes saluaient et essayaient de sourire (et certaines y parvenaient, d'autres non) ; à l'extérieur du poste, on entendait les commandements des officiers d'infanterie et d'artillerie.

« Sonnez l'avance », dit sèchement le général.

Alors que Ned le faisait, les clairons de l'infanterie lui répondirent, dans un appel similaire.

« Quatre à droite, marchez ! Le nouveau groupe chevaucha courageusement vers le front. Faisant tournoyer son cheval, le général, suivi de son clairon, trottait vivement pour prendre la tête. Toutes les compagnies, formant quatre, tombèrent les unes derrière les autres, les guidons de cavalerie à queue d'hirondelle, blancs et rouges, flottant gaiement au vent.

Le nouveau groupe a hurlé dans un air. Pas de « Garryowen » cette fois, mais « La fille que j'ai laissée derrière moi ».

L'heure était triste, j'ai quitté la femme de chambre,
pour faire des adieux prolongés ;
Ses soupirs et ses larmes ont retardé mes pas —
je pensais que son cœur se brisait.
En paroles précipitées, j'ai béni son nom,
j'ai prononcé les vœux qui me lient,
et j'ai pressé contre mon cœur, dans l'angoisse,
la fille que j'avais laissée derrière moi.

Puis vers l'est nous sommes partis,
Pour gagner un nom dans l'histoire,
Et là, là où se lève le soleil du jour,
Là s'est levé notre soleil de gloire ;
Tous deux ont flambé à midi sur la hauteur d'Alna,

Quand au poste qui m'a été assigné
j'ai partagé la gloire de ce combat,
Douce fille que j'ai laissé derrière moi.

Nos bannières portaient de nombreux noms :

C'était un morceau aussi inspirant que « Yankee Doodle », mais plus doux.

L'expédition offrait un spectacle magnifique. Le premier fut une escouade d'éclaireurs sélectionnés – des Delawares et des hommes blancs – dirigée par Wild Bill vêtu de peaux de daim voyantes à franges. Le scout « Pony Bill » Cody ne l'accompagnait pas. Il était réservé pour guider un autre détachement vers Fort Hays.

Après la ligne des éclaireurs venaient les commandants et leurs états-majors. Le général Hancock ne représentait le département que pour parler avec les Indiens, mais il parcourait fréquemment la marche pour inspecter. Lui et le général Smith formaient un duo actif, prompt à critiquer.

L'infanterie, les longs fusils Springfield inclinés sur l'épaule, les gourdes tintant aux hanches, avec l'artillerie et le train ponton grondant derrière, formaient une colonne. Un détachement de recrues du fort Leavenworth, destiné à être réparti entre les postes du sud-ouest, était arrivé juste à temps. Ils étaient sous les ordres du jeune lieutenant John A. Hannay de la troisième infanterie.

La septième cavalerie, suivant leur bande, formait l'autre colonne. Le général Custer et son adjudant, le lieutenant Moylan, étaient en tête ; et, juste derrière le général, chevauchait Ned, le clairon ordonné. Derrière Ned se trouvaient les gardes de couleur : le sergent Kennedy avec les grandes étoiles et rayures de soie, un autre sergent avec le large étendard bleu à franges jaunes de la Septième Cavalerie, et les deux gardes qui complétaient les quatre.

L'état-major, et bien sûr les officiers de cavalerie, ainsi que les officiers d'artillerie et la plupart des officiers d'infanterie, étaient à cheval ; sauf le vieux major Gibbs, qui était charnu et qui avait été grièvement blessé des années auparavant dans un combat indien. Il est monté dans l'ambulance. Le jeune lieutenant Hannay, avec ses recrues, doit marcher.

Revenant de sa selle, Ned frémit dans son cœur en voyant les longues colonnes bleues, sur lesquelles flottaient des drapeaux, petits et grands, et le train de chariots, les capots blancs tirés chacun par six mules, qui défilaient derrière.

La cavalerie semblait la moins voyante, car tous les soldats étaient tellement chargés de rouleaux de couvertures, de poêles à frire et de tasses en étain, et de gourdes, et de musettes remplies de hardtack, et de carabines à sept coups, et de sabres, et de cartouchières cloutées avec le boucher. - un couteau enfoncé à travers, et des étuis de revolver, et un lariat et une épingle à piquets suspendus à la selle, que les cavaliers ressemblaient vraiment à des colporteurs ambulants !

Quant à l'autre colonne, Odell, le sergent Kennedy et d'autres cavaliers vétérans avaient ri entre eux en apprenant que les Indiens devaient être pourchassés avec de l'artillerie et un train ponton.

IV
SATANTA FAIT UN DISCOURS

Hormis les chiens Custer, qui pourchassaient constamment des lapins et des loups, accompagnés de temps en temps d'une antilope, la marche vers l'ouest n'était pas passionnante. Après un certain temps, les signes du chemin de fer cessèrent et il ne resta plus que des gares d'étape, avec des ranchs occasionnels et avec une ou deux colonies.

Quatre-vingt-dix milles le long de la route de Smoky Hill se trouvait un autre poste de la septième cavalerie, Fort Harker, anciennement nommé Fort Ellsworth. Ce n'était pas vraiment un fort, étant composé de quelques cabanes en rondins nues au toit de chaume, flottant courageusement sur le drapeau étoilé. Encore plus à l'ouest se trouvaient Fort Hays et Fort Wallace ou Pond Creek. Cependant, augmentée à Fort Harker de deux troupes supplémentaires du Septième, l'expédition bifurqua vers le sud en direction de Fort Larned, à soixante-dix milles à travers le pays, le long de la rivière Arkansas et de l'ancien sentier Santa Fé jusqu'au Nouveau-Mexique. Une route de charrette partait pour cela, depuis Harker.

À Fort Harker, l'expédition fut accueillie par un grand soldat barbu qui, comme Ned l'entendit rapidement tandis que le mot circulait dans la colonne, était le colonel Jesse H. Leavenworth, fils du plus âgé des militaires qui a donné son nom à Fort Leavenworth, et autrefois lui-même officier de l'armée.

« Il a servi dans les plaines du Colorado pendant la guerre », expliqua à midi le sergent Kennedy, que Ned appréciait beaucoup. « A commandé les Rocky Mountain Rangers. Un bon officier, dit-on. Maintenant, il est l'agent des Comanches et des Kiowas, à Larned. Il y a aussi un autre militaire et agent au même endroit : le major Wyncoop. Ses Indiens sont les Arapahos, les Cheyennes et les 'Paches. Chaque agent blâme l'autre pour les dégâts causés.

« Quelle est la taille de Fort Larned ? » demanda Ned.

« Eh bien, Larned est un bon poste, mais il n'a rien à voir avec celui de Riley, en termes de taille. De nombreux Indiens viennent ici pour s'approvisionner et échanger des robes de buffle. Les étapes et les émigrés s'y arrêtent aussi.

Le temps restait doux et agréable, et la marche aurait pu sembler n'être qu'une marche d'entraînement, sans les éclaireurs chevauchant désormais plus largement devant et sur les flancs, examinant le paysage. On pouvait ainsi savoir que le véritable pays indien avait été atteint.

Cependant, aucun Indien ne s'est approché de la marche. Ils étaient toujours dans leurs villages d'hiver, attendant le signal des bourgeons de saule qui éclatent et de l'herbe qui verdissait. En service régulier sous la tente du quartier général, Ned ne pouvait s'empêcher d'entendre la majeure partie de la conversation ; et il entendit le colonel Leavenworth parler avec le général Custer.

« Mes Indiens campent pour la plupart dans le sud, à la frontière du Texas », expliquait le colonel Leavenworth. « Il sera difficile de les amener jusqu'ici, jusqu'à ce qu'ils aient reçu leurs rations. Mais Satanta vient vous dire ce qu'il pense.

«Le coquin rouge», accusa sans détour le général Custer.

« N-non, c'est un Indien intelligent. C'est tout un homme, Custer », déclara le colonel. « Je peux compter sur Satanta, et c'est le chef des Kiowas. Les Indiens dont vous voulez vous occuper de près sont cette foule de Wyncoop. Je crois comprendre que Wyncoop leur a envoyé un message pour qu'ils viennent à Larned et vous rencontrent en conseil.

« Eh bien, nous entendrons ce que le vieux Satanta a à dire et ce que les autres ont à dire ; mais Hancock veut faire comprendre clairement que *nous* avons aussi quelque chose à dire », répondit le général Custer. « Nous fumerons le calumet de la paix – et s'ils veulent la guerre, nous pouvons la leur donner sous n'importe quelle forme, à cheval, à pied et par l'artillerie. C'est ma compréhension de la situation et je suis prêt à libérer ma Septième Cavalerie, si nécessaire. Après un hiver d'exercices et de discipline, ils sont en assez bonne forme. Il leur suffit d'un seul combat, au coude à coude, pour en faire un véritable régiment.

Les plateaux en terrasses bordant Smoky Hill Fork avaient été laissés pour compte ; les plaines vallonnées devenaient de plus en plus sablonneuses ; et enfin, à quatre jours du fort Harker, le 7 avril, on aperçut de nouveau un drapeau de garnison flottant en rouge, blanc et bleu dans le vent des prairies.

Ici donc, là où la rivière Pawnee Fork venant de l'ouest se déversait dans le Great Bend de l'Arkansas, se trouvait Fort Larned, gardant sa section du sud-ouest du Kansas, et le sentier Santa Fé se dirigeait vers le Colorado et le Nouveau-Mexique. Fort Larned était assez similaire à Riley, construit en partie en pierre. C'était l'agence des Arapahos et des Cheyennes et de quelques Apaches, qui chassaient au nord, ainsi que des Kiowas et des Comanches, qui chassaient au sud. Ici, les Indiens apportaient des milliers de robes de buffle pour les échanger contre du sucre, du café, du tissu et des bibelots.

On pourrait s'attendre à ce que les Indiens campent autour de Fort Larned ; mais il n'y avait pas un seul tipi en vue, si ce n'est quelques tentes grossières abritant quelques métis ou squaw-men, comme on les appelait, commerçants et parasites. Il a été rapporté qu'à environ trente milles de Pawnee Fork se trouvait un village d'hiver dirigé par le chef Pawnee Killer des Sioux et le chef White Horse des Cheyennes, mais la marche ne s'est pas poursuivie ici. Lorsque les troupes entrèrent dans le camp de midi à l'extérieur du poste, le général Hancock et son état-major furent accueillis par l'agent Wyncoop, des Arapahos, Cheyennes et Apaches.

« Les tribus de mon agence sont enclines à la paix », proclama avec véhémence le major Wyncoop. Tandis que le colonel Leavenworth, debout à proximité, souriait. « Ils ont rarement commis des infractions aux lois et ont été accusés de crimes perpétrés par d'autres tribus. Ils ont beaucoup souffert à cause des Kiowas en particulier, qui sont les Indiens les plus turbulents des plaines et méritent plus que tout autre d'être punis. J'ai envoyé des coureurs dans les différents villages, comme demandé, et les chefs m'ont répondu qu'ils se réuniraient en conseil le 10 avril. Si le général commandant attend jusque-là, qui n'est que de trois jours, je suis sûr que tout sera ajusté de manière satisfaisante.

«Nous attendrons», fit remarquer laconiquement le général Hancock. « Colonel Leavenworth, avez-vous quelque chose à dire ?

« Rien de plus que ce que j'ai déjà dit, monsieur », répondit le colonel Leavenworth. "Je ne peux que répéter qu'à mon avis, les Kiowas et les Comanches sont ceux qui ont été lésés - gravement lésés en ayant mis à leur porte de nombreux méfaits dont les autres tribus de ce district sont responsables et pour lesquels elles devraient être sévèrement châtiées. . Ici!" il ajouta. «Voici Satanta lui-même. Il parlera au nom des Kiowas.

Du bas du sentier de Santa Fé approchait au galop un petit groupe d'Indiens, leurs couvertures et leurs coiffes ballottées dans l'air clair. Au premier rang se trouvait un homme qui aurait pu être un soldat, car il portait une chemise et un sabre ; mais des plumes dans ses cheveux annonçaient l'Indien. S'écartant du sentier, pour traverser le gazon plat et sablonneux, à peu de distance du rassemblement, il descendit de cheval, au bord du camp, et laissa son cheval (un superbe bai, gaiement décoré de peinture et d'attirail), accompagné des autres Indiens. , également mis pied à terre, il s'avança à pied.

« Satante ! » courut un murmure; et les officiers et les hommes le regardaient ouvertement.

Ned, ainsi que tout le monde en Occident, connaissait Satanta, le célèbre chef de guerre des Kiowas combattants ; chef de file de nombreux raids, rusé et éloquent. De taille moyenne, mais costaud et musclé, il se comportait fièrement. Ses cheveux noirs, tachés de vermillon à la raie, étaient coiffés doucement de chaque côté d'un visage plutôt bon enfant. À gauche, il s'allongeait en tresse, mais à droite, il était coupé court, signe du Kiowa. Une plume d'aigle était percée au-dessus de la tresse. Ses yeux étaient perspicaces et scintillants, son front était large et haut, et sous un nez large et droit se trouvait une bouche droite aux lèvres fines. De son menton poussaient quelques poils, mais la majorité avait visiblement été arrachée. Dans l'ensemble, il avait un visage intelligent, avec une touche d'humour.

Tandis qu'il marchait à grands pas, avec sa silhouette puissante et son corps lourd, il faisait une belle silhouette. Son sabre résonnait contre ses jambes nues, à sa satisfaction, et sur le sein de sa chemise de coton tachée, il portait un pendentif en argent qui pendait.

« Satante ! Satanta !

"Comment?" grogna Satanta, alors que le cercle s'ouvrait pour le saluer. Il serrait la main partout ; et avec divers « Comment ? » ses compagnons se serrèrent également la main.

Les Indiens restèrent assis tranquillement ; les officiers aussi. De la part d'un de ses disciples, Satanta accepta, de façon princière, une pipe à long tuyau. Elle avait été remplie, et maintenant avec du silex et de l'acier, elle était allumée, et à partir de Satanta, on la faisait circuler. Chacun à son tour tira solennellement une bouffée. Le général Custer faillit s'étouffer, car il ne consommait pas de tabac.

"Laissez l'un des éclaireurs interpréter", a ordonné le général Hancock.

« Roméo », dit le général Custer.

«Dites-lui que nous sommes prêts à entendre ce qu'il a à dire», ordonna le général Hancock à Roméo le petit Mexicain.

Roméo prononça une phrase gutturale au chef ; Satanta grogna brièvement.

« Il veut des cadeaux », traduisit Roméo.

« Des cadeaux seront apportés », répondit le général.

Les préliminaires terminés, Satanta se leva majestueusement pour son discours. Les épaules en arrière, il se tenait debout, face au demi-cercle d'hommes blancs, les bras croisés. Il commença à parler. Au fur et à mesure, Roméo le Mexicain traduisait phrase par phrase, le chef attendant à chaque fois qu'il le fasse.

"Je prends le soleil à témoin que je parlerai franchement", a déclaré Satanta. « Ma langue n'est pas fourchue. Il ne peut pas mentir. Je comprends que vous veniez nous voir. Mon cœur est heureux et je ne vous cacherai rien. Je me suis éloigné de ces Indiens qui veulent la guerre, et je suis aussi venu vous voir et vous parler. Les Kiowas et les Comanches ne sont pas ceux qui se sont battus. Ce sont les Cheyennes qui se battent. Ils se battent le jour et non la nuit. Si j'avais combattu, je me serais battu de jour aussi. Il y a deux ans, j'ai fait la paix avec vos chefs, Harney, Sanborn et Leavenworth, à l'embouchure du Petit Arkansas. Cette paix, je ne l'ai jamais brisée. Je n'ai rien fait et je n'ai pas peur. Je suis prêt à écouter de bonnes paroles. Nous attendions depuis longtemps de vous voir et nous étions fatigués. Toutes les terres au sud de l'Arkansas appartiennent aux Kiowas et aux Comanches, et je ne veux rien en céder. J'aime la terre et les buffles et je ne m'en séparerai pas. Lorsque vos soldats traversent le pays, ils tuent de nombreux buffles et les laissent mentir. L'homme blanc est-il un enfant qu'il doit tuer imprudemment et ne pas manger ? Lorsque les hommes rouges tuent du gibier, ils le font pour vivre et ne pas mourir de faim. Je veux que vous compreniez bien ce que je dis. Mettez-le sur papier. Laissez le Grand Père de Washington le voir et faites-moi savoir ce qu'il dit. J'entends beaucoup de bons discours de la part des enseignants que le Grand Père nous envoie, mais ils ne font jamais ce qu'ils disent qu'ils feront. Je ne veux pas des pavillons de médecine (écoles et églises) de mon pays. Je veux que mes enfants soient élevés comme je l'ai été. Nous vous remercions pour vos cadeaux. Nous savons que vous faites de votre mieux. Moi et mes chefs ferons de notre mieux. Vous êtes tous de grands chefs. Quand on est à la campagne, on s'endort heureux et on n'a pas peur. J'ai entendu dire que vous aviez l'intention de nous installer sur une réservation. Je ne veux pas m'installer », et la voix de Satanta était haute. «J'adore parcourir les prairies. Là, je me sens libre et heureux, mais quand on s'installe, on pâlit et on meurt. J'ai déposé ma lance, mon bouclier et mon arc, parce que je me sens en sécurité en ta présence. Je vous ai dit la vérité. Je n'ai pas de petits mensonges cachés à mon sujet, mais je ne sais pas comment ça se passe avec toi. Êtes-vous aussi clair que moi ? Il y a bien longtemps, toutes ces terres appartenaient à nos pères. Maintenant, quand je longe le fleuve, je vois des camps de soldats sur ses rives. Ces soldats ont coupé mon bois ; ils tuent mon buffle ; et quand je vois ça, mon cœur a l'impression d'éclater. En arrivant ici aujourd'hui, j'ai ramassé sur le sentier un petit interrupteur qui avait été arraché et jeté. Ça m'a fait mal de voir ça. Je pensais que si on avait laissé pousser cette petite brindille, elle aurait fait un arbre puissant, pour abriter mon peuple et lui fournir de l'ombre et du bois. Les hommes blancs l'ont détruit. Satanta fit ici un large geste. « Mais en regardant autour de moi la prairie, je vois qu'elle est grande et bonne, et je ne veux pas qu'elle soit tachée du sang des blancs. Si le traité nous apporte la prospérité, comme vous le dites, nous l'apprécierons d'autant mieux. Mais si cela nous apporte du bien ou du mal, nous ne l'abandonnerons pas. Quand je fais la paix, c'est une paix longue et durable. J'ai parlé."

Quand Satanta eut fini, un murmure d'approbation, sous forme de grognements satisfaits, s'éleva de la part des autres Indiens ; et même les officiers échangèrent des paroles d'admiration. Satanta avait fait un grand discours.

« Dites-lui, » dit le général Hancock à Roméo, « que nous avons entendu parler et que nous sommes heureux de savoir qu'il est notre ami. Nous ne venons pas en guerre, mais en paix. Dites-lui qu'en signe de notre amitié nous lui donnons l'uniforme d'un grand chef blanc.

Sur un signe du général, un autre officier apporta à Satanta l'habit, la ceinture et le chapeau d'un major-général. Ils étaient d'un style qui avait été modifié par des règlements ultérieurs, mais cela ne faisait aucune différence pour Satanta, qui semblait très satisfait des épaulettes et de la double rangée de boutons de cuivre, de la ceinture de soie rouge et du bicorne orné d'un curling noir. plume. Il enfila aussitôt le nouveau gréement, pour s'y pavaner jambes nues en traînant son sabre.

Bientôt, lui et tous ses braves, après avoir récupéré ce qu'ils purent au fort, prirent le chemin d'où ils étaient venus.

«C'était, messieurs, un discours merveilleux. Ce serait tout à l'honneur d'un homme blanc », a commenté de manière impressionnante le général Hancock devant l'auditoire rassemblé.

« Je connais Satanta ou White Bear depuis que je suis un petit garçon et j'ai suivi mon père partout, ici dans les plaines », a déclaré le colonel Leavenworth. «Je le considère comme le plus grand Indien. Il vit avec style dans son tipi. Il a un cor d'airain qu'il sonne pour les repas, un tapis et des planches à genoux cloutées d'airain pour manger.

"À mon avis, Satanta est un coquin, messieurs", dit doucement Wild Bill. « Personne ne peut nier qu'il fait beaucoup de bruit ; mais les actes comptent, dans ce pays — et si ce type ne crée pas plus de problèmes, à la première occasion, je ne connais pas les Indiens. Il est intelligent et aussi tordu qu'un terrier de chien de prairie.

Ned gardait les yeux ouverts pour la silhouette de Pawnee Killer. Il espérait que Pawnee Killer viendrait du village et pourrait être amené à dire au général Hancock ou au général Custer où se trouvait sa sœur, celle de Ned.

«Aucun Indien n'entrera avant le 10», affirma le sergent Kennedy. "'Ce n'est pas l'étiquette indienne de comparaître avant la date du conseil."

« Les coquins de l'infarine ne viendront peut-être pas de toute façon », déclara California Joe en secouant la tête. « Ce sont les menteurs les plus méchants qui aient jamais été créés. Mais nous allons avoir les mains pleines sans eux, car une sorte de tempête embêtante se prépare. Remarquez-vous comment les oies volent vers le sud, plutôt que vers le nord ? Peut-être qu'ils pensent que c'est l'automne au lieu du printemps ; mais je n'ai jamais cru que des klaxons fous se trompaient sur les rendez-vous.

La journée était chaude et ensoleillée, presque trop chaude. La soirée est restée claire, tandis que le camp dormait paisiblement, mais le matin s'est levé avec une brume et un vent froid du nord. Bientôt la brume s'épaissit, le vent se refroidit ; et avant la fin du petit-déjeuner, la neige tombait de plus en plus vite.

C'était une grosse tempête pour le 9 avril. Toute la journée les flocons tombaient furieusement, tandis que le froid augmentait. La nuit, la neige avait une épaisseur de huit pouces. Bien avant la nuit, les officiers et les hommes avaient enfilé tous les vêtements supplémentaires qu'ils pouvaient trouver et étaient entassés dans des pardessus et des couvertures, des mouchoirs pliés sur les oreilles. California Joe faisait une silhouette comique, son sombrero à larges bords attaché avec une corde en forme de seau à charbon, de sorte que ses bords de chaque côté touchaient ses épaules. Autour de son cou se trouvait un tippet rouge qui semblait avoir autrefois encerclé la taille d'un Indien. La queue de son pardessus de cavalerie était roussie par les feux de camp. À ses pieds se trouvaient des sacs de jute étroitement enroulés pour en faire un paquet, et ses mains étaient profondément enfouies dans les poches de son pardessus tandis que sous l'écope de son chapeau sortaient des volumes de fumée de sa pipe noire.

Il avait l'air drôle, n'est-ce pas California Joe ; mais tout n'était pas drôle. Bien entendu, il n'y avait ni tentes ni feux pour les chevaux. Ils étaient attachés le long d'une corde tendue de pieu en pieu ; et ici ils tournèrent la queue face au vent coupant et frissonnèrent et rétrécirent, tandis que la neige s'accumulait sur leur dos. Oui, et sans doute ils auraient péri, si le général Custer n'avait pas ordonné qu'on leur donne des doubles rations d'avoine, et que les gardes circulent de haut en bas, de haut en bas, pendant la nuit, en les fouettant pour les faire bouger. À deux reprises, Ned s'est enfui pour inspecter Buckie ; et je l'ai trouvé en train de faire le mieux possible.

V
DANS LE RÉSEAU DE BATAILLE

Les lèvres raides, Ned, à l'heure du lever du soleil, lança le premier appel pour un camp de cavalerie plutôt gelé ; et les notes joyeuses du réveil ne parvinrent pas à éveiller beaucoup d'enthousiasme parmi les soldats. Lors de l'appel nominal, les hommes tombaient enroulés jusqu'au nez, le col de leur pardessus relevé et leurs vêtements attachés sur les oreilles.

Cependant, la neige avait cessé, le soleil brillait et, visiblement, la tempête était passée. Désormais, le soleil d'avril allait bientôt mettre à nu les plaines.

Le général Custer ne semblait pas se soucier de la tempête ; et j'en ai tiré un peu de plaisir, comme d'habitude. Ned l'entendit raconter une blague, avec de grands éclats de rire, à son frère, le colonel Tom Custer, et à plusieurs autres officiers.

"Hahaha!" Comment ils ont tous rugi et ri, aucun plus fort que le général lui-même.

Personne ne s'attendait à ce que les Indiens arrivent aujourd'hui, qui était le dixième, car la neige et le froid les garderaient logés. Deux soldats repartirent avec une sacoche remplie de lettres d'officiers et de soldats, pour Riley et l'Est ; et la lettre du général à Mme Custer, que Ned remit au tout dernier moment, devait être la plus grosse de toutes. Aucun porteur de dépêche n'est sorti de marche ou de camp sans, comme cela apparaît, une lettre du général pour Mme Custer. Il tenait un journal régulier.

Le soleil était au rendez-vous, mais le temps restait extrêmement froid. Cependant, on pensait que les Indiens arriveraient le lendemain, qui était le onzième. Dans la matinée, Pawnee Killer fit savoir qu'il était parti avec ses gens pour le fort, lorsqu'ils avaient découvert un grand troupeau de buffles ; alors ils s'étaient arrêtés pour chercher de la viande.

Cette excuse ne plut pas au général Hancock ni à aucun des officiers ; et même le major Wyncoop avait du mal à expliquer pourquoi le buffle devrait être plus important qu'un engagement du conseil.

« Ils n'ont pas l'intention d'entrer, messieurs », a déclaré Wild Bill au général Hancock, à Custer et à d'autres. « Ils jouent pour gagner du temps ; c'est tout. Très vite, ils seront partis. Organiser une sorte de pow-wow ne fait pas partie de leurs intentions. Cette neige ira le long de l'herbe ; et après ça, faites attention !

« S'ils ne viennent pas vers nous, nous irons vers eux », annonça le général Hancock. "Nous leur donnerons vingt-quatre heures supplémentaires pour tenir leur promesse."

Le général a tenu parole. Le lendemain soir, des ordres parvinrent dans le camp pour se préparer à une marche matinale le lendemain matin.

Ce soir, plusieurs chefs Dog Soldier, dirigés par Tall Bull, un Cheyenne, sont venus à cheval, à la lueur du coucher du soleil, pour le dîner et le petit garçon Cheyenne. Un jeune homme nommé Edmond Guerrier servait d'interprète. Son père était trappeur canadien-français au vieux Fort Laramie sur la Platte, et sa mère était une Cheyenne. Comme son père, il avait épousé une Cheyenne et vivait avec les Cheyennes chaque fois qu'il le souhaitait. Le commandant de Fort Larned et le major Wyncoop l'ont recommandé comme interprète de première classe.

La conversation n'a abouti à rien, car les chefs n'ont rien dit d'important. Mais ils passèrent la nuit comme invités du général Hancock, dans une tente dressée à leur intention.

Tôt le matin, les chefs en visite sont partis, emmenant avec eux le petit garçon Cheyenne, qui restait en retrait et gémissait.

« Il est blanc, maintenant », commenta Wild Bill en le regardant. "Dans un mois, il sera rouge, et dans six ans, Cheyenne sera la seule langue qu'il connaît."

"La première chose qu'ils feront sera de lui enlever ses vêtements du magasin et de lui mettre une couverture et des leggings", a déclaré California Joe. "Demain, tu ne le reconnaîtras pas."

Tout était maintenant prêt pour la marche vers le village. Peu de temps après le départ des Indiens, les notes claires du « général » résonnaient dans les clairons de la cavalerie, de l'infanterie et de l'artillerie. En un clin d'œil, chaque tente s'aplatit. La toile était rapidement encordée en paquets carrés et passée dans les wagons. Rapidement, des rangs furent formés, la cavalerie monta, et les troupes marchèrent vers Pawnee Fork de l'Arkansas, depuis Fort Larned.

L'itinéraire suivait la rivière qui, bordée de saules et d'aulnes, serpentait en courbes. Les éclaireurs avançaient en avant et de chaque côté, Fall Leaf et ses braves étant particulièrement vigilants, car tous les Indiens de l'Ouest étaient leurs ennemis.

Des personnages en mouvement ont déjà été aperçus. C'étaient des Indiens, mais ils se tenaient à l'écart des appels. Une grande fumée s'éleva, qui, selon certaines opinions de la colonne, aurait été causée par les Indiens brûlant l'herbe à buffle afin qu'il n'y ait pas de fourrage pour l'expédition. Puis, vers le soir, alors que le village indien était encore à dix milles de distance, un autre groupe de chefs et de guerriers arriva d'en haut au galop.

Ils furent escortés par Wild Bill et furent présentés au général Hancock. Pressant leurs chevaux contre les chevaux des hommes blancs, ils se serrèrent la main.

"Il y a Pawnee Killer!" s'exclama Ned, excité alors qu'il regardait. "Le voir? L'homme au bouclier jaune, sur le cheval tacheté.

Le général Custer entendit ces mots et recula un instant.

"Les éclaireurs disent tous qu'il ne vous dira rien sur votre sœur", prévint le général. « Il est très probable qu'il ne le sache pas. Mais nous la trouverons. Peut-être pas cette semaine, ni la prochaine, mais un jour ; nous sommes sur la bonne voie pour le faire.

"Oui, monsieur", répondit Ned avec sérieux.

Le groupe des chefs s'était retourné et accompagnait l'état-major du commandant ; leurs poneys peints caracolaient agilement ; les couvertures et les franges tremblaient sous la brise.

La nuit tombait, la marche avait parcouru vingt et un milles et les fantassins étaient bien fatigués. Ainsi, à neuf milles du village indien, la colonne entra dans son camp, sur les rives de Pawnee Fork.

Ce n'est qu'à ce moment-là que Ned a eu l'occasion de s'approcher de Pawnee Killer. Il n'avait plus peur du chef, désormais ; car ne portait-il pas un revolver à six coups et un sabre, et d'ailleurs n'était-il pas un soldat, en uniforme de l'armée des États-Unis ? Cependant, il était sûr que Pawnee Killer le reconnaîtrait. Et enfin, au crépuscule, alors que Pawnee Killer, enveloppé dans une couverture, passait par là, Ned l'appela, en sioux, avec un bref :

"Comment, cola ?" (Bonjour mon ami?)

Pawnee Killer s'arrêta et regarda de côté.

"Comment?" il a dit.

« Tu me connais, Pawnee Killer ? »

"Non;" et Pawnee Killer mourrait.

"Attendez. Où est ma sœur ?

Pawnee Killer secoua la tête avec impatience. Pas un muscle de son visage sombre n'a changé. Comme Ned le détestait, à ce moment-là : il le détestait, pour les torts reçus – pour le souvenir de son père et de sa mère tués, et pour la dure vie de camp de lui-même et de sa sœur. Il pouvait à peine garder ses doigts de son revolver, pouvait le jeune Ned, debout là, renvoyant un regard pour un regard.

« Un tas d'imbéciles. Un imbécile de garçon blanc », grogna Pawnee Killer avec mépris, et rapprochant sa couverture de lui, il continua son chemin. Ned sauta à sa suite ; puis s'arrêta net. Il ne faut pas qu'il se précipite. Il doit attendre. Le général Custer le lui avait promis, et lui, Ned, n'était qu'une victime parmi tant d'autres. Oui, il attendrait et dépendrait du général.

Avant les écoutes, il était entendu dans tout le camp (car les rumeurs allaient vite, surtout lorsque California Joe était sur le point de rapporter des nouvelles au milieu des incendies) que Pawnee Killer et White Horse devaient passer la nuit en tant qu'invités du général Hancock ; et que le matin tous les chefs du village se réuniraient au camp pour le conseil. C'est pourquoi, tôt le matin, mais seulement après avoir copieusement déjeuné, Pawnee Killer partit à cheval pour amener, dit-il, les autres chefs.

Le camp attendait.

Neuf heures, ou lorsque le soleil était haut de trois heures, était l'heure fixée pour le conseil. Neuf heures sonnèrent et passèrent, mais Pawnee Killer et les autres chefs ne vinrent pas. C'est alors qu'un nouveau chef arriva, arrivant à grands pas en direction du village. Bull Bear était son nom, selon California Joe ; un Cheyenne.

Rencontré par Wild Bill, il fut conduit directement au quartier général du général Hancock, et une autre des nombreuses discussions eut lieu. California Joe, flânant près de la tente Custer, où se tenait de service Ned, le clairon de la septième cavalerie, riait dans ses moustaches hirsutes.

«Ces Indiens n'ont jamais eu l'intention de rencontrer les soldats lors d'un conseil militaire», a-t-il affirmé. « Dès que nous le savons, ils seront tous partis, en fuite. Et je parierais une livre sur ma vieille mule que les femmes et les enfants partent déjà. Si nous voulons atteindre ce village, nous devons y aller très vite.

C'était évidemment l'opinion du général Hancock. On l'avait manipulé assez longtemps. Bull Bear, avec une expression impassible mais bien nourrie, s'éloigna avec Pawnee Killer et d'autres chefs. Et aussitôt le général Custer, revenant rapidement de la conférence, dit, d'un ton satisfait, à l'adjudant Moylan : « Nous partons. Frappez les tentes.

Les clairons de l'infanterie sonnaient le « général » et Ned s'empressait de rejoindre la cavalerie. Les tentes sont descendues. Et avec « Bottes et selles » et « À cheval », la septième cavalerie était préparée pour la marche ou pour la bataille.

De nouveau, l'expédition se remit en mouvement et partit en cliquetant, en craquant et en grondant à travers le pays, remontant le long de Pawnee Fork comme si cette fois elle se dirigeait directement vers le village.

Or, la formation indiquait que le général Hancock, lui aussi, était préparé à la paix ou à la guerre. L'infanterie prit l'avance, suivie de près par l'artillerie et le génie, la rivière protégeant le flanc gauche et la cavalerie protégeant le flanc droit. Les éclaireurs marchaient en tête, car ils étaient les yeux de la colonne. Et le vaillant général Hancock a bien fait de faire preuve de prudence ; quand seulement quelques milles furent parcourus, Wild Bill revint au galop, la main haute, comme signal d'arrêt. Au même moment, presque au détour d'un virage, les têtes des colonnes apparurent dans un spectacle merveilleux et saisissant.

La vue s'ouvrait, sans aucun arbre ni arbuste pour la briser, jusqu'à ce qu'elle soit coupée net par une ligne de bataille immobile. Là, ils étaient assis, sur leurs poneys bai, noirs, blancs et tachetés, un demi-millier de guerriers indiens, tous panoplés pour le combat. Les boucliers brillaient en blanc, jaune et rouge ; des lances flottaient en touffes cramoisies ; de grands bonnets de guerre aux crêtes de plumes brillamment teintées couvraient presque les cavaliers ; visage, corps et poney striés de peinture de guerre ; et l'éclat du fusil et du revolver montrait que la troupe était armée comme les hommes blancs.

A mi-chemin entre les deux partis se trouvaient les éclaireurs, en ordre étendu. Les Delawares avaient laissé tomber leurs couvertures et étaient nus jusqu'à la taille, alertes et agités, impatients de se battre. Fall Leaf leva son fusil et le secoua d'un air moqueur.

De haut en bas, une ligne de guerriers à cheval chevauchait les chefs de guerre en gesticulant et en parlant, comme pour maintenir leurs hommes en ordre. Mais le général Hancock n'était pas resté inactif. Instantanément, ses aides s'étaient précipités à droite et à gauche, portant ses ordres. Les clairons de l'infanterie et de l'artillerie sonnaient de façon stridente ; et voici l'aide-assistant pour instruire la cavalerie. Tirant sa moustache jaune, le général Custer attendait avec impatience.

En arrivant, l'aide de camp (c'était un jeune lieutenant) retint son cheval sur ses hanches et salua.

"Le général commandant vous envoie ses compliments, monsieur, et ordonne à la cavalerie de former une ligne de bataille sur la droite."

« Les troupes se mettent en ligne. Deux troupes en réserve, dit aussitôt le général à son adjudant, le lieutenant Moylan ; et il fit signe à Ned de mettre fin à l'appel. Ses yeux bleus étaient flamboyants ; il avait l'air heureux. Le lieutenant Moylan s'éloigna, descendant la colonne de quatre, portant les ordres. Clairon après clairon reprenait la tension. Sur la droite, les quatre cavaliers trottèrent, étendant le front de cavalerie, troupe après troupe, jusqu'à ce que six soient en ligne. Deux composaient une seconde ligne, en réserve.

L'infanterie avait également fait un double rapide sur le front de la compagnie, et compagnie après compagnie était arrivée sur la ligne de bataille. Au centre, l'artillerie avait roulé au galop et s'était dételée.

« Entreprises, chargez ! »

Avec un bruit sourd et un bruit sourd, les longs chargeurs par la culasse Springfield, remodelés à partir des chargeurs par la bouche de la guerre civile, arrivèrent à une « charge » et se préparèrent au « objectif, au feu ».

"Dégaine... les sabres !" La voix du général était haute.

Avec un bruit d'acier, six cents sabres brillèrent au soleil du matin.

VI
LE VILLAGE INDIEN ABANDONNÉ

Rappelés par l'un des assistants, les éclaireurs étaient lentement revenus, les Delawares étant particulièrement réticents à quitter le front. Alors qu'ils passaient, le général Custer cria à Wild Bill :

"Est-ce un combat, Bill?"

"Ça a l'air étrange", répondit Wild Bill en continuant son jogging. Ce n'était pas un homme qui parlait beaucoup. Mais California Joe ne négligeait aucune occasion de parler, et s'arrêtant obligeamment, devant la cavalerie, de sa mule, il reprit la conversation.

« Si nous nous battons, ce sera la bagarre la plus dure que vous ayez jamais connue. Ces Indiens semblent penser qu'ils peuvent fouetter l'armée des États-Unis. Un Indien battra un homme blanc en courant, à chaque fois, alors je suppose que notre meilleur refuge est en forme ; mais Marcy sur nous, regarde-les ! Nous ne sommes pas assez nombreux pour faire un demi-tour. C'est une grosse affaire, dis-je, et si nous léchons ces vermines, nous devons nous lever et faire la poussière. Peut-être que ça ne conviendra pas ; peut-être que ce sera une blague pour les effacer. Mais ils disposaient d'un grand nombre d'armes puissantes, fournies par le département indien pour tuer les soldats. Vous voyez ces fusils, d'accord ? Ils tireront mieux que vos carabines à canon scié. Eh bien, je pense que je vais envoyer l'infanterie, » et toujours en train de se plaindre de California Joe traversa tranquillement un intervalle et se posta ailleurs. Sa voix, s'adressant aimablement à tout autour de lui, ne cessait jamais ; mais personne ne lui prêtait plus attention. La crise était trop aiguë lorsque deux de ces lignes, rouge et blanche, en bataille, se faisaient face.

Les plaines à l'arrière de la ligne indienne étaient parsemées d'autres Indiens, en groupes, comme des réserves, et en petites escouades, comme pour le service de courrier. Les chefs s'étaient retournés, surveillant la ligne des soldats ; et pendant un instant un silence intense régna. Chaque ligne se regardait l'autre, attendant le premier mouvement.

Le général Hancock, accompagné de Guerrier l'interprète, de Wild Bill le chef des éclaireurs et de plusieurs officiers de son état-major, s'avança hardiment, s'arrêtant à mi-chemin. Guerrier appela à haute voix, à Cheyenne, et fit signe, pour une conférence. Alors sortit des rangs des Indiens un groupe de chefs tenant en l'air, sur la crosse d'une lance, un chiffon blanc. Au signal du général Hancock et au début d'un assistant, le général Custer s'avança pour prendre part à l'entretien.

California Joe, s'avançant de nouveau, prit froidement place devant la ligne de cavalerie et se mit à parler, comme d'habitude.

« Maintenant, il y aura d'autres palabres », annonça-t-il à tous les auditeurs, « et pendant ce temps, le village fait ses valises et fait du skadoodlin ». Vous connaissez ces chefs ? Le gros gars avec le drapeau de trêve est Roman Nose, Cheyenne – et il n'est pas en reste, les garçons non plus. Les autres Cheyennes sont Bull Bear, White Horse, Grey Beard et Medicine Wolf ; les autres sont des Sioux, à savoir ce vaurien tueur de Pawnee, cette mauvaise blessure, cette main gauche, ce petit ours, ce petit taureau et ce grand ours qui marche sous terre. Ils se serrent la main, n'est-ce pas ? Wall, je pense que nous ne nous battons pas aujourd'hui. Mebbe la prochaine fois. Je suppose que je vais aller voir. Giddap ! Et California Joe s'éloigna au petit galop, à reculons, pour entendre la conférence.

La conversation parut satisfaisante, car bientôt les chefs retournèrent à leur ligne et les officiers d'état-major se dispersèrent pour diverses courses. Le général Custer a rejoint son commandement. La ligne indienne avait fait demi-tour et s'éloignait en une masse bousculée et désordonnée. Les premiers ordres lancés sur le front de bataille des Blancs indiquaient que la marche devait reprendre.

De nouveau en colonne, l'expédition suivit les guerriers.

Le général Hancock semblait fatigué des retards. Aucune halte ne fut faite, on parla peu (sauf par California Joe, qui marchait à sa guise, discutant à droite et à gauche, et pour lui-même) ; les éclaireurs, en corps compact, ainsi que le général et l'état-major, étaient en tête ; les troupes marchaient en arrière ; et enfin, vers le coucher du soleil, dans une courbe du ruisseau, apparurent auparavant les poteaux croisés de nombreuses huttes blanches, jaillissant de la fumée du soir.

« Le village d'antan de Thar », cria California Joe à la cavalerie qu'il avait manifestement adoptée. « Trois cents lodges, moitié Cheyenne, moitié Sioux. C'est un bel endroit aussi, n'est-ce pas ? Beaucoup de bois, d'eau et d'herbe, et ces falaises au nord et à l'ouest pour se protéger du vent. Faites confiance à un Indien pour créer un bon camp.

Un assistant arriva au galop vers le général Custer.

« Les compliments du général commandant, monsieur, et il ordonne à la cavalerie de se mettre au camp sur la droite, un demi-mille avant d'atteindre le village. Des gardes seront postés pour empêcher toute communication entre les militaires et le village. Le général souhaite que les Indiens ne soient pas ennuyés par les visiteurs.

"Hein!" grogna California Joe. « Maintenant, si ce n'est pas le général le plus *attentionné que j'aie jamais vu*. Ça ne doit pas ennuyer l'Injun, hein ? Wall, je vais être embêté ! »

Il ne se passa pas grand-chose au camp pendant la soirée, sauf que Roman Nose (qui était en effet un bel Indien, grand et puissant, à large poitrine et au nez en bec), Grey Bear et Medicine Wolf des Cheyennes entrèrent et bientôt deux d'entre eux partirent, montés sur des chevaux de cavalerie. De la conversation entre le général et le lieutenant Moylan, Ned apprit que les squaws et les enfants avaient fui le village parce qu'ils craignaient tant de soldats blancs ; ou, du moins, ainsi l'avaient prétendu les chefs ; et maintenant deux des chefs avaient été envoyés pour les rattraper et les ramener.

La nuit s'installa claire et sombre, avec la lune cachée par des nuages à la dérive. Pas un bruit ne sortait du village indien, où brillaient faiblement les huttes à peau blanche des Cheyennes et des Sioux. Ned a soufflé « Tattoo » et « Taps » pour éteindre les lumières ; et le camp de cavalerie ainsi que le camp d'infanterie et d'artillerie se couchèrent. La tente du général Custer avait été dressée seule, à proximité de celle du général Hancock. La petite tente « chiot » de Ned se trouvait à côté de la tente de l'adjudant, le lieutenant Moylan. Et tout était calme.

Ned dormait profondément, dans ses couvertures, quand soudain il fut réveillé par une voix parlant à voix basse mais distincte.

« Moylan ! Moylan ! Oh, Moylan ! »

"Qu'est-ce que c'est?" et le lieutenant Moylan bougea.

« C'est moi… Custer. S'ouvrir."

"Oui Monsieur."

Le lieutenant Moylan se leva précipitamment et fouilla dans les rabats, les dénouant. Ned regarda dehors, la silhouette sombre du Général Custer était à peine visible.

« N'allumez pas de lumière », dit-il. « Le régiment reçoit l'ordre de partir immédiatement. Guerrier est revenu du village et rapporte que tous les guerriers sont en selle et partent précipitamment. Le général veut que nous encerclions le village et que nous étouffions ce mouvement dans l'œuf. Le meilleur moyen serait que nous avertissions les commandants de compagnie, un à la fois, et qu'ils puissent en informer les premiers sergents. Vous prenez un bataillon et je prendrai l'autre. Fletcher me suivra. Pas de bruit, attention. Demandez aux hommes de se mettre en selle et de tomber sans signaux de clairon ou tout autre signal, si possible. Sabres tenus pour éviter les cliquetis.

Le général ne resta pas longtemps à attendre, debout près des rabats de la tente ; Rapidement, le lieutenant Moylan marchait d'un pied silencieux et précipité dans une direction, et Ned suivait son chef dans l'autre.

Au milieu des toiles serrées, une résurrection se produisit alors que les capitaines cherchaient les premiers sergents, et les premiers sergents passaient rapidement de tente en tente, chuchotant aux hommes. Avec étonnamment peu de confusion ou de bruit, les chevaux furent sellés, les compagnies montées et tout était prêt.

Un léger mouvement dans le reste du camp indiquait que l'infanterie et l'artillerie étaient également réveillées et étaient mises sous les armes.

C'était excitant ; et tandis qu'ils partaient, au pas, en longue colonne, à travers la nuit tranquille, Ned, derrière le général, l'adjudant Moylan et Guerrier l'interprète, en était ravi. Ils allaient encercler le village indien ; et il pourrait y avoir une bagarre.

Chaque sabre était coincé entre la jambe et le rabat de la selle, afin qu'il ne tinte pas. La colonne obscure avançait en silence. Les ordres étaient donnés à voix basse et passaient de troupe en troupe à voix basse. La lune était presque pleine, mais heureusement les nuages la cachaient constamment. Au loin, devant le village, vacillait la lumière rouge d'un feu de camp ; c'est devenu le guide.

La colonne a effectué un changement de direction oblique pour frapper le village d'en haut. C'était une bonne décision, car si les Indiens tentaient de s'échapper, ils seraient obligés de se précipiter directement dans l'infanterie, au camp.

« Pensez-vous qu'ils soupçonnent notre arrivée, Guerrier ? demanda à voix basse le général.

"Je ne le crois pas", répondit Guerrier.

« Nous devrons faire très attention à une embuscade, Moylan », incita le général. "Notre visite pourrait ne pas plaire aux messieurs rouges."

La colonne était désormais proche. La lune apparaissait entre les nuages, puis on pouvait voir la lueur des huttes blanches en peau de buffle au milieu du bosquet de saules et de peupliers au bord de la rivière.

« Que chaque troupe arrière se déploie successivement en tirailleurs, formant une ligne continue tournée vers l'intérieur, autour du village », ordonna le général à l'adjudant. "Mais tranquillement, souviens-toi." Et le lieutenant Moylan revint, portant les instructions.

Habilement, le grand cercle fut formé ; car quand, tout à coup, des nuages éclata la lune, brillant comme un phare sur une île du ciel, elle révéla les cavaliers assis immobiles sur leurs chevaux immobiles, en une grande frange ; et au centre se trouvait le village fantomatique. Juste une petite brise soupirait doucement à travers les peupliers, tandis que le ruisseau qui coulait à travers le bosquet et le village murmurait de la musique.

Un cavalier arrivait le long de la ligne. C'était le chirurgien du régiment, le Dr Coates, un homme joyeux, toujours avide d'aventure.

« Par le tonnerre ! Je crois qu'ils sont tous endormis, » murmura-t-il, excité.

« Qu'en penses-tu, Guerrier ? demanda le général mal à l'aise.

« Je ne peux pas le dire. Peut-être, » répondit le métis en regardant depuis son poney.

« Eh bien, nous pouvons entrer et voir. Après tout, j'aimerais savoir si nous avons capturé un village déserté.

« Sweet Auburn, le plus beau village de la plaine », citait le médecin, qui avait l'habitude de dire de telles choses.

"Rien de très doux dans un village indien, docteur", rétorqua le général. « Je vais juste vous emmener, pour le prouver. Dites aux officiers de faire attendre leurs troupes prêtes, Moylan, pendant que nous y regardons de plus près. Revenez immédiatement. Je te veux avec moi."

L'adjudant fit rapidement circuler le mot dans le cercle et revint.

« Nous ferions mieux d'entrer tous », dit le général en descendant de cheval. « Le clairon aussi. J'aurai peut-être besoin de lui. Laissez vos chevaux ici.

Rapidement, Ned s'éloigna de Buckie. Rapidement, le docteur, le lieutenant et l'interprète Guerrier descendirent de leurs chevaux. Ils laissèrent les animaux sous la garde d'un infirmier et avancèrent péniblement à pied.

Le général et Guerrier étaient en tête. Le clair de lune rendait la marche facile et, regardant fixement les tentes, ils avancèrent pas à pas, à travers l'espace ouvert séparant le cercle de cavalerie du village au milieu. Rien ne s'est passé. Comme auparavant, le silence, troublé seulement par la légère brise et le tintement de l'eau, régnait.

Guerrier a crié fort, en Cheyenne. Instantanément, un chien aboya, puis un autre, et encore un autre, jusqu'à ce qu'un chœur furieux et en colère déchire le calme clair de lune.

«Beaucoup de chiens», dit-il. «Donc je pense qu'ils sont toujours là. Les chiens y allaient aussi.

"Appelle encore une fois."

Il l'a fait. Le médecin avait nerveusement dégainé son revolver.

« Alors pourquoi ne répondent-ils pas ? »

« Je suppose qu'ils attendent, dans les arbres ; et quand nous nous rapprochons, peut-être qu'ils tirent. Pas comme ça."

« C'est une idée réconfortante », lâche le général. « Mais nous sommes allés trop loin pour reculer avec honneur maintenant. Enquêtons sur ces premières loges.

Il a sorti son revolver. Le lieutenant Moylan a dessiné le sien et Ned l'a imité. La crosse du lourd six-coups du Colt lui faisait du bien dans la main. Une fois de plus, ils avancèrent furtivement, cette fois avec plus de prudence. Le cœur de Ned battait à tout rompre ; mais il n'avait pas peur, là où le général conduisait.

Le général se mit à genoux, comme exemple pour les autres, et se glissa ainsi jusqu'à la plus proche du petit groupe de loges. Parfois, il s'arrêtait et écoutait ; puis s'est arrêté et a écouté tout le monde, retenant leur souffle. Aucune flèche ne jaillissait toujours des arbres, aucun tir soudain ne rotait, aucune voix aiguë et exultante ne retentissait ; et des loges ne sortait pas un bruit.

«Je crois que tout le monde s'est enfui», dit le général d'un ton plus ordinaire et un peu comme soulagé. Il se leva et se baissa. Guerrier s'avança vivement vers la première des loges, écarta la natte qui fermait l'entrée et y entra. L'un après l'autre, ils se suivirent. Le pavillon était vide de détenus.

L'odeur familière de l'Indien – de peaux fumées et de kinnikinnick ou du mélange de feuilles et de tabac utilisé par l'Indien dans ses pipes, de chiens et de graisse, frappa les narines de Ned. Oui, il en avait été saturé lui-même, pendant ses jours de captivité. Un feu brûlait encore faiblement au centre de la loge, répandant une faible lumière, afin qu'ils puissent voir autour d'eux. Et ils regardèrent autour d'eux, le docteur le plus curieux de tous. Les choses avaient été laissées comme si les propriétaires venaient de sortir. De douces robes de buffle recouvraient le sol ; les lits-peignoirs étaient en place, avec les rouleaux de tête en guise d'oreillers ; les parflèches ou boîtes en cuir de taureau dur étaient soigneusement rangées le long des bords de la tente, comme d'habitude, et elles étaient pleines d'ouvrages indiens. Sacs de peinture, cordes en cuir, mocassins, tout était là, attendant d'être utilisé. Et au-dessus du feu couvant était suspendue une bouilloire qui mijotait doucement d'une vapeur qui sentait extrêmement bon.

Cela a attiré le nez et les yeux du médecin curieux, et il a commencé à enquêter.

« Super Scott ! » il a dit. « Qu'est-ce que c'est : de la soupe ? Où est une louche, ou une cuillère, ou quelque chose comme ça ? Ici; J'en ai trouvé un. Vous m'avez traîné dehors sans déjeuner. J'ai faim. Attendez. J'ai toujours voulu essayer la cuisine indienne. Cela devrait être de première classe. Il fouilla dans la bouilloire et, avec sa cuillère en corne, en sortit un morceau de la taille de son poing. « À votre avis, qu'est-ce que c'est ? » demanda-t-il en le levant et en le retournant. «Euh-m! Odeur délicieuse.

« Goûtez-le », dit le général.

"Je vais." Et le médecin l'a fait. Il fit claquer ses lèvres. "Excellent! Excellent!" s'exclama-t-il et il le mâcha avec une grande satisfaction. "Ça doit être du buffle, cuit selon un nouveau procédé."

«Voici Guerrier», dit le lieutenant. "Il le saura."

Guerrier avait disparu lors d'une nouvelle tournée d'inspection; maintenant il rentrait.

« C'est quoi cette viande, Guerrier ? demanda vivement le docteur. « Essayez-le. Prends ma cuillère.

Guerrier plongea assez volontiers la cuillère dans la bouilloire et en accrocha le morceau le plus gros encore. Il y mit les dents.

"Eh bien, c'est un chien, bien sûr," informa-t-il en rongeant.

"Chien!" haleta le docteur. « Tonnerre et Mars ! Pouah! Pourquoi personne ne l'a dit ? Et il s'est précipité dehors.

Ned avait soupçonné la même chose, mais on ne lui avait pas demandé. Maintenant, le général et le lieutenant riaient et balançaient, étouffant leur joie.

« Voyons plus loin », dit le général. « Il pourrait y avoir d'autres surprises. Aucun signe des Indiens, Guerrier ?

"Non. Village désert, répondit Guerrier.

Ils sortirent de la loge, au clair de lune, et fouillèrent ici et là. Guerrier disparut de nouveau.

« À mon avis, » remarqua le général, « ce métis savait cela depuis le début. Il était censé signaler au quartier général le premier signe indiquant que le village était en train d'être abandonné. Au lieu de cela, il a attendu pour laisser les Indiens partir, puis il a fait rapport. Vous savez, sa femme était au village ; et donc il voulait la mettre en sécurité.

« Humph ! » grognèrent le docteur et le lieutenant.

Le général fouillait ; les autres aussi. Une loge n'avait pas de feu ; son intérieur était sombre lorsque le général y passa la tête ; et, ramassant un éclat de bois, il l'alluma, comme torche. Puis il entra hardiment – seulement pour rappeler, tendant à nouveau l'éclat.

« Allumez ceci, voulez-vous, docteur ? Cela m'a explosé.

Le médecin s'est dépêché d'allumer l'éclat sur le feu d'un pavillon, et Ned l'a attendu. Le général devait se déplacer dans l'obscurité, à l'intérieur, car Ned entendit une rapide exclamation de sa part, et il pensa qu'il entendit ensuite une voix étrange, s'adressant au général en indien. C'était une voix basse et chevrotante ; et il n'en était pas certain. Il tenait son revolver à la main, écoutant, prêt à passer à l'action. Plus rien ne fut dit au-delà de la porte de la loge ; mais le médecin semblait parti depuis très longtemps. Enfin le voici venu, portant la lumière.

« Est-ce vous, docteur ? » » dit vivement le général. « Soyez vigilant lorsque vous entrez et soyez prêt à affronter des ennuis. Armez votre revolver. Il y a un Indien à cet endroit. Je lui ai marché dessus et je l'entends.

Par la porte, le vaillant docteur fit irruption, la torche dans une main, le revolver armé dans l'autre. Après lui, Ned appuya, le revolver pointé vers l'avant, les yeux écarquillés, le cœur battant, mais résolu, lui, à jouer l'homme.

Le général se tenait de l'autre côté, son couteau de chasse découvert, car dans l'obscurité son revolver n'aurait été d'aucune utilité. Et là, entre lui et la porte, il y avait l'Indien – mais peut-être pas un Indien. C'était une petite fille, allongée sur le sol, enveloppée dans une robe de buffle.

Ned le regardait, le souffle court. L'espace d'un instant, il s'attendait à avoir retrouvé sa sœur ! Puis un second regard lui apprit que cette petite fille avait des cheveux noirs et une peau basanée, ce qui ne touchait en rien à la beauté de Mary. Alors il se détendit, déçu.

« Aha ! » dit le général, je vois. Nous ne te ferons pas de mal, ma fille. Je suppose qu'elle est la plus alarmée des deux. Où est Guerrier ? Il devrait lui parler. Allez chercher Guerrier, Ned.

Forth bouscula Ned et trouva Guerrier. Quand ils revinrent, le docteur était penché sur la petite fille et la caressait, tandis qu'elle continuait de rouler des yeux timides, très alarmés, et aurait caché sa tête dans sa robe.

« Les lâches bandits l'ont abandonnée », a dénoncé le général. "Demandez-lui, Guerrier."

Guerrier lui parlait en Cheyenne ; » répondit-elle doucement.

«Oui», dit Guerrier. "L'a laissée. Elle est à moitié blanche. Elle est malade aussi.

«Je le pensais», murmura le médecin.

«Trouvez le lieutenant Moylan, clairon», ordonna rapidement le général à Ned. « Faites-lui mes compliments et dites-lui d'appeler les commandants des troupes et de faire fouiller minutieusement le village. Dites-lui également d'envoyer un courrier au général Hancock, pour l'informer que le village est abandonné.

Ned a rencontré le lieutenant Moylan juste à l'extérieur et lui a transmis le message. Cependant, la fouille n'a révélé aucun autre occupant à l'exception des chiens et d'un Sioux âgé et infirme qui n'avait pas pu voyager. Au clair de lune ou dans les loges, aucun signe n'indiquait la direction prise par les fugitifs du village.

Le courrier rapporta au général Custer qu'un détachement d'infanterie était envoyé pour occuper le village et le tenir. Entre-temps, le docteur Coates avait répondu avec tendresse aux besoins de la petite fille malade et du vieil homme. La cavalerie Custer n'avait plus rien à faire ici. Après avoir brièvement exposé les faits au commandant de l'infanterie, il entra, laissant ses troupes suivre le général qui partit au galop vers le camp, Ned, le clairon ordonné, et l'adjudant Moylan, le suivant de près. Mais leurs chevaux n'étaient pas à la hauteur de Phil Sheridan ; et, comme d'habitude, le rythme général.

Par la manière dont il chevauchait, il s'attendait évidemment à beaucoup de travail.

VII

LE SCOUTISME AVEC CUSTER

Le général Custer ne perdit pas de temps. Le général Hancock non plus. Ainsi, quelques minutes seulement après que les deux généraux furent ensemble au camp, les plans étaient terminés. Lorsque les troupes du Septième arrivèrent au trot, leurs officiers reçurent aussitôt l'ordre, du quartier général, de préparer leurs commandements pour la piste. Les Indiens devaient être poursuivis, et c'était un travail de cavalerie.

« Ordre de marche léger. Cent cartouches de munitions pour l'homme, mais toutes les autres fournitures réduites à la dernière once nécessaire », étaient les instructions fournies par l'adjudant Moylan.

C'était à nouveau une agitation de préparation : remplissage des gamelles, serrage des fers à cheval, enroulement des couvertures, le tout à la lumière du feu de camp et de la lune. Avant l'aube, la Septième Cavalerie était prête : huit compagnies, la fanfare et une escouade d'éclaireurs dirigée par Wild Bill et Fall Leaf.

L'est était rose lorsque le général Custer, debout avec impatience la lumière, à côté de Custis Lee (en qui il s'était changé), parla brièvement à Ned ; et de la trompette du clairon du quartier général sonnèrent les mesures de «Bottes et Selles». Assez volontiers, les hommes de la Septième Cavalerie formèrent de nouveau des lignes et montèrent à cheval ; pour l'instant, ils étaient débarrassés des «dough boys» et voyageraient vite et loin pour attraper ces satanés Indiens.

Un gel avait blanchi le sol et avait été marqué par des traces de chevaux, de sorte qu'au village se trouvaient de nombreux sentiers. Mais les Delawares se sont rangés ici et là jusqu'à ce que, dans un cri triomphant, le plus jeune guerrier de tous annonce qu'il avait trouvé la véritable piste.

Le sabre du général brillait aux rayons du soleil levant.

« À quatre pattes, n'est-ce pas ! Pour-r-r'd-mars !

« À quatre pattes, n'est-ce pas ! Pour-r-r'd-mars ! » a été répété dans la colonne le commandement. La Septième Cavalerie était en route pour son premier éclaireur indépendant.

La ligne en forme d'éventail des éclaireurs, avec Wild Bill et Fall Leaf en tête, maintenait l'avance, afin qu'ils puissent lire la piste. Ensuite venait la cavalerie, le général et son adjudant en tête, les chariots à bagages vers l'arrière, et une arrière-garde d'une troupe derrière. Le général Custer avait de nouveau enfilé son manteau de chasse en peau de daim, qui lui était si confortable et qui annonçait un dur labeur à venir. Il avait l'air tel qu'il était lorsque Ned l'avait vu pour la première fois. On s'attendait à un dur labeur, car les Indiens avaient pris un bon départ.

Au pas rapide des chevaux, ils montaient tous. Les poteaux du village en fuite dessinaient un sentier clair à tous les yeux. Un sentiment de satisfaction se répandit quand, après un certain temps, les éclaireurs se mirent en route au galop, avec un mouvement de fusil et un battement de couverture, vers un petit bosquet devant eux. Une légère volute de fumée pouvait être aperçue ; et il y avait un aperçu de formes en mouvement.

« Donnez le trot », ordonna aussitôt le général.

Au signal du clairon de Ned, « Trot, marche ! » » a été répété dans la colonne enthousiaste. Ils s'éloignèrent, prêts à se déployer dans l'action. Mais après une brève pause, pour faire une reconnaissance, les éclaireurs avaient procédé avec audace. Lorsque la colonne atteignit cet endroit, elle ne trouva que les feux encore brûlants où les Indiens s'étaient arrêtés pour un petit-déjeuner précipité, et plusieurs poneys, avec des paquets, laissés attachés aux arbres. Et voici un étrange Indien, se pavanant, vêtu d'une panoplie de plumes pourpres brillantes, tandis que les éclaireurs le regardaient et riaient.

Cependant, ce n'était que le général Jackson du Delaware, le neveu de Fall Leaf, qui était arrivé le premier au bosquet et avait capturé les poneys.

« Nez romain ! » » a-t-il proclamé. « Un tas de plumes. Pouah!"

« L'une de ces meutes de poneys appartenait à Roman Nose, disent les Delawares », expliqua Wild Bill au général Custer. "Ce jeune est aussi fier que s'il avait lui-même capturé le chef."

Il n'y avait rien pour s'arrêter ici ; et ne prêtant plus attention aux poneys ou au camp du petit-déjeuner, permettant aux Delawares de faire ce qu'ils voulaient avec les meutes, la Septième Cavalerie poursuivit son chemin. Jackson chevauchait en exultant, ses tresses ornées des plumes du nez romain.

« Nous les suivons », affirma le général au lieutenant Moylan. « La seule question est : pouvons-nous les rattraper avant la nuit ? Nous devons le faire.

Les wagons à bagages furent déposés derrière, avec un escadron de deux soldats pour les garder. Les trois autres escadrons voyageaient le plus vite, et toujours la piste se dirigeait vers le nord, comme pour Smoky Hill Fork, ou au-delà de Platte.

Midi était passé, mais il n'y avait pas de pause pour le dîner. Le général Custer n'était évidemment pas homme à tarder sur la piste. Soudain, Ned comprit qu'il ne s'agissait pas seulement de capturer les Indiens ; c'était la plus grande question de sauver les colons. D'amitié, ces Cheyennes et Sioux avaient menacé de devenir hostiles, et leur piste se dirigeait droit non seulement vers le pays indien au nord, mais aussi vers les routes d'étape et les colonies de Smoky Hill Fork, de Republican et de Saline. , et tout.

L'après-midi a connu des hauts et des bas, et toujours aucun aperçu des Indiens n'a été donné. Bientôt, les éclaireurs en avant ralentissèrent, planèrent et s'écartèrent à droite et à gauche, fouinant comme des chiens. Ils étaient en faute. Puis on vit que la piste s'était soudainement divisée, s'évasant en une vingtaine de pistes plus petites, qui se divisaient à nouveau en d'autres pistes encore plus petites, comme si la bande en fuite s'était éclatée en deux.

C'était le tour favori des Indiens lorsqu'ils étaient poursuivis de près. Un murmure de dépit s'éleva, tandis que la colonne, arrêtée, dut s'asseoir et attendre la décision des éclaireurs. Le général et son adjudant, suivis de Ned, le clairon, s'avancèrent pour inspecter la situation. Wild Bill les rejoignit.

« Ils nous déstabilisent, général », annonça-t-il calmement. «Je pense que tout ce que nous pouvons faire est de choisir l'un des sentiers du milieu, de le suivre et de faire confiance à la chance. Fall Leaf a une piste que nous pourrions tout aussi bien emprunter.

« Très bien, monsieur », acquiesça brusquement le général Custer. « Nous devons faire tout ce que nous pouvons avant que l'obscurité ne nous arrête. »

"Pour-r-r'd-mars !" Sur cette piste parmi tant d'autres chevauchait la colonne ; mais ils devaient s'arrêter fréquemment, pendant que les éclaireurs cherchaient à droite et à gauche et avant, à mesure que le signe diminuait, comme un ruisseau en amont. A cinq heures, il n'était plus qu'un simple fil, car les Indiens qui l'avaient fabriqué étaient descendus un à un. Des fumées de signalisation pouvaient être vues, s'élevant à l'est, à l'ouest et au nord, tandis que les groupes dispersés se parlaient. Au crépuscule, la septième cavalerie doit s'arrêter pour établir son camp, reposer les chevaux et attendre le jour. Les Indiens n'avaient pas été dirigés et le cœur était lourd. Malheur au parcours de l'étape de Smoky Hill et aux ranchs du centre du Kansas.

Le lendemain, la piste se perdait complètement dans un cours d'eau asséché. Puis, pendant la marche nocturne vers l'étoile polaire, la rivière Smoky Hill a été frappée. Au-delà se trouvait le parcours de l'étape. Le colonel Robert West (qui avait en réalité le rang de capitaine, mais qui était colonel en raison de ses antécédents dans la guerre civile) a été envoyé avec une compagnie pour le retrouver. Puis, dans le gris qui s'éclaira, le camp dormit ; officiers et hommes affalés sous leurs couvertures. Ned n'avait jamais été aussi fatigué auparavant.

Rêvant, pendant qu'il dormait, de faire face à nouveau à Pawnee Killer et avec un revolver pointé l'effrayant pour lui faire dire où se trouvait la petite

Mary, il surgit, sortit de son sommeil et rêva par un rapide « Bang ! de carabine et la grêle stridente de la sentinelle : « Indiens ! » Le caporal de la garde le répéta.

Tout le camp était en émoi. Les ordres fusaient en masse, d'où se tenait le général, le sabre attaché et les yeux brillants.

« Amenez ces animaux errants ! Gardez ces chevaux en sécurité, major. Un peloton de chaque compagnie avec les chevaux. Les autres pelotons arrivent. Sonnez l'assemblée, trompettiste.

Une épaisse brume planait bas à l'horizon ; mais à travers elle on pouvait apercevoir vaguement, à presque un mile de distance, un groupe de cavaliers en mouvement. Ils semblaient courir rapidement vers le camp. Wild Bill s'était immédiatement présenté au quartier général et, le regardant à travers des jumelles, le général lui avait parlé.

"Que penses-tu d'eux, Bill?"

"Je pense qu'ils préparent des méfaits", répondit froidement Wild Bill, dont les yeux étaient aussi bons que le verre du général. "Faites comme s'ils voulaient nous descendre."

« Ligne de tirailleurs en avant ; le gros du corps est en réserve, murmura le général en les étudiant. "Par jupiter! Ils sont aussi disciplinés que les troupes régulières ! Laissez-les venir. Tout ce que nous voulons, c'est un combat équitable. Ces mots « un combat loyal » figuraient parmi les favoris du général Custer. « Formez une ligne de pelotons, adjudant. Demandez aux hommes de prendre des intervalles et de se coucher, en clôturant le camp.

Le capitaine Robbins était posté sur la butte d'où la sentinelle avait donné l'alarme. De lui venaient des rapports selon lesquels l'ennemi semblait être au nombre d'environ quatre-vingts ; bientôt il rapporta que l'ennemi s'était arrêté ; et ensuite, l'ennemi s'était retourné et s'enfuyait.

"Peuh!" s'écria le général de sa voix vive. « Confondez-les ! J'espérais qu'ils essaieraient de se rapprocher. Écoute ça, Moylan. Envoyez un petit détail, pour une meilleure vue de ces gars. Pas trop loin, souviens-toi.

Avec plaisir, le jeune capitaine Hamilton et le lieutenant Tom Custer sautèrent en selle et, à la tête de leur détachement, s'élancèrent au galop. Les brumes se brisaient sous le soleil levant ; et on pouvait voir que les détails galopaient encore et encore, jusque dans la compagnie qui attendait auparavant.

« Hamilton doit avoir l'intention de régler la guerre », dit l'adjudant Moylan.

Cependant, ici, le détail est revenu au galop. S'arrêtant court, le capitaine Hamilton salua le général.

« La compagnie du colonel West, monsieur, confuse dans la brume. Ils ont pris nos tentes Sibley pour des tipis indiens et étaient sur le point de nous facturer.

"Assez courageux!" commenta le général. "Mais West n'en entendra pas la fin avant un certain temps."

Lorsque, vers le soir, le colonel West revint avec sa compagnie fatiguée, il rapporta qu'il n'y avait aucun espoir. Les Indiens avaient atteint la ligne d'étape et des raids à droite et à gauche l'avaient traversée. Il est probable que toutes les bandes et tribus du nord seraient réveillées. C'était la guerre.

Maintenant, les chariots étaient arrivés. Au son des clairons, la septième cavalerie attachait sinistrement ses sabres, bridait et sellait.

« Préparez-vous à monter ! Monter!"

Ils montèrent.

« À quatre pattes, n'est-ce pas ! Pour-r-r'd-mars !

A travers la vallée de Smoky Hill, ils couraient sobrement, leurs chariots pesant à l'arrière, vers le parcours des étapes et les gares effrayées. Bientôt, ils pourraient tourner vers l'est, sur le sentier des chariots bien tracé, pour le suivre jusqu'à Fort Hays.

Les deux premières stations scéniques étaient silencieuses et abandonnées. Le long du parcours, il n'y avait aucun signe de vie. L'avancée des Cheyennes et des Sioux en fuite semblait avoir balayé le pays. L'apparence déserte de la vallée avait quelque chose d'inquiétant. Mais la troisième station était occupée.

Une petite joie s'en échappa à l'arrivée de la colonne ; et un groupe de palefreniers et de chauffeurs se détacha pour nous souhaiter la bienvenue. Ils étaient lourdement armés et les écuries en rondins et le commissariat, sous leurs toits de chaume, étaient étroitement fermés comme pour un siège. À ce stade, quatre stations s'étaient rassemblées en protection mutuelle.

"Qu'est-ce qu'il y a ici ?" demanda le général.

"C'est assez important !" a parlé un dans le groupe. « Bonjour, Bill. Les Indiens sont dehors. Ils ont franchi la frontière et se dirigent vers le nord. Plusieurs groupes d'entre eux, tous deux Sioux et Cheyennes. Oui Monsieur. Le couvercle est enlevé et la marmite bouillonne. Un parti avait des femmes et des enfants, mais l'argent est dans leur peinture de guerre, et ils font des raids à droite et à gauche. Les étapes se sont arrêtées, jusqu'à ce que les choses se calment à nouveau, et les colons devraient être prévenus.

Avec un mot d'adieu et un visage grave, il lança son croustillant « Pour-r-r'd-mars ! » Répété par les clairons, le général poursuivit son chemin.

Le deuxième jour, ils approchèrent d'une gare qui, hélas, présentait un aspect différent. De loin, on le voyait, au bord du sentier, noirci, fumant et partiellement rasé.

« Lookout Station », informa Wild Bill.

« Mauvais travail là-bas », dit brusquement le général, stimulant Custis Lee.

Les Delawares sont arrivés les premiers, pour fouiner et se mettre à l'arpentage.

"Ils ont trouvé quelque chose", a déclaré Wild Bill.

Lui, le général et l'adjudant Moylan galopèrent en avant ; Ned branché après ; la colonne suivait au trot.

Mauvais travail, en effet. Une grande partie des bâtiments était en cendres et couvait encore. Une partie des lourds murs en rondins fendus dépassait, calcinés et laids. Les Delawares étaient groupés d'un côté dans la plaine, examinant à peu de distance une masse difficile à déterminer. Mais une vue plus rapprochée le dit. La portée était autrefois composée d'êtres humains.

« Scalpé et brûlé », a déclaré Wild Bill.

Personne d'autre n'a prononcé un mot. Lui, le général et le lieutenant regardaient sombrement. Le médecin le rejoignit, horrifié. Les Delawares se regardèrent face à face et attendirent. Ned le regarda fixement et s'étrangla.

« Le gang de la station, ils sont trois », annonça Wild Bill. « Les Delawares disent qu'ils ont été séquestrés, vivants. Vous pouvez deviner le reste."

« Y a-t-il des signes indiquant qui l'a fait – quels Indiens ? » » demanda sévèrement le général Custer.

Fall Leaf, qui parlait anglais, secoua la tête.

"Pas de flèche, pas de mocassin, rien", grogna-t-il. "Viens vite; capturer des hommes ; cuir chevelu, brûlure, partez. Mebbe Cheyenne, mebbe Sioux. Tracez une piste », et il montra vers le nord.

Il n'y avait plus qu'à enterrer au bord de l'étape les pauvres fragments mutilés. Et au crépuscule, le commandement entra dans Fort Hays, à quinze milles.

VIII
PAWNEE KILLER JOUE DES TRUCS

Fort Hays était à quatre-vingts milles à l'ouest de Fort Harker, et Fort Harker était à quatre-vingt-dix milles à l'ouest de Fort Riley ; de sorte que Fort Riley était désormais distant de cent soixante-dix milles. Hays n'était pas non plus un fort, composé, comme Harker, de quartiers et d'écuries construites en rondins de bois grossièrement parés. Il était situé sur le côté sud du Big Creek tordu, qui, entre de hautes rives argileuses, coulait jusqu'à la rivière Smoky Hill Fork, à quinze milles au sud. Du côté nord du ruisseau, et un peu en amont, se trouvait la nouvelle ville de Hays City, attendant le chemin de fer.

Fort Hays était heureux de voir la colonne descendre et planter ses tentes à proximité. La Septième Cavalerie était de retour de sa première campagne et, bien qu'elle n'ait pas tiré un seul coup de feu, à l'exception de celui près du piquet, elle avait de nombreuses histoires à raconter à la garnison de Fort Hays.

Rapidement, comme des champignons, les lignes de la toile militaire blanche et crasseuse surgirent comme des champignons. Il y a eu un grand sort d'écriture de lettres. Les courriers étaient sur le point de s'élancer avec des dépêches pour le général Hancock et (ce qui était plus important) avec des nouvelles à Fort Riley. Le général avait, comme d'habitude, un journal régulier à envoyer. Le général Gibbs s'est également dépêché ; car dans l'accumulation de courrier en attente à Fort Hays se trouvaient des lettres de Mme Custer et Mme Gibbs et d'autres femmes laissées sur place, déclarant que l'infanterie noire s'était mutinée et se comportait mal. Cependant, le général Gibbs était l'homme qui pouvait les discipliner, et de toute façon, il ne devrait pas tenter de servir sur le terrain.

Peu de temps après que le Septième eut dressé ses tentes, le scout Bill Cody arriva et descendit de cheval au quartier général. L'infirmier le fit entrer dans la tente pour voir le général. Lorsque le général et Bill sortirent ensemble, le général fit signe à Ned.

"M. Cody a apporté des nouvelles, pensons-nous, de votre sœur. Cut Nose, le chef Cheyenne se trouverait à l'ouest d'ici, avec une petite fille blanche qu'il a adoptée. Il l'a emmenée avec lui à Monument Station et l'appelle Silver Hair, disent les hommes de la station.

« L'ont-ils gardée, monsieur ? » demanda Ned avec impatience. Oh, et si… !

Le général Custer sourit tristement et secoua la tête.

« Non, mon garçon. Les hommes de la gare ne pouvaient pas faire ça.

« Votre sœur était-elle une petite fille, pas plus qu'une enfant ? n'est-ce pas jolie, avec des cheveux en lin ? » demanda l'éclaireur Bill Cody, scrutant Ned de ses grands yeux aussi perçants que ceux de Wild Bill.

"Oui!" dit Ned. "Son nom est Mary. Elle a huit ans.

"Eh bien", remarqua Scout Cody, se préparant à monter à cheval, "elle s'appelle Silver Hair maintenant. Cut Nose l'a. Au moins, il l'avait. Mais elle était bien traitée, disent-ils. Il en avait fait une sorte d'animal de compagnie, ce vieux coquin. Les hommes de la gare ont essayé de lui racheter ; mais il a dit non. Je vais continuer à la surveiller. Peut-être que nous pouvons l'avoir. Et digne de visage, désinvolte d'équilibre, le poney Bill Cody partit, en route pour une course. Par la suite, Ned le vit fréquemment. Il semblait se classer avec Wild Bill Hickok comme une figure importante à Fort Hays et à Hays City.

"Alors elle est repartie, n'est-ce pas?" balbutia Ned au général. « Cut Nose l'a toujours, n'est-ce pas, monsieur ?

"Très probable. Oui, il l'a prise, mon garçon, » répondit doucement le général Custer. «Mais ici», ajouta-t-il brusquement. « Elle est bien traitée, n'est-ce pas Cody ? Elle était habillée comme une princesse indienne. Que penses-tu de cela? C'est quelque chose pour lequel il faut être reconnaissant. Pensez aux autres filles et femmes captives : à la façon dont elles ont souffert. Et nous l'aurons, si cela nécessite toute la Septième Cavalerie et le Trésor américain. Préparez-vous, mon garçon.

Car Ned pleurait.

En temps voulu, des dépêches arrivèrent du général Hancock, qui était toujours en Arkansas, pour tenter de réunir les principaux chefs au conseil. Lorsque, lors de la parade militaire, le lieutenant Moylan, en tant qu'adjudant, lisait aux troupes rassemblées les annonces ou ordres du jour, « sur instruction du général commandant » il incluait parmi eux cet ordre spécial de campagne, émis depuis un camp près de l'Arkansas :

II. En punition de la mauvaise foi pratiquée par les Cheyennes et les Sioux qui occupaient le village indien à cet endroit, et en châtiment des meurtres et déprédations commis depuis l'arrivée du commandement en cet endroit, par les gens de ces tribus, le village récemment occupé par eux, et qui est maintenant entre nos mains, sera entièrement détruit.

À cela, prononcé par la voix forte de l'adjudant Moylan, des acclamations s'élevèrent parmi les troupes.

« Eh bien, c'est la guerre maintenant, si ce n'était pas le cas avant », déclara le sergent Henderson ce soir-là, à portée de voix de Ned.

"Pourquoi, Pete?" » demanda l'un des autres soldats.

« Selon Wild Bill, ce village contenait des biens d'une valeur de 150 000 $; et pensez-vous que les Indiens soutiendront la destruction de tout cela ? Maintenant, ils prétendront que nous avons commencé la guerre, et nous prétendrons que ce sont eux qui l'ont commencée, et que sera la fin, personne ne peut le dire.

« À mon avis », a déclaré le sergent Kennedy, « le général Hancock n'aurait jamais dû laisser ce village plein lui échapper. Ils ont joué avec lui et l'ont retenu, puis ils lui ont laissé tomber.

"Vous avez raison", acquiesça Henderson. « Et maintenant, nous sommes de retour, avec les Indiens en liberté sur trois cents milles carrés de territoire, et nous les poursuivons. Et n'y aura-t-il pas un grand hurlement de la part des agents, des commerçants et des entrepreneurs, parce que la guerre gâche leurs affaires.

"Ces commerçants et entrepreneurs sont tout de même responsables d'une grande partie de ces problèmes", a affirmé l'avocat "nouveau" (qui était désormais un vétéran). "Ils ne livrent pas à l'agence des produits en qualité et en quantité à la hauteur."

"C'est vrai", acquiesça Odell. « Vous devriez voir certaines des choses qui parviennent aux Indiens. Coton de mauvaise qualité pour la laine ; des chemises dans lesquelles vous pouvez passer le doigt, des costumes ou des vêtements qui ne tiennent pas ensemble pendant que les Indiens les enfilent et pour lesquels le gouvernement paie à l'entrepreneur treize dollars ! »

« Oui », a déclaré le sergent Henderson. « Et la première chose que l'Indien fait avec le pantalon est de découper le siège. Que veulent-ils de costumes ou de vêtements, de toute façon : un costume par an ! Et le gouvernement pense les échanger de cette façon contre leurs terres, leur gibier et tout ça, et les laisse se faire escroquer par-dessus le marché.

"Hein!" grogna un autre membre du cercle. « Ils ne s'en sortent pas plus mal que nous, les gars. Avez-vous remarqué que du pain nous a été servi ce soir ? Parlez de dur-tack! Cook dit que les boîtes montrent qu'il a été cuit en 1961, il y a six ans ! Même un mulet ne le mangera pas.

"Bien sûr", répondit Odell. « Et je ne voulais pas que les caisses de bœuf salé ouvertes au commissariat contiennent une grosse pierre, pour la faire peser plus !

Le général Hancock est revenu du sud. Puis a suivi un autre événement. Ce fut l'arrivée du grand général Sherman, qui commandait toute la division militaire du Missouri, alors que le général Hancock y commandait seulement le département du Missouri. Bien sûr, tout le monde connaissait le général William Tecumseh Sherman, l'homme qui avait « marché vers la mer ». Et avec le général Sherman sont venus, dans la même ambulance de Fort Harker, le bout du chemin de fer, Mme Custer et Miss Diana !

Le général Sherman s'est avéré être exactement comme sa photo, que Ned avait vue plusieurs fois : un homme grand et simple, légèrement voûté, avec un front haut et un long visage sévère, une barbe bien fournie de couleur rousse et des yeux bleus. « Monté en laiton », l'appelaient certains soldats ; et les anciens combattants l'appelaient affectueusement « Old Bill ». Quand il souriait, il était très agréable.

Le poste et le camp se sont révélés en revue pour lui faire honneur. Cependant, le meilleur spectacle, pour Ned, était la manière dont, lorsque l'ambulance s'est arrêtée devant la tente et que le visage noir d'Eliza était apparu tout souriant, avec un cri, le général s'est précipité et a balancé l'heureuse Mme Custer vers lui. Comme ils bavardaient !

Le général s'occupa de mettre Mme Custer et le reste de la maison à l'aise dans de nouvelles tentes spéciales, sur Big Creek, plus près du fort. Car la Septième Cavalerie reçut de nouveau l'ordre de repartir. Deux compagnies sont restées à Hays ; les six autres, 350 hommes et vingt chariots, marchèrent vers le nord.

Wild Bill est resté sur place pour reporter les dépêches lorsque certaines étaient prêtes. Le jeune Bill Cody a été retenu pour servir d'éclaireur pour d'autres cavaleries. Mais lorsque le Septième partit, Ned vit chevaucher devant lui, comme guide, un autre jeune homme, au teint clair, aux beaux traits et au siège confortable. Son nom était Comstock – Will Comstock. Ah oui; et un jeune éclaireur splendide, il était aussi l'égal des meilleurs ; il parlait sioux, cheyenne et un peu d'arapaho, parlait la langue des signes et connaissait tous les sentiers et cours d'eau. Vous voyez ce revolver qu'il porte ? Manche en perles et monture argentée ! L'un des plus beaux revolvers des plaines. Il y pense beaucoup aussi, Will Comstock.

Ainsi, par les oreilles et par les yeux, Ned apprit le caractère du nouveau guide.

La marche devait avoir lieu à partir de Fort Hays et de la vallée de Smoky Hill, dans le centre du Kansas, à travers les vastes plaines, sur 250 milles, jusqu'à Fort McPherson, sur la rivière Platte, dans le sud-ouest du Nebraska. Mais bien que la rivière Républicaine coule à travers le centre de ce pays, sur les eaux supérieures de laquelle se cachaient 1000 Sioux et Cheyennes hostiles, sans combat, la septième cavalerie arriva à Fort McPherson, du nom du général John McPherson, autrefois commandant de la Armée du Tennessee.

Fort McPherson, dans le département de Platte, n'était composé que d'une poignée de cabanes en rondins de cèdre, aidant à garder l'Overland Trail et le nouveau chemin de fer Union Pacific, comme dans le sud de Fort Harker, Hays, et tous gardaient le sentier Smoky Hill et le nouveau chemin de fer Kansas Pacific. Elle était occupée par deux troupes de la deuxième cavalerie.

Devant la Septième Cavalerie était arrivé, par chemin de fer jusqu'à McPherson, et de là par étape, le général Sherman. Il se trouvait maintenant à Fort Sedgwick, à l'ouest, près de Julesberg, dans le nord-est du territoire du Colorado.

Le général Custer envoya le lieutenant Moylan en tête du poste, avec des dépêches pour le général Sherman, et pour récupérer toutes les dépêches qui pourraient attendre. Le lieutenant Moylan revint, rencontrant la colonne alors qu'elle se préparait à établir un camp temporaire. L'adjudant avait des nouvelles.

« Pawnee Killer et quelques-uns de ses Sioux campent à environ dix milles de là, général », annonça-t-il. "Un éclaireur vient d'apporter la nouvelle."

"Que font-ils?"

«Rien, je comprends. Ils sont arrivés à peu près en même temps que nous. Ils font semblant d'être pacifiques.

« Alors, nous ferions mieux de le découvrir », déclara le général. « Qu'en penses-tu, Comstock ? Allons-nous essayer une conférence ?

"Corralisez toute l'équipe, messieurs, pendant que vous en avez l'occasion, je *suppose* ", répondit le scout Will Comstock.

"Eh bien, je ne peux pas prendre de mesures sévères sans ordres", répondit le général. "Nous devons encourager les Indiens à être amicaux."

"Très bien", dit Comstock, plutôt sombre. « Je suppose que je suis d'accord avec ces gens de la paix dans l'Est, les soldats et tout le monde devraient attendre et laisser les Indiens tirer en premier ; et s'ils manquent, essayez-les à nouveau, afin de les amuser ! »

Le général Custer ne répondit rien ; mais au petit sourire sous sa moustache fauve, il semblait partager l'opinion dégoûtée de Comstock.

Un message fut envoyé à Pawnee Killer pour qu'il vienne au camp pour discuter ; et cet après-midi-là, il est venu. Mais les discussions n'ont abouti à rien. Bientôt, on comprit que le Sioux suave et rusé avait l'intention de découvrir ce que faisaient les soldats, et non de dire ce qu'il faisait. Le général Custer lui dit qu'il devait déplacer ses gens à proximité des forts, afin qu'ils ne soient pas pris pour des ennemis. Pawnee Killer a répondu calmement qu'il le ferait, aussi vite qu'il le pourrait. Pour plaire aux visiteurs, le général ordonna qu'on leur donnât du sucre et du café ; et ils repartirent.

Aucun des hommes ne croyait ce que Pawnee Killer avait dit ; et certains pensaient plutôt que le général avait été stupide de le traiter si bien, et lui laissaient croire qu'il trompait le chef blanc. À l'arrivée, encore une fois, du général Sherman, de Sedgwick, le Septième reçut l'ordre de se rendre au sud de Forks of the Republican, pour trouver le village de Pawnee Killer.

Le général Sherman a parcouru quinze milles avec le général Custer, discutant avec lui. Ned, derrière, pouvait entendre une grande partie de la conversation, ce qui montrait que les choses étaient considérées comme sérieuses. Les Sioux du nord envoyaient des guerriers rejoindre les Sioux et les Cheyennes du sud ; les Arapahos étaient inquiets, même si Petit Corbeau et Bouilloire Noire promettaient de les maintenir en place ; une bande amicale de Brulé ou Burnt Thigh Sioux dirigée par le chef Spotted Tail avait été forcée de se déplacer depuis les fourches républicaines vers le nord à travers la Platte à Julesberg - parce que, a déclaré Spotted Tail, ses jeunes guerriers étaient excités; et là-bas, sur l'Arkansas, Satanta, portant l'uniforme de major-général qui lui avait été donné, avait chassé le troupeau de chevaux de Fort Dodge même ! Des gares d'étape avaient été incendiées sur la route de Platte River, oui, non loin de Fort McPherson ; et sur la route Smoky Hill. Les équipes d'arpentage de l'Union Pacific et du Kansas Pacific Railroad avaient été attaquées. Sur les cours d'eau républicains et autres, des ranchs avaient été pillés. Il semblait qu'une véritable guerre indienne se préparait.

Les Orientaux critiquaient vivement l'armée déployée dans les plaines. Certaines de ces personnes dépendaient du commerce indien pour leurs affaires ; mais certains pensaient que l'Indien était maltraité. Il ne leur semblait pas juste que le général Hancock ait détruit le village de Pawnee Fork. Les Indiens, disaient ces gens dans les journaux et dans les discours, devraient être laissés au contrôle des agences. Les soldats ne voulaient que se battre.

Cependant, le général Sherman semble peu influencé par les critiques du Parti de la paix oriental ; bien qu'il ait dit, plutôt en colère :

« Je vous le dis, Custer, il n'y aura pas de paix dans les plaines tant que les Indiens ne seront pas suffisamment maîtrisés pour pouvoir être contrôlés par des agents de police plutôt que par des soldats. En attendant, le ministère de la Guerre devrait avoir la responsabilité complète des tribus. Maintenant, pendant que nous nous battons à une extrémité de la ligne pour faire respecter nos conditions, les agents civils concluent un traité à l'autre bout, dans des conditions différentes. Le traité est alors rompu et le travail doit être refait à neuf. Et si les agents et les commerçants doivent être autorisés à fournir des armes aux sauvages, au mépris des ordres des militaires, je crois qu'il faut retirer tous les soldats du district et laisser les autorités civiles régler les affaires. Nous avons une tâche déjà assez difficile à accomplir sans devoir affronter les armes fournies par notre propre gouvernement.»

Tout était paisible dans ce pays de plaines vallonnées, pendant les quatre jours de marche de soixante-quinze milles jusqu'à la Fourche du Républicain. Du sommet de chaque colline, on voyait la même vue devant et derrière : les herbes, les fleurs de juin, les saules et les peupliers, les collines de grès, les longues houles, avec pour seules créatures en mouvement l'élan, l'antilope, le buffle. , le cerf à queue noire, le loup, le lapin et le chien de prairie.

La Fourche du Républicain semblait également déserte ; mais qui pourrait dire ici, comme en marche, quelles têtes indiennes scrutaient depuis les ravins, par-dessus les collines ou à travers les buissons, espionnant les chevaux, les chariots et les hommes aux chemisiers bleus.

Au nord, jusqu'à Fort Sedgwick, à soixante-quinze milles, des dépêches furent envoyées pour le général Sherman, le major Joel Elliot et une escorte choisie de dix hommes. Au sud de Fort Wallace, à quatre-vingts milles, fut envoyé pour ravitailler un train de wagons sous le commandement du lieutenant (colonel, comme on l'appelait) William Cook et du lieutenant Samuel Robbins. Le major West était une escorte. Par le colonel Cook, une lettre fut adressée à Mme Custer, lui disant qu'elle pourrait revenir avec lui, via Fort Wallace, au camp.

Certains hommes ont critiqué cela comme étant peu judicieux pour l'ensemble et dangereux pour Mme Custer. Les Indiens étaient sûrement là, et ils prendraient de gros risques pour capturer une femme blanche. Tous ceux qui connaissaient Mme Custer savaient également qu'elle viendrait. Le feu, l'eau ou les sauvages ne l'empêcheraient pas de tenter de rejoindre le général. Il y a donc eu des hochements de tête douteux lorsque la nouvelle a été divulguée.

Oui, les Indiens regardaient. Cela allait bientôt être démontré. Cependant, le crépuscule était calme et doux. Peu à peu, la lueur occidentale s'estompa, tandis que les chevaux et les mulets broutaient activement. Les hommes se prélassaient, fumaient et discutaient avec contentement. Les sentinelles allaient et venaient. Le ruisseau ondulait. Au-dessus et au-dessus de la vaste prairie fondaient les faucons nocturnes. A peine un coyote aboyait-il. Même les chiens du général ne trouvèrent rien à faire.

Au crépuscule, les animaux étaient rapprochés et attachés le long des cordes de piquetage. Des gardes d'écurie étaient postés pour eux. À huit heures et demie, Ned sonna le long et doux appel de « Taps ». Les notes flottaient musicalement sur la vaste étendue. Toutes les lumières étaient éteintes ; et au milieu de la solitude, le camp de la septième cavalerie de l'armée américaine s'endormit. Les tentes blanches brillaient ; les chevaux et les mulets reniflaient ; les sentinelles rythmaient leur rythme.

Dans sa tente, à côté de l'adjudant, Ned fut réveillé en sursaut. Il semblait qu'il venait de s'endormir, mais l'intérieur de la tente était gris ; l'aube était proche. Le claquement intelligent d'une carabine résonnait dans ses oreilles – et maintenant il entendit une voix aiguë et excitée :

"Ils sont là!" C'était le lieutenant Custer, le frère du général, qui se précipitait pour avertir le général. Il était officier du jour. Et une volée parfaite de coups de feu retentit et un grand carillon de cris aigus et sauvages.

Saisissant le clairon et la ceinture, Ned plongea de sa tente. Il fut à temps pour voir la façade de la tente du général s'ouvrir en grand, comme un sac en papier, et le général Custer se précipiter à travers. Le général portait une chemise de nuit en flanelle rouge vif, mais il tenait à la main son fusil Spencer. Il était prêt pour les affaires.

Le général courut vers le lieu des tirs et des cris. Il n'était pas plus rapide que ses hommes ; ils sortirent en masse de leurs tentes et, vêtus de chemises et de caleçons, mais munis de cartouchières et de carabines, ils se rallièrent à la défense. Presque aucun ordre n'était nécessaire, même si le lieutenant Tom Custer et tous les officiers étaient là pour les donner. La voix du général s'éleva haut, exhortant, commandant, acclamant. Sa chemise de nuit en flanelle rouge flamboyait çà et là ; ses longues mèches brillantes agitées comme une crinière ; il ne portait ni chaussures ni bas. Ned le vit sous une nouvelle forme : Old Curly, le chef combattant aux cheveux jaunes.

Les carabines crépitaient tandis que, en ligne irrégulière, les soldats, couchés ou agenouillés, tiraient rapidement. Au-delà, dans la matinée maigre, les Indiens se précipitaient rapidement d'avant en arrière. Les soldats ont émis des huées, des menaces et des défis, ainsi que du plomb.

"J'en ai un! J'en ai un!" » glapit la recrue avocate. "Non; J'en ai deux ! En voilà un autre qui descend de cheval !

"Fermez-la!" grogna le sergent Henderson. « Pensez-vous qu'à chaque fois que vous tirez, vous renversez un Indien ? Ils ne s'accrochent que de l'autre côté de leurs chevaux, mon garçon ! »

C'était vrai. Aux coups de carabine, des escouades entières de rouges en pleine course semblaient balayées de leurs selles ; alors que non, ils étaient là, de nouveau, debout et gesticulant avec dérision ! C'était suffisant pour tromper n'importe quel homme blanc en les combattant pour la première fois. Mais les plaisanteries adressées aux recrues par les vétérans sur la ligne de mire étaient nombreuses.

Cependant, les Indiens n'ont pas réussi. Ils devaient être deux ou trois cents à attaquer, tandis qu'une cinquantaine essayaient de récupérer les chevaux du camp. Ils avaient tiré sur le piquet. Il gisait blessé. Il aurait été scalpé si ses camarades n'étaient pas sortis en courant et l'avaient entraîné. Après quelques salves des Spencer des soldats, l'ennemi rouge s'est retiré. On pouvait les voir rassemblés à environ un mile de distance, en conseil.

IX
DANGER DE TOUS LES CÔTÉS

On pouvait voir que le général Custer était profondément indigné. Mais il doit d'abord s'enquérir du blessé, qui s'est avéré grièvement blessé, mais pas mortellement. Il doit alors changer sa chemise de nuit pour un costume de campagne plus pratique. Lorsqu'il sortit de sa tente, il était de nouveau prêt à se mettre au travail.

«J'aimerais savoir qui sont ces types et ce qu'ils veulent dire», a-t-il dénoncé avec fureur parmi ses officiers. « Nous n'avons rien fait pour qu'ils nous attaquent. Envoyez un interprète, Moylan, et demandez des pourparlers.

Les Indiens étaient toujours rassemblés sur leurs poneys, à environ un mille de distance. Leurs silhouettes étaient noires à l'aube qui éclairait la vaste prairie sans limites. À l'endroit où, dans la prairie de l'Extrême-Orient, rencontrait le ciel se trouvait une bande rose éclatante.

L'interprète, un squaw-man de Fort McPherson, avec une femme Sioux, est sorti à cheval et a fait des cercles avec son cheval sur la rive de la rivière. Cela signifiait : « Nous voulons parler. » Un des Indiens répondit par le même signe, et une partie d'entre eux s'avança.

«Dites-leur que sept d'entre nous les rencontreront sept, au bord de la rivière, pour une causerie», ordonna le général à l'interprète.

En avançant de nouveau, l'interprète cria à travers l'espace vers les Indiens, et l'affaire fut rapidement réglée.

« Capitaine Hamilton, vous prendrez le commandement ici », ordonna le général. « Gardez les hommes sous les armes, et soyez prêts à avancer vers nous au premier signal du trompette. Docteur Coates, vous feriez mieux de venir avec nous ; vous avez hâte de connaître les Indiens. Moylan, Thompson, Tom Custer, Yates, Johnson. Changez vos revolvers de vos holsters à vos ceintures, messieurs. Vous pourrez alors y accéder en cas de besoin. Ces gars-là (et il a pointé la tête vers les Indiens) ne sont évidemment pas dignes de confiance.

Ils s'éloignèrent, Ned les accompagnant bien sûr. De la direction opposée s'approchaient à leur rencontre les sept chefs. Le fleuve était le point de conférence, car il se trouvait à peu près au milieu entre les deux partis. Juste avant d'y arriver, le général s'arrêta et descendit de cheval. Tous démontés sauf Ned.

« Tenez ces chevaux en ordre », ordonna le général à Ned ; « et surveillez attentivement. Surveillez les Indiens, surtout, et au moindre problème ou au moindre signe de trahison, vous gâchez « l'avancée ».

"Oui, monsieur", répondit Ned.

Entouré des sept chevaux, il était assis, leurs lignes à la main, tandis que le général et les autres officiers avançaient jusqu'au bord de l'eau.

Les berges de ce côté étaient lisses et herbeuses ; de l'autre, ils étaient coupés par des arroyos ou ravins et cultivés avec des saules. Les officiers attendirent donc que les Indiens passent du côté découvert. Les chefs descendirent également de cheval et commencèrent à ôter leurs jambières pour patauger. À travers le courant peu profond, ils ont hardiment éclaboussé, brandissant leurs mocassins et leurs fusils, pour se protéger de l'eau.

"Hein!" de son cheval éjacula soudain Ned, n'en croyant pas ses yeux. Car le chef principal était Pawnee Killer lui-même !

Mais Pawnee Killer ne parut nullement décontenancé, ni confus du fait qu'après avoir rendu visite au général au camp de Fort McPherson et lui avoir promis d'être pacifique, il avait tenté ici de voler les chevaux de la colonne et de précipiter le camp.

"Comment?" » grogna-t-il en serrant la main des officiers. Et comment?" grogna à son tour toute son escouade.

Ils étaient bien armés. Habituellement, lors d'une conférence, les armes sont laissées sur place ; mais c'était une conférence avec les armes prêtes. Ned était assis avec l'intention, regardant fixement, d'attraper au loin chaque mouvement des sept chefs ainsi que du groupe principal. Il n'entendait pas grand-chose de ce qui se disait. Il apprit par la suite que le général n'avait rien dit sur l'attaque du camp, mais voulait en savoir plus sur le village ; et que Pawnee Killer n'a rien dit sur le village, mais voulait savoir où allait la cavalerie. Et aucune des deux parties n'a appris grand-chose sur l'autre !

Pendant que Ned regardait et attendait, alerte, il vit soudain un autre Indien sortir du milieu des saules et traverser comme l'avaient fait les chefs. C'était un jeune Indien, entièrement armé. Il a serré la main de tout le monde en disant « Comment ? » A peine avait-il fini, et la conversation continuait, qu'un autre Indien traversa exactement de la même manière.

Ned s'agitait. C'était un grand projet : que les guerriers Sioux se faufilent, à travers les ravins et les saules, et traversent un à un. Pawnee Killer ne pourrait pas accorder une grande estime à l'intelligence du général Custer, s'il supposait que ces ajouts, un à la fois, n'étaient pas remarqués. Parce que le général était jeune et nouveau dans les combats indiens, qu'on lui avait menti et qu'il était toujours trompé, Pawnee Killer devait apparemment considérer qu'il ne représentait pas grand-chose.

Bientôt, deux autres Indiens avaient traversé la frontière, de sorte qu'il y en avait désormais onze, contre sept Blancs. Le cœur de Ned battait rapidement. La situation devenait grave. Il déplaça les lignes des chevaux, de manière à porter le clairon à ses lèvres avec sa main droite. L'« Avance » se répétait encore et encore dans son cerveau. Mais écoutez ! La voix du général Custer devint catégorique.

« <u>Dites à ce chef que si un autre de ses hommes traverse la rivière, mes hommes avanceront tous</u> prêts à se battre. Dites-lui que le clairon regarde, prêt à donner le signal.

«DITES À CE CHEF QUE SI UN AUTRE DE SES HOMMES TRAVERSE LA RIVIÈRE, MES HOMMES AVANCERONT»

Lorsque cela fut traduit à Pawnee Killer (qui avait compris au ton), il fit une sorte de réponse, mais il fit un signe de la main à son groupe, leur faisant signe de rester en retrait. Il avait découvert que le jeune chef blanc aux cheveux jaunes n'était pas si idiot, après tout.

Puis la conférence s'est interrompue. Alors que le général et les autres officiers s'éloignaient, Pawnee Killer tendit la main, exigeant quelque chose. Le général parla brusquement :

"Non. Je devrais dire non. Pas tant qu'il n'aura pas rapproché son village d'un poste, comme il l'a promis. Et revenu remonter à cheval, le général grommelait toujours, moitié enragé, moitié amusé. « Du sucre, du café et des munitions ! C'est le coquin le plus accompli que j'aie jamais rencontré. Il veut que nous le nourrissions pour qu'il puisse nous suivre, et que nous l'équipions pour qu'il puisse nous tuer. Il aurait dû conserver une partie des munitions qu'il a utilisées si imprudemment contre nous ce matin ! »

Pawnee Killer, ses chefs et ses guerriers étaient partis au galop, et bientôt tout le groupe se retirait à travers les plaines. Le général Custer ordonna avec colère « des bottes et des selles » pour une poursuite, afin de voir où se trouvait le village. Mais Pawnee Killer était encore une fois trop rusé pour le général aux cheveux jaunes. Les Sioux s'en allèrent, courant librement ; après eux, ils pressèrent la cavalerie, le général en tête. Si tous les chevaux de cavalerie avaient été comme Phil Sheridan, les troupes auraient au moins pu garder les Indiens en vue ; En l'état actuel des choses, les poneys légèrement chargés et leurs cavaliers faciles diminuaient de plus en plus, et disparaissaient bientôt à l'horizon. La cavalerie doit donc s'éloigner avant de s'éloigner trop du camp.

D'autres Indiens furent alors aperçus, dans une autre direction.

"Mes compliments au capitaine Hamilton et dites-lui de prendre sa troupe et de voir ce que font ces autres gars", ordonna promptement le général à l'adjudant Moylan.

Au loin trottait joyeusement la troupe du jeune capitaine Hamilton, dont le premier lieutenant était le colonel Tom Custer. Avec deux de ces officiers, c'était une troupe de combattants d'élite. En outre, il y avait aussi le docteur actif Coates. Le général sourit.

« Le médecin est obligé de se rapprocher le plus possible des Indiens. La première chose que nous savons, c'est qu'il rejoindra une tribu ! Maintenant, ajouta-t-il gravement, son visage montrant des rides anxieuses, j'aurais aimé que nous sachions qu'Elliot allait bien et qu'il était en train de joindre

Sedgwick. Il est possible que les Indiens ne sachent pas qu'il est parti. Son escorte est si petite qu'il peut voyager vite. C'est un réconfort. Cook et Robbins peuvent très bien prendre soin d'eux-mêmes, tant que leur escorte reste ensemble.

La troupe du capitaine Hamilton avait été engloutie dans les rigoles au nord ; et tandis que le général et son état-major discutaient des voies et moyens, de nombreux regards étaient tournés vers le nord, et de nombreuses oreilles étaient tendues, pour capter le moindre signe d'un combat ou d'une poursuite ultérieure.

Rien n'est revenu, dérivé du nord. Le général, l'adjudant et les autres officiers parlèrent, les hommes s'assirent plus à l'aise et les minutes passèrent. Le soleil était haut à l'est ; une forte brise soufflait sur les plaines, agitant les herbes les plus longues. Puis, tout à coup, il y eut un bruit de sabots rapides, un halètement et un reniflement, et presque avant que quiconque ait pu se retourner, le docteur Coates s'était précipité dans le camp, à toute vitesse sur son cheval. Ayant à peine tiré les rênes, il tomba au lieu de descendre de cheval et resta haletant, essayant de parler.

Des officiers et des hommes se précipitèrent vers lui.

« Qu'y a-t-il, docteur ?

"Blesser?"

"Parle, mec!"

"Tu ne peux pas parler?"

"Où est Hamilton?"

"Attaqué?"

Le médecin hocha violemment la tête.

« Des bottes et des selles, là ! ordonna vivement le général. « Dépêchez-vous, les hommes ! »

Intelligemment, Ned a raté l'appel. Les hommes couraient ça et là, tirant leurs chevaux en ligne. Le médecin pouvait désormais parler.

"Indiens! Là-bas ! Je l'ai eu... encerclé. J'ai failli m'avoir… aussi.

"Jusqu'à quel point?"

"Environ cinq milles."

La voix du général sonnait plus fort que la trompette de Ned.

« Préparez-vous à monter… montez ! À quatre pattes à droite, au trot… en marche !

Hors du camp, au trot rapide, les restes des escadrons sortirent au secours du capitaine Hamilton et du lieutenant Tom Custer et de leur troupe. Le docteur, sur son cheval soufflé, lui servait de guide.

Il n'y avait aucun bruit de tir ; mais tandis que la colonne avançait, essayant d'atteindre la meilleure vitesse tout en économisant des forces pour le combat, expliqua le médecin.

« Les Indiens nous ont harcelés, puis se sont séparés. Hamilton s'occupait d'une fête, Tom d'une autre. J'y suis allé avec Tom, jusqu'à ce que je tombe d'un côté, d'une manière ou d'une autre, pendant que je regardais autour de moi. La prochaine chose que j'ai su, c'est que j'étais perdu. Bientôt, j'entendis beaucoup de tirs et, lors de ma reconnaissance, j'aperçus le détachement de Hamilton, à seulement 800 mètres de là, entouré d'Indiens. Je pensais que j'allais le traverser et l'aider ; mais les Indiens m'ont vu les premiers, et ils sont partis, six ou huit d'entre eux, se dirigeant vers moi. J'ai failli m'avoir aussi, je vous le dis ! Je me suis retrouvé à portée de flèche, et si mon cheval n'avait pas été aussi effrayé que moi, et si le camp n'était pas apparu juste au moment où il est apparu, mon crâne aurait disparu. J'ai bien peur qu'Hamilton soit dans une mauvaise situation. Ils étaient plus nombreux que lui et disposaient de suffisamment de munitions.

"Tom peut le rejoindre."

"Oui, si Tom n'est pas dans la même situation. Le pays est plein d'Indiens, je crois.

Deux des cinq milles avaient été dépassés. Il était peu probable que des coups de carabine puissent encore être entendus ; mais néanmoins le silence semblait inquiétant, comme si la bataille pouvait être terminée ; et avec la victoire de quel côté ?

Trottez, trottez ; tinter, tinter; à travers la plaine herbeuse, chacun penché en avant sur sa selle, comme pour y arriver plus tôt. Puis Fall Leaf, du Delaware, a fait signe en retour, depuis une petite élévation : « Des gens en vue. » Le général et l'adjudant Moylan mirent leurs lunettes sur leurs yeux, et aussitôt le général leva sa main gantelée en signe de soulagement.

« Les voilà, dit-il. "Bien! Je vois les guidons de la troupe.

C'était la troupe du capitaine Hamilton, avec tous les hommes indemnes et un seul cheval blessé. Le capitaine Hamilton rapporta qu'il avait tué deux guerriers et chassé les autres Indiens, sans l'aide du lieutenant Tom Custer. Le lieutenant Tom avait poursuivi le deuxième groupe d'Indiens, jusqu'à ce qu'après l'avoir entraîné suffisamment loin, ils lui aient donné la fuite. Ces Sioux étaient intelligents.

Le sang avait coulé. C'était la guerre. Les Indiens auraient désormais envie de se venger. Et le major Elliot était toujours absent, tout comme le train de wagons pour Fort Wallace. Revenant avec le train-wagon viendrait Mme Custer. C'était désormais la pensée principale du camp. Les Indiens ne manqueraient sûrement pas une occasion de remporter un prix tel que des chariots de fournitures. Pourquoi le général avait-il été assez stupide pour envoyer chercher Mme Custer, alors qu'il était notoire que les Indiens étaient à l'étranger ?

Le général devint hagard en une heure. Avant la nuit, il avait envoyé un escadron sous le commandement du major (qui était lieutenant-colonel) Myers pour passer à travers et rencontrer le train.

Il n'y avait alors plus qu'à attendre. Trois jours se passèrent et le petit groupe du major Elliot arriva avec les dépêches du fort Sedgwick. Le lendemain, hourra ! Ici approchaient, se faufilant à travers la plaine comme un énorme serpent, les chariots militaires à toit blanc et les troupes d'escorte.

Le général sortit pour les rencontrer ; et particulièrement rencontrer Mme Custer. Les chariots étaient tous là : vingt ; la colonne de troupes paraissait intacte ; mais des chariots ou des chevaux, aucun mouchoir n'agitait pour saluer, et Ned, sur Buckie qui marchait derrière le général, ressentit un soudain frisson glacial. Et si quelque chose était arrivé à la douce Mme Custer ou à Diana aux boucles dansantes ?

Le major (qui était également colonel) West commandait la colonne, car il était l'officier supérieur.

« Ça va, colonel ? » » demanda le général, ses yeux parcourant anxieusement la ligne sinueuse.

« Très bien, général. Mais nous avons eu un sacré coup de pinceau. Autrement dit, Cook et Robbins l'ont fait. Myers et moi sommes arrivés juste à temps pour voir l'ennemi disparaître.

"Mme. Custer ici ? demanda vivement le général.

« Non, général. Heureusement, elle n'a pas quitté Hays. Cook peut vous en parler.

Je n'ai pas quitté Hays ! Le général parut pousser un grand soupir de soulagement. Le camp et les sentiers n'étaient pas des endroits pour une femme blanche, même aussi courageuse que Mme Custer ou la jolie Diana. Il se précipita le long de la colonne, à la recherche du lieutenant Cook.

« Eh bien, cuisinier ! Je me suis battu, à ce que j'entends.

"Oui Monsieur. Ils nous ont attaqués assez sévèrement, alors que nous quittions Wallace, avant que West et Myers ne nous rejoignent. Nous les avons vu arriver et nous nous sommes formés avec les hommes à pied et les chariots et les chevaux au milieu. Ensuite, nous avons continué à avancer, mais ils nous ont encerclé sauvagement. Il y en avait entre six et sept cents, n'est-ce pas, Comstock ?

"Tout à fait oui", a convenu le scout Will Comstock, qui se trouvait à proximité. « Mais il n'y en a plus autant maintenant, général. Nous en avons renversé cinq pour les garder, et il y a d'autres peaux rouges qui ont des trous gênants. Mais il a semblé pendant un moment que nos scalps allaient en payer le prix. Six ou sept cents Indiens préviennent qu'ils ne laisseront pas cinquante hommes les empêcher de prendre le sucre et le café dans ces chariots.

"Mme. Custer n'a donc pas démarré ? demanda le général au lieutenant Cook.

"Non monsieur. Dieu merci, elle ne l'a pas fait. Elle était prête à le faire, avait ses bagages attachés et le général Hancock l'a interdit. Je ne pense pas qu'elle ait vraiment aimé ça. J'ai une lettre d'elle pour toi.

Le général Custer prit la lettre et la lut en selle.

D'après la conversation, il ressortit que le train de wagons s'était battu avec acharnement et bien pendant trois heures. Les wagons étaient marqués par des balles ; il y avait parmi eux plusieurs blessés ; et dans toute la colonne se trouvaient un certain nombre de chevaux et de mulets blessés. Ned a entendu une conversation entre le lieutenant Cook et un autre officier, qui montrait à quel point la situation était grave.

« L'auriez-vous fait, Cook ? » demanda vivement l'officier.

Le lieutenant Cook hocha fermement la tête.

"Je devrais. Lorsque l'attaque s'est développée, je me suis immédiatement dit : « Si Mme Custer était ici, sous ma garde, la première chose que je devrais faire serait de me rendre à son ambulance et, par pitié, de lui tirer dessus. C'est ma promesse solennelle au général.

"Ouf!" soupira gravement l'autre officier. « Ce serait horrible. Mais pas si horrible, ajouta-t-il, que de la laisser, elle ou toute autre femme blanche, tomber vivante entre les mains des Indiens.

« Nous avons promis au général concernant Mme Custer », dit le lieutenant. "Il nous a fait promettre, et il sait que nous avions l'intention de tenir parole."

"Tu aurais attendu un peu ?" poursuivit l'officier.

Le lieutenant Cook secoua la tête.

"Non monsieur. Pas un instant. J'aime Mme Custer comme une sœur ; et la pensée qu'elle dépendait de moi et était impuissante dans l'ambulance m'aurait distrait. J'aurais dû obéir aux ordres, et vous savez de quoi il s'agit. Alors j'aurais dû me battre jusqu'au bout et je n'aurais pas dû m'attendre à affronter le général. Mon parcours, premier et dernier, était clair. Mais cela n'était pas nécessaire.

Le lieutenant William Cook était un Canadien, avec de longues moustaches noires et un beau visage aimable. Il avait servi pendant la guerre civile et était considéré comme l'un des meilleurs officiers de la Septième. En raison de sa naissance, on l'appelait « Queen's Own » Cook.

X
TRISTE NOUVELLE POUR L'ARMY BLEU

Les soldats qui avaient combattu dans le wagon-train se pavanaient à travers le camp et parlaient à peu près comme des vétérans. Le camp aussi avait ses histoires à raconter, d'attaques, de scalps et de victoires. De sorte que la Septième Cavalerie avait commencé à se lancer dans la bataille pour arborer ses étendards.

Le major Elliot avait apporté l'ordre du général Sherman de marcher à nouveau vers le nord, vers la Platte. Le Platte a été heurté près de la station d'étape de Riverside, dans le Colorado, à cinquante milles à l'ouest de Fort Sedgwick. Aucun Indien n'avait été aperçu; mais les Indiens étaient toujours là, car la veille même de l'arrivée du Septième à Riverside, les ennemis avaient attaqué la station suivante à l'ouest et avaient tué trois hommes.

Mais ça n'était pas tout. De toute évidence, quelque chose d'autre s'était produit. Après avoir lu ses dépêches du général Sherman, le général Custer avait immédiatement fait venir ses officiers et tenait une consultation sous sa tente. La discussion parvint facilement aux oreilles de Ned, debout à son poste, prêt à recevoir les ordres du général ou de l'adjudant Moylan.

Kidder - un lieutenant Lyman S. Kidder, deuxième cavalerie, avait été envoyé de Fort Sedgwick, avec des dépêches pour le camp de la septième cavalerie à Forks of the Republican. Il n'avait que dix hommes, il aurait dû y arriver ou bien rattraper la colonne avant qu'elle n'atteigne la Platte. Mais il n'avait pas été aperçu. C'était un jeune officier, c'était son premier éclaireur. Que lui était-il arrivé ?

Red Bead, un sympathique chef Sioux, était son guide, il ne pouvait donc pas s'égarer ; mais sur un si long trajet, dix hommes étaient tout à fait trop peu nombreux, alors que les Indiens par centaines infestaient tout le district.

Très vite, la nouvelle se répandit dans les rangs. Il y eut des hochements de tête. De l'avis des sergents plus âgés, une grave erreur avait été commise.

« Mon idée est que ce jeune gauchiste a peut-être frappé notre camp ; mais s'il le faisait, il prenait la piste des chariots vers le sud, pensant que c'était notre piste. Dans ce cas, il rencontrera la même bande de rouges qui ont attaqué le train entre le Républicain et Wallace, et ils l'élimineront ; ils vont l'anéantir. C'était un crime de l'envoyer en éclaireur avec à peine une douzaine de personnes dans son groupe. Et il est nouveau dans le business aussi. Le moment est venu où l'armée devrait savoir qu'elle ne peut pas combattre les

Indiens de cette façon. Ils sont mieux armés que nous et ils sont très intelligents, les garçons.

La suggestion avancée par Henderson semblait être également celle du conseil des officiers.

D'autres mauvaises nouvelles ont été reçues. Le choléra avait éclaté aux forts Wallace et Hays, et le scorbut était dû aux mauvaises rations.

Ainsi, lorsque par fil les dépêches Kidder furent répétées, ordonnant à la colonne de retourner à Wallace, le général était tout prêt à partir. Le lieutenant Kidder pourrait être retrouvé et Mme Custer pourrait être transférée dans des quartiers plus sûrs. Le camp fut donc levé à l'aube.

Pendant la marche, une surveillance étroite a été maintenue pour détecter tout signe du détachement de deuxième cavalerie disparu ; mais aucun n'est apparu.

« Quelle est votre opinion maintenant, Comstock ? » » demanda encore le général avec inquiétude, car à la tête de la colonne, où se trouvaient lui, l'adjudant Moylan et Will Comstock, il scrutait le sol et l'horizon. Will Comstock se contenta de secouer la tête.

"Je ne dis rien, général", répondit-il finalement. « Il est encore trop tôt pour faire une supposition. Il va peut-être bien, mais peut-être *pas* .

La Fourche du Républicain apparut ; et l'ancien camping. C'étaient ici les traces du Septième, et de là partait la piste tracée par le train de wagons, jusqu'à Fort Wallace. Mais aucune trace du lieutenant Kidder, ni d'aucun nouveau cavalier, n'a pu être trouvée, même par les Delawares qui cherchaient si attentivement.

À propos du feu de camp du quartier général, cette nuit-là, le scout Will Comstock parla enfin, de manière plus précise, mais toujours dubitative. Et les officiers écoutaient avec attention.

« Eh bien, *messieurs* , » dit Comstock d'une voix traînante, « avant qu'un homme de la famille ait une idée de la façon dont cette affaire va probablement se terminer, il y a plusieurs choses qu'il doit connaître. Par exemple, désormais, plus personne n'a besoin de me parler des Indiens. Si je sais quelque chose, ce sont les Indiens. Je sais en plaisantant comment ils feront quelque chose et quand ils prendront le temps de le faire ; mais cela ne règle pas cette question, et je vais vous dire pourquoi. Ce sont plus que des plaisanteries que les Indiens sont déçus en la matière. Si je connaissais ce jeune lootenint – je veux dire Lootenint Kidder – si je savais quel genre d'homme il est, je pourrais vous dire très près d'un sartinty ce qu'il a fait et où il est allé ; car vous voyez, chasser et combattre les Indiens est un métier en soi, et comme toute autre activité, un homme doit savoir ce qu'il fait. J'ai beaucoup de confiance *dans* le sens du combat de Red Bead, le chef Sioux, qui guide le pillage et ses hommes, et si les Indiens ont leur propre voie, c'est un beau spectacle pour lui de les guider à travers d'accord. Mais ce pilleur est-il le genre d'homme prêt à écouter les conseils, même s'ils viennent d'un Indien ? D'après mon expérience avec vous, les militaires, les jeunes parmi vous pensent qu'ils en savent le plus, et cela est particulièrement vrai s'ils viennent simplement de West P'int. Si certains d'entre eux en savaient deux fois moins qu'ils croient savoir, on ne pourrait rien leur dire. Quant aux livres de râle-l'arnin', eh bien, je suppose qu'ils ont tout ; mais le fait est qu'ils ne pouvaient pas faire la différence entre la trace d'un groupe de guerre et celle d'un groupe de chasseurs pour sauver leur peau. La moitié d'entre eux, lorsqu'ils viennent ici, ne peuvent pas distinguer une squaw d'un mâle, parce que les deux montent à cheval ; mais ils apprennent bientôt. On m'a dit que ce pilleur dont nous parlons est un nouveau venu et que c'est son premier éclaireur. Si tel est le cas, cela mettra toute cette affaire sous un mauvais jour, et entre vous et moi, messieurs , il aura beaucoup de chance s'il s'en sort bien. Demain, nous prendrons la piste Wallace, et je pourrai bientôt savoir s'il est passé par là.

Ce discours, si long pour Will Comstock, habituellement silencieux, a rendu tout le monde plus anxieux que jamais. De toute évidence, l'éclaireur avait de grandes craintes, qu'il avait essayé de garder pour lui.

Par conséquent, à l'aube, tous étaient prêts à emprunter le sentier des chariots menant à Fort Wallace. Comstock et les Delawares allèrent de l'avant, pour l'examiner d'abord avant que la colonne de cavalerie ne le marque. Le général et son état-major se sont précipités pour obtenir le rapport.

« Eh bien, Comstock. Est-ce qu'ils ont réussi ? demanda le général, les freins.

Comstock était à pied et scrutait de près. Les Delawares et lui semblaient être d'accord, car il remontait à cheval.

"Oui Monsieur. Ils sont allés vers Wallace, bien sûr, dit-il sobrement. « Ils ont confondu cette piste avec la piste principale de la colonne. La piste montre que douze chevaux américains, ferrés de tous côtés, sont passés dernièrement au pas, en direction du fort. Quand ils sont arrivés à ce point, ils allaient bien, parce que leurs chevaux se déplaçaient facilement, et il n'y avait pas de traces de poneys derrière eux, comme ce serait le cas si les Indiens les avaient surveillés. Comstock se frotta la joue, dubitatif. « Autant dire qu'à *mon* avis, messieurs , il serait étonnant que ce pilleur et son réseau entrent dans le fort sans mêlée. Il le peut, mais *s'il* le fait, ce sera une égratignure chaque fois qu'il y en aura une, et je perdrai confiance *dans* les Indiens.

Cela sonnait mal. Il ne restait que deux jours de marche jusqu'au fort, mais que découvriraient ces deux jours ?

« Alors, nous le saurons bientôt », dit le général. « Espérons que s'ils ont atteint le fort, ils n'ont pas tenté de revenir nous chasser davantage, et que nous les retrouverons là-bas. Vous et les Delawares surveillez de près, Will, pour déceler tout signe indiquant qu'ils ont quitté la piste, de chaque côté.

Comstock hocha la tête.

Pourtant, les plaines s'étendaient solitaires et ininterrompues, sans jamais voir de silhouette en mouvement, à l'exception de quelques lapins ou loups. Puis, vers midi, quelque chose apparut enfin : un objet blanc, pointant le sentier un kilomètre à l'avance. Un squelette? Une tente? Un patch d'alcali ? À chaque supposition, Comstock, regardant fixement, secouait la tête ; et même les Delawares étaient mystifiés.

Mais le général Custer n'a jamais tardé.

"Allez," dit-il. "Regardons cela." Et il partit au galop, suivi par l'adjudant Moylan, le major Elliot, le major West et quelques autres officiers, les éclaireurs et Ned. Où est allé le général, est allé lui, l'infirmier.

« C'est une pute ! Je suis mort, messieurs , » déclara Comstock avant qu'ils fussent à mi-chemin. Le général ne s'arrêta pas pour remettre à niveau ses lunettes ; La parole de Comstock suffisait.

Effectivement, c'était un cheval ; un cheval blanc, raide et ensanglanté dans la piste, avec un impact de balle dans la tête.

« Un cheval de cavalerie », s'écria vivement le général. "Il y a les États-Unis sur son épaule et des marques de selle sur son dos."

"C'est aussi de la Deuxième Cavalerie, général", ajouta le major Elliot. "Quand j'étais à Sedgwick, j'ai remarqué une compagnie complète montée sur des chevaux blancs."

« Voyez-vous un signe indien, Comstock ? Quant à savoir qui a fait cela ? Ou s'il y a eu une bagarre ? demanda le général.

L'éclaireur Comstock et les Delawares ont examiné la carcasse et le sol autour, à la recherche de traces de flèches, de cartouches ou de traces de poneys ; mais ils ne trouvèrent rien. Le cheval avait été abattu et déshabillé ; c'était tout.

"Alors il y a une chance, n'est-ce pas", proposa le major Elliot, "que l'animal ait abandonné et qu'ils l'aient abattu et lui aient pris sa selle et sa bride pour empêcher les Indiens de s'en servir ?"

— Il faut l'espérer, répondit le général.

Oui, ils l'espéraient tous ; mais bientôt, en marche, Comstock parla, d'où il longeait la piste des chariots.

« Il y a quelque chose qui ne va pas, bien sûr, général. Maintenant, nous découvrons des signes qui parlent. Cette fête que nous organisons s'est accélérée et s'est étendue de manière plus irrégulière, de sorte qu'ils sont des deux côtés de la piste, ainsi que dedans.

"Et il y a un autre cheval mort, n'est-ce pas ?" » dirigea le major Elliot.

Oui, un deuxième cheval blanc mort attendait, juste devant ; tourné en traînée, et dépouillé, comme le premier.

« Les traces de poneys aussi, messieurs » , annonça Comstock au moment où il scrutait le sol. « Ce sont des Indiens. Je le savais. Et c'est aussi le meilleur endroit pour attaquer. Rien qu'un terrain plat, où ils tournent en rond et tirent et l'autre partie ne peut pas trouver d'abri, pour prendre position. Les chevaux ferrés se déplacent au grand galop, maintenant ; les poneys aussi. Ce pilleur et ses hommes roulent dur pour Kivver. C'est clair.

"Est-ce qu'ils y arriveraient, à votre avis ?"

« Wall », dit Comstock, encore une fois dubitatif, « c'est douteux. Essayer de fuir un grand groupe d'Indiens, en rase campagne, est une affaire dangereuse, surtout si vous ne comptez que sur la vitesse. Je suppose que ce lootenint roulait et ne se battait pas ; et dès qu'il saura qu'il sera encerclé, avec ses hommes tous à l'écart.

Les traces des poneys s'étendaient de chaque côté du sentier, ce qui prouvait que les Indiens étaient venus en grand nombre. Cependant, aucun cheval mort n'a été retrouvé, ni aucun autre signe de dégâts ; et Ned se remit à espérer que le lieutenant et ses hommes s'étaient finalement échappés. Néanmoins, il restait encore quarante milles jusqu'au Fort Wallace ; un long, très long chemin dans un voyage pour la vie.

Soudain, le pays plat s'éloigna dans une large vallée, à travers laquelle coulait un ruisseau marqué par une bordure de saules et de hautes herbes. Sans aucun doute, cette vue avait réjoui le lieutenant en fuite et son groupe ; car dans les saules ils pourraient prendre position.

«C'est Beaver Creek, messieurs » , informa Comstock. « Là où le sentier traverse, nous sommes susceptibles de découvrir une bonne partie de ce que nous ignorons encore. Mais il n'y a plus de combat là-bas maintenant ; c'est du sartin.

Non; aucun bruit de bataille ne montait jusqu'au bord de la vallée ; et aucune fumée de camp ou de signal ne montait non plus. Tout était silence ; silence total. Alors qu'ils descendaient la pente, et que le ruisseau lui-même était encore à un kilomètre et demi, le général Custer montra du doigt, sans parler. Sur la gauche et devant, plusieurs buses noires tournaient paresseusement et bas.

"Ouf!" s'exclama Comstock. "Sens-le? Je pense, messieurs , que cela raconte l'histoire. Allons là-bas.

L'air était chargé d'une odeur nauséabonde de chair en décomposition. Le général Custer et son état-major se détournèrent, suivant les éclaireurs, pour en rechercher la source. Il se peut que ce ne soit que des buffles morts ; mais c'était probablement... ?

Les broussailles et l'herbe étaient hautes ; au bord, Ned s'arrêta ; il laisserait entrer les autres ; c'était un soldat, mais il préférait rester là où il s'était arrêté. Ils n'en avaient pas besoin ; bien sûr, ils ne l'ont pas fait. Les Delawares, Will Comstock et les officiers allaient et venaient. Ce n'est qu'après un long moment que, tout à coup, le général Jackson, neveu de Fall Leaf, poussa un grand cri ; et aussitôt il descendit de cheval et se baissa.

Il avait trouvé quelque chose.

Le général et tous les officiers et éclaireurs accoururent vers lui. Le général fit signe aux hommes de venir. Même Ned avança ; il ne pouvait s'en empêcher, car il craignait de voir et pourtant il voulait voir.

Là, ils gisaient tous, des chevaux blancs, des hommes blancs et un homme rouge ; ce qu'il en restait après que l'ennemi se fut vengé. Ce n'était pas un spectacle paisible, car les corps étaient hérissés de flèches, tirées dedans et à gauche, et le couteau et le tomahawk avaient cruellement entaillé. Mais il y avait de nombreuses cartouches vides, ce qui prouvait que le lieutenant Kidder et son petit commandement avaient combattu désespérément et courageusement.

« Entouré et coupé. Je savais qu'ils le seraient », a déclaré Comstock. « Les Indiens sont arrivés en premier, comme jamais. Sioux. Savoir pourquoi? Parce que pendant qu'ils scalpaient Red Bead, ils ne lui enlevaient pas le crâne. Le voilà, allongé à côté de lui. C'est une autre règle Injun d'emporter le scalp d'un membre de sa propre tribu. Il devait donc s'agir de Sioux, tout comme Red Bead. Le groupe de Pawnee Killer, comme jamais.

Ce terrible tueur de Pawnee !

« Quel est le lieutenant, je me demande ? songea le général. "Avez-vous trouvé des marques révélatrices, Comstock?"

« Pas un seul. Non monsieur; Je doute que même sa propre mère puisse le repérer.

C'était vrai. Seule Red Bead pouvait être reconnue. Tous les autres furent déshabillés et tellement meurtris au visage qu'il ne restait presque plus aucun trait. Fall Leaf, le Delaware, se pencha et désigna quelque chose. C'était un col à carreaux noirs et blancs qui encerclait toujours un cou. C'était tout.

Après un triste et frémissant examen du champ sanglant, les soldats du Septième ne purent que creuser une tranchée et y déposer délicatement les restes du jeune officier, de ses braves hommes et de son fidèle guide Sioux.

XI

JOURNÉES GRAVES LE LONG DU SENTIER

Lorsque, le troisième jour, la colonne de retour arriva aux abords de Fort Wallace avec leurs tristes nouvelles, ils trouvèrent le petit poste difficilement accessible. Des sacs de sable avaient été entassés pour constituer des barricades supplémentaires ; des monticules de terre annonçaient des abris. A deux reprises, les Indiens l'avaient attaqué. Oui, les Cheyennes sous le chef Roman Nose avaient galopé de manière insultante, et après avoir hardiment dépassé les deux petites compagnies du Septième, dirigées par le capitaine (colonel) Alfred Barnitz, ils furent accueillis par une contre-charge des Indiens. Ce n'est qu'après un combat au corps à corps que les guerriers de Roman Nose furent finalement chassés. Le sergent Anderson pensait avoir blessé Roman Nose. Une demi-douzaine de soldats noirs, en service de piquet à l'avant-poste, s'étaient précipités, sans attendre d'ordres, dans un chariot, pour aider la cavalerie ; et les officiers du fort louèrent haut et fort cet acte.

Ainsi, le pauvre petit Fort Wallace, seul au milieu des plaines brûlantes ou glaciales, dernier poste de la ligne destinée à protéger la route de Denver, se trouvait dans une situation difficile.

Le télégraphe était à deux cents milles à l'est, à Fort Harker ; même les scènes avaient cessé de fonctionner, sauf à de longs intervalles, par paires, lorsqu'une garde de soldats pouvait être fournie ; les expéditions et les approvisionnements avaient été interrompus. Maintenant, les mauvaises rations empiraient rapidement, et le scorbut et le choléra aidaient les Indiens. Le scorbut était causé par le manque de viande fraîche et de légumes ; aucun des médecins ne savait exactement pourquoi le choléra était apparu ; cela semblait venir de la chaleur et du sol.

L'état du courageux Fort Wallace inquiétait beaucoup le général. Il faut évidemment apporter du secours. Sa propre colonne était arrivée assez épuisée par de longues marches ; mais il décida de prendre une centaine d'hommes parmi les mieux montés et de faire une marche forcée vers Fort Harker, pour se ravitailler. Le capitaine Barnitz n'avait pu disposer d'aucun homme à cet effet.

Pour Ned, c'était la marche la plus excitante à ce jour. Il faut le faire principalement la nuit, pour avoir de la fraîcheur et pour échapper aux Indiens. Tout le parcours de l'étape de Wallace à Harker aurait été étroitement surveillé par les Cheyennes et les Sioux. Les gares furent abandonnées ; ou bien les hommes s'étaient rassemblés dans leurs abris, accessibles par des souterrains depuis le commissariat ou l'écurie.

S'approcher de ces abris, surtout la nuit, n'était pas une affaire agréable. Le premier n'était qu'un petit monticule de terre vaguement découpé sur l'horizon sombre. En fait, les éclaireurs doivent descendre de cheval et se baisser jusqu'au sol pour le voir. La colonne continua lentement à avancer, et aussitôt, du monticule jaillit un jet de feu, un autre, deux autres ; et à « Crack ! Bang Bang! Fissure!" les balles bourdonnaient violemment devant le général, le capitaine Hamilton (qui commandait la colonne) et Ned lui-même.

« Qu'est-ce qu'il y a là ? » chantaient à haute voix le général et le capitaine. "Nous sommes amis! Homme blanc! Cavalerie!"

"Claquer! Bang Bang! Fissure!" Et encore des balles.

« Sortez rapidement vos hommes d'ici, capitaine. Ces gars-là sont fous », ordonna le général. "Envoyez quelqu'un pour discuter et dites-lui qui nous sommes."

Le lieutenant Tom Custer s'est porté volontaire.

« Vous feriez mieux de ramper », conseilla le général.

Le colonel Tom s'avança, dans le crépuscule, vers le monticule bas à côté des bâtiments de la gare. Bientôt il avait disparu ; il rampait. "Claquer!" lui lança un coup de feu.

"Bonjour!" il a salué. « Ne tirez pas. Nous sommes de la cavalerie, je vous le dis.

« Approchez-vous alors ; levez-vous et montrez-vous, si vous êtes blanc, rétorqua une voix.

«J'arrive», répondit Tom. "Je suis le lieutenant Custer du Septième."

Le lieutenant arriva, et la colonne, écoutant, l'entendit s'expliquer avec sérieux. Une lumière jaillit alors de la pirogue, et le lieutenant cria à la colonne de s'allumer.

La pirogue contenait cinq hommes de gare. Ils attendaient dehors, et même à la lumière des étoiles, ils avaient les yeux sombres et hagards.

« Qu'est-ce que cela signifie, messieurs ? » demanda le général avec colère.

"Eh bien, capitaine, vous voyez que c'est par là", expliqua le chef, un homme énorme avec une grande barbe qui lui arrivait jusqu'à la taille. "Nous pensions que vous étiez des Indiens, et nous ne prenons aucun risque ces jours-ci."

"Mais vous nous avez entendu vous saluer dans un bon anglais."

« Bien sûr que nous l'avons fait ; mais cela n'a pas prouvé grand-chose. Non, monsieur. Il y a des Indiens qui parlent aussi bien anglais que vous, et c'est l'un de leurs derniers trucs. Ils préparent toutes sortes de stratagèmes, capitaine ; et même si nous sommes désolés de vous tirer dessus, laisser des étrangers s'approcher la nuit est une affaire trop risquée. Parler anglais ne compte pas pour nous, les gars. Nous sommes sur le coup des Injuns.

C'est pourquoi chaque station de scène occupée doit être abordée avec la plus grande prudence. Outre les abris de la gare, l'infanterie noire postée en escouades le long de la route pour la protéger avait également ses abris. Celles-ci étaient de nature plus militaire que les abris de la station et étaient appelées « moniteurs », du nom du Monitor qui combattit le Merrimac, pendant la guerre civile.

Les escouades de nègres ont d'abord creusé un trou carré d'environ la hauteur de la poitrine, et suffisamment grand (disons quinze pieds carrés ou plus) pour tous les accueillir. Autour du bord, ils ont entassé la terre et le gazon ; et d'un côté à l'autre ils posèrent un toit de planches recouvertes de gazon. Ensuite, ils ont creusé de petites meurtrières dans les murets et creusé un tunnel sur une courte distance, avec une trappe. Et ils étaient bien réparés. Ils ne pouvaient être touchés par le feu, ni par une flèche, ni par une balle.

Ces fortifications étranges, comme d'énormes champignons trapus sur la surface plane de la prairie nue, ressemblaient en effet à une « boîte à fromage sur un radeau ». À l'un d'eux, lorsque la colonne arriva, les cinq soldats noirs dirigés par un caporal bouillonnaient de joie.

« Oui, euh, » raconta le caporal au général et à tous ceux qui pouvaient entendre, « nous nous sommes battus. Mais ne vous engagez pas dans une bagarre ; c'était une sorte de massacre. Après que nous ayons terminé ce moniteur, beaucoup d'Indiens sont venus nous accompagner. Je pense qu'ils devaient être cinq cents ou cinq mille. Dès qu'ils voient, ils voient cette vieille bosse qui se dresse. Je ne sais pas ce que tout cela signifie. Non, euh. J'ai un puissant curyus. Nous faisons tous profil bas et les laissons regarder et parler. Ils étaient tellement curieux qu'ils ne pouvaient plus retenir, alors ils sont entrés à cheval, tendant et étirant comme des poulets. Quand ils s'approchent, "Donnez-leur ça !" dis-je. « Donnez-leur ça ! Et nous leur avons envoyé le message, par les échappatoires. Nous leur envoyons, et quand ils skadoodlent, nous leur en envoyons encore un peu plus, et nous continuons à leur en envoyer jusqu'à ce qu'ils soient hors de portée. Salut-oui-oui ! Dey Shore avait peur.

Et... "Salut-oui-oui !" crièrent en riant ses cinq soldats.

"Bien!" » félicita le général. « Combien en ont-ils laissé sur le terrain, caporal ?

"Eh bien, ils n'ont envoyé personne sur le terrain, général", répondit le caporal. "Mais je pense que nous avons dû en tuer environ la moitié, et l'autre moitié avait presque peur de le faire."

Le général était très pressé d'atteindre Fort Hays, où (comme tous le supposaient) se trouvait Mme Custer ; et atteindre Fort Harker, où l'on pourrait obtenir les médicaments et la nourriture pour le Fort Wallace souffrant.

À Fort Hays, on ne trouva ni Mme Custer, ni Miss Diana, ni Eliza noire. Mais tous apprirent qu'une crue soudaine venant de Big Creek avait noyé plusieurs soldats et avait presque emporté la tente et les femmes ensemble ; après cela, la maison du général avait été renvoyée à Fort Harker, car Hays n'était pas considéré comme sûr pour eux. Ici à Hays attendaient des lettres de Mme Custer et la nouvelle qu'à Harker le choléra faisait rage mortel.

Or le général était très alarmé ; et laissant le capitaine Hamilton et la compagnie se reposer une journée à Hays, avec le lieutenant Cook et le capitaine Tom Custer et Ned et deux soldats, il poussa pour Harker. La marche de Wallace à Hays, 150 milles, avait été faite en cinquante-cinq heures ; le trajet de Hays à Harker, soixante milles, a été fait en onze heures et demie, ce qui était plutôt bien, compte tenu du long trajet qui avait précédé.

Mme Custer n'était pas à Harker. Elle, Miss Diana et Eliza avaient été transférées à Riley, car Harker n'était pas un endroit où rester. Ainsi, de Harker, le général se précipita également vers Riley, mais Ned n'y partit pas. Soudain, il se sentit mal ; et le chirurgien a dit qu'il avait le choléra.

XII
PHIL SHERIDAN ARRIVE

Ned était un garçon très malade ; mais depuis l'hôpital de Fort Riley, il put accompagner son régiment jusqu'à Fort Leavenworth. Ici, ils ont passé confortablement l'hiver. Parmi de nombreux bâtiments finement construits, au milieu d'une réserve militaire de mille acres surplombant le fleuve Missouri, à proximité de la ville animée de Leavenworth, avec sa cavalerie, son infanterie et son artillerie, Fort Leavenworth, poste de commandement du département du Missouri , était un changement radical par rapport à Wallace, Hays et Harker et même à Fort Riley.

L'automne et l'hiver furent calmes, tandis que dans les plaines du sud-ouest, une commission gouvernementale pour la paix concluait un nouveau traité avec les tribus. Les Cheyennes étaient toujours en colère parce que le général Hancock avait détruit leur village ; mais tous acceptèrent de se rendre dans une réserve en territoire indien et de laisser tranquilles les chemins de fer, les sentiers et les colons.

Au printemps, un autre traité fut conclu à Fort Laramie, au nord, avec les Sioux. Le gouvernement a promis de retirer ses soldats des terrains de chasse des Sioux de la vallée de Powder River, à l'est des monts Big Horn, dans le nord-est du Wyoming et le sud-est du Montana. Pour protéger ces derniers terrains de chasse, du célèbre pays des Black Hills, Red Cloud le chef Sioux s'est battu longuement et durement.

Rapidement, ils envoyèrent un message à leurs cousins les Cheyennes, les Kiowas et tous, du Nebraska, du Kansas et du Colorado, les encourageant à chasser également les hommes blancs. Déjà les Cheyennes, les Kiowas et les Comanches s'opposaient à l'entrée dans leur réserve ; ils disaient qu'ils n'avaient pas compris qu'ils devaient abandonner de bonnes terres pour des terres pauvres.

Le Kansas Pacific Railroad avait atteint Hays City et s'y était arrêté comme pour se reposer. Le vaillant général Hancock avait été changé à la Nouvelle-Orléans et, en tant que commandant du département du Missouri, le major-général Philip H. Sheridan lui avait succédé.

Tout le monde connaissait Phil Sheridan, l'Irlandais combattant. Il visita brièvement Fort Leavenworth en septembre 1867 pour en prendre le commandement ; et ici, Ned l'a aperçu. Il ne ressemblait ni au général Sherman ni au général Hancock. Sheridan était un petit homme au visage irlandais, aux cheveux grisonnants coupés court, aux yeux gris vifs, à la moustache rougeâtre et à une petite touffe de cheveux sous la lèvre inférieure. Avec son corps élancé, sa poitrine pleine, son cou court, sa grosse tête de balle et son attitude agressive, il ressemblait à un lion. C'est lui qui avait réalisé le fameux « Sheridan's Ride » de Winchester à Cedar Creek, pendant la guerre civile, et qui avait sauvé la mise à l'armée de l'Union. Il avait été le commandant du général Custer.

En avril, le Septième reçut l'ordre de retourner à Fort Harker, pour être disponible en cas de troubles indiens. Mais ce n'était pas le même régiment ; car il lui manquait le général Custer.

Le général avait été suspendu de son grade et de sa solde pendant un an ! On prétendit qu'il avait fait marcher ses hommes trop durement de Wallace à Hays et qu'il s'était absenté de Fort Wallace sans autorisation pour se rendre chez Mme Custer à Fort Riley. Ses amis le croyaient innocent de tout méfait ; mais ses ennemis jaloux triomphèrent et le ministère de la Guerre l'avait discipliné.

Il avait néanmoins passé l'hiver à Leavenworth, occupant lui-même les quartiers du général Sheridan. Une bonne chose était arrivée. À l'automne, M. Kidder, père du lieutenant Kidder de la deuxième cavalerie tué, était apparu à Leavenworth, à la recherche du corps de son fils. Le général Custer a parlé de la bande de col à carreaux noirs et blancs qui ornait l'un des corps ; et le père avait aussitôt déclaré que son fils portait justement une telle chemise, confectionnée pour lui par sa mère, pour son usage dans les plaines. Accompagné d'une escorte, le père s'était précipité vers le champ de bataille de Beaver Creek, pour récupérer la dépouille de son cher garçon.

Le général Custer se trouvait désormais dans son ancienne maison de Monroe, dans le Michigan, pour passer le reste de son mandat. La Septième Cavalerie doit prendre le terrain sans lui. Et son chef lui manquait beaucoup – le fringant Custer aux longs cheveux jaunes, à la cravate cramoisie et au manteau en peau de daim ; ses chevaux, ses chiens et son enthousiasme lui manquaient ; il manquait Mme Custer.

Ned avait été relevé de ses fonctions de trompettiste et prenait plus de facilité en tant que commis au département du quartier-maître. Son poste fut nommé Fort Hays, et il était là lorsque son régiment arriva au camp juste à l'extérieur.

Fort Hays s'était amélioré. Les logements en rondins faisaient place à des maisons à étages et demi, peintes. La ville s'est également agrandie. L'avènement du chemin de fer l'avait fait considérablement croître, mais il n'était pas plus beau. C'était une ville sans loi, sauf celle de la corde et du pistolet. Wild Bill Hickok, avec ses deux revolvers à manche en ivoire, ses yeux d'acier et son attitude calme, était l'artisan de la paix ; mais en faisant la paix, des hommes étaient fréquemment tués.

C'était un quartier général de scouts. Wild Bill allait et venait constamment, parcourant les sentiers; Will Comstock aussi ; California Joe aussi et Pony

Bill Cody aussi. Mais ils ne l'appelaient plus Pony Bill. Il était désormais Buffalo Bill. Au cours de l'automne dernier, il avait été employé à fournir des buffles pour nourrir les ouvriers de l'enquête Kansas Pacific. Il a étonné tout le monde par le nombre de buffles qu'il avait abattus. Lors d'un combat amical avec Will Comstock, il en avait tué soixante-neuf contre quarante-six pour Comstock, et Comstock était l'un des chasseurs de crack des plaines.

Il y avait aussi plusieurs nouveaux éclaireurs : Sharpe Grover et Jack Corbin et Dick Parr et Jack Stillwell et Bill Trudell ; tout bon.

Au printemps et en été, le chemin de fer continuait sa route vers l'ouest. Au nord, les Sioux étaient calmes et satisfaits, mais au sud, les Kiowas, les Comanches, les Arapahos et tous exigeaient de meilleures conditions, ainsi que des fusils et des munitions, avant d'entrer dans leur réserve. Les scouts Comstock, Grover et Parr ont été employés spécialement pour visiter les tribus, expliquer les choses et exhorter à la paix. Le lieutenant Fred H. Beecher, neveu du grand prédicateur Henry Ward Beecher de New York, dirigeait leurs mouvements.

Cela semblait être un très bon plan. Pour--

« À mon avis, messieurs, » dit Wild Bill en entendant Ned, « cela vaut bien des ennuis, et le gouvernement peut se permettre de céder sur quelques points, pour empêcher que ces colons ne soient assassinés, qui sont ici avec leurs familles, s'efforçant de reconstruire le pays. Si seulement nous pouvons retenir ces Indiens jusqu'à l'automne, après la saison des bisons, et les placer dans leur réserve pour l'hiver, nous pourrons alors les surveiller.

Depuis Fort Hays, la septième cavalerie marcha vers le sud, au début de l'été, pour rejoindre une partie de la dixième cavalerie et de la troisième infanterie, le long de la rivière Arkansas, près de Fort Larned et de Fort Dodge. Les villages indiens étaient toujours dans ce voisinage et les jeunes gens étaient agités et pleins de menaces. Le général Alfred Sully, qui avait combattu les Sioux dans le Dakota en 1863, commandait ici, sur le district de l'Arkansas.

Ned a été retenu dans son département de quartier-maître ; mais il devenait de plus en plus impatient d'aller sur le terrain avec ses camarades.

Les affaires semblaient bien se dérouler, jusqu'à ce qu'en juillet, arrivé à Fort Hays, par courrier de Fort Larned, on apprenne que les guerriers quittaient les villages et se dirigeaient vers le nord. Peu de temps après, la nouvelle arriva qu'un groupe de Cheyennes avait attaqué les sympathiques Kaws, ou Indiens du Kansas, près de Council Grove, au sud de Riley, et avait volé des colons.

Cela ne doit pas être permis, car les États-Unis étaient tenus de protéger leurs amis indiens.

Les Cheyennes, les Arapahos et tous n'avaient pas reçu les armes et les munitions promises par le traité. L'heure était désormais à la distribution annuelle des cadeaux. Lorsque les Comanches et les Kiowas se rassemblèrent à Fort Larned pour les recevoir, l'agent annonça qu'ils ne pourraient avoir ni fusils, ni pistolets, ni poudre ni plomb jusqu'à ce que les Kaws et les colons aient été payés pour les dégâts qui leur avaient été causés.

Cela a mis les Indiens en colère. Ils refusèrent tous les cadeaux et retournèrent à leur camp. Les jeunes hommes commencèrent à danser la guerre.

Le général Sully apparut au fort Larned et se prépara à l'action. Mais Little Rock, chef Cheyenne, affirmait que seuls quelques mauvais jeunes hommes, lors d'une expédition contre les Pawnees, avaient volé les Kaws et les colons. Tous les chefs promirent que si des fusils et des munitions étaient distribués pour que leurs gens puissent chasser le bison, tout serait tranquille.

« Mon peuple ne fera plus aucun voyage dans les colonies », assura Petit Corbeau, le gros vieux chef Arapaho, qui avait toujours été amical envers les Blancs. « Leur cœur est bon et ils souhaitent être en paix pour toujours. »

Ainsi, même le général Sully fut convaincu et ordonna la distribution des armes et des munitions.

« Le général aurait dû s'en douter, messieurs » , déclara le scout Will Comstock, parlant de l'affaire à Fort Hays, où il était arrivé pour une commission. « Ces Indiens parlaient autour de lui. Cent pistolets, quatre-vingts fusils, douze fûts de poudre, un demi-fût de plomb, quinze mille capsules aux Rapahos : quarante pistolets, vingt fusils, trois fûts de poudre, un demi-fût de plomb, cinq mille capsules aux Rapahos. Paches; Cheyennes, Comanches, Kiowas : ils sont traités de la même manière ; c'est le cas aujourd'hui. Et, *messieurs* , ajouta-t-il d'une manière impressionnante, notez mes paroles. Nous entendrons ces pleureurs d'une manière qui ne nous plaira pas. Je connais les Indiens. Little Raven et Black Kettle peuvent vouloir dire bien, quand ils parlent, mais ils ne peuvent pas contrôler leur argent. Nous combattrons tous ces mêmes armes avant que le tampon ne tourne vers le sud.

Maintenant le mois d'août était arrivé ; et le septième, qui ne devait arriver au poste de Fort Hays qu'une importante bande d'Indiens de l'Arkansas. Ils étaient venus de Pawnee Fork, à l'ouest de Fort Larned, et avaient déclaré qu'ils étaient en route pour combattre les Pawnees. Il y avait quatre ou cinq Arapahos, vingt visiteurs Sioux du nord et 200 Cheyennes. Old Black Kettle, le chef Cheyenne, était le chef ; les autres chefs étaient Tall Wolf et Red Nose et Porcupine Bear et Bear That Goes Ahead (Cheyennes), et même un fils de Little Raven, le chef Arapaho.

Ce soir-là, ils ont organisé un grand pow-wow. Black Kettle serra la main de tous les soldats à sa portée. À côté du feu de camp du conseil, il a prononcé un discours pour dire, tel que traduit par Wilson le post-commerçant :

« Les soldats blancs devraient être heureux tout le temps, parce que leurs poneys sont si grands et si forts, et parce qu'ils ont tellement de fusils et tellement à manger. Tous les autres Indiens peuvent emprunter le chemin de la guerre, mais Black Kettle maintiendra toujours la paix avec ses frères blancs. Il aime ses frères blancs et son cœur se réjouit lorsqu'il les rencontre et leur serre la main en signe d'amitié.

Cela sonnait très bien, pour les blancs ; mais tout le monde savait que le groupe Black Kettle n'avait pas à se battre contre les Pawnees ou qui que ce soit d'autre. S'ils ne trouvaient pas les Pawnees, ils pourraient alors essayer de combattre tous ceux qu'ils rencontreraient.

Ils s'éloignèrent, dans leurs peintures de guerre ; et ensuite, de terribles nouvelles sont revenues. Premièrement, à Fort Harker, leurs maris ont amené deux femmes blanches ; Presque fous, les hommes ont raconté qu'un groupe de Cheyennes était entré dans leur ranch, sur la rivière Saline, au nord de Harker, et après avoir été gentiment traité avec du café chaud et du sucre, avait jeté le café au visage des femmes, renversé les hommes et tous terriblement maltraités. Deux autres hommes blancs avaient été tués dans les champs à coups de matraque ; une femme a été tuée et deux enfants ont été emportés.

C'était la nouvelle pour Hays de Fort Harker. De Fort Wallace, dans l'autre sens, une nouvelle est venue tout aussi choquante. Le boyish scout Will Comstock avait été assassiné par les Cheyennes du sympathique chef Turkey Leg ; Sharpe Grover, son compagnon, avait été grièvement blessé.

Certains jeunes Cheyennes avaient tenté d'échanger avec Comstock son précieux revolver. Mais il ne ferait pas de commerce. C'était le même revolver qu'il avait promis de donner au général Custer dès qu'il l'aurait guidé vers la victoire. Les jeunes Indiens sont ensuite montés avec lui et Grover pour les escorter hors du village. Bientôt, ils se sont laissés derrière, ont fait les Indiens, ont abattu Will Comstock, dans le dos, et ont presque tué Grover. Mais à l'abri du corps de son copain, avec son fusil à longue portée, Grover s'est battu toute la journée. Pendant la nuit et le lendemain, il se cacha dans un ravin ; et à travers l'obscurité qui s'ensuivit, il rampa et tituba jusqu'à Fort Wallace, où il haleta l'histoire.

Oui, les bisons ne s'étaient pas tournés vers le sud, mais Fort Hays et les autres stations blanches du sud-ouest entendaient déjà les fusils et les pistolets émis à Fort Larned. De la route d'étape de Smoky Hill et de celle de Santa Fé, du Républicain, du Saline, de l'Arkansas et du Cimarron, enfin le long de la ligne télégraphique passèrent rapport après rapport, apportés par les colons, les éclaireurs et les courriers, racontant l'assaut des Cheyenne, Kiowa et Comanche. La ville de Sheridan, à l'extrémité du Kansas Pacific Railroad, à quinze milles seulement de Fort Wallace, annonçait qu'elle avait été attaquée et maintenue pendant deux jours en état de siège !

Les colons, les éclaireurs et autres pionniers ont commencé à affluer à Fort Hays et à Hays City ; Et voici qu'arriva le général Sheridan lui-même, un petit Irlandais de petite taille, à grosse tête et hérissé, avec du feu dans ses yeux gris.

«C'est la guerre», l'entendit répéter Ned. « Nous les combattrons jusqu'au bout. La seule façon de les contrôler est de les détruire partout où ils se trouvent, jusqu'à ce qu'ils soient tous confinés dans une réserve.

Buffalo Bill Cody avait été affecté au département du quartier-maître avec une station à Fort Larned. Un jour, il arriva en toute hâte à Hays, son cheval couvert de poussière et de sueur, lui aussi poussiéreux et aussi fatigué. Il portait des dépêches et rapportait que toute sa route de soixante-dix milles avait été infestée de guerriers hostiles.

Il se porta volontaire pour revenir immédiatement par le même itinéraire, avec des dépêches pour Fort Dodge, trente milles plus loin. Il revint à cheval ; et deux jours plus tard, il était de nouveau à Hays. Il avait parcouru 350 milles en cinquante-cinq heures. Il resta à Fort Hays, car le général Sheridan le promut chef des éclaireurs de la cinquième cavalerie.

Les dernières dépêches de Buffalo Bill racontaient que les vieillards et les squaws restés dans les villages emballaient les tipis et se dirigeaient vers le sud, comme si les Indiens n'avaient pas l'intention d'hiverner dans aucune réserve. Évidemment, les villages d'hiver devaient être installés là où les soldats ne pouvaient pas les suivre.

Le général Sheridan donna rapidement l'ordre au général Sully d'arrêter les Indiens et de les renvoyer. Et tandis que les soldats étaient occupés, dans le sud et gardaient le sentier Smoky Hill, pour protéger les colons vers le nord, une expédition de volontaires fut ordonnée.

Ils étaient tous des pionniers qui se rassemblaient volontiers pour se battre pour le ranch et la ville. Trente se sont enrôlés à Fort Harker, dix-sept à Fort Hays. Le général George A. Forsyth, surnommé « Sandy » et colonel de l'état-major du général Sheridan, en était le commandant. Le lieutenant Beecher était son assistant. Le Dr John S. Mooers de Kansas City, chirurgien pendant la guerre civile, était médecin militaire ; Le général WHH McCall, de la guerre civile, était premier sergent. Sharpe Grover (maintenant rétabli) était le guide ; Stillwell, Trudell et Dick Parr faisaient partie des éclaireurs.

Ned brûlait d'y aller, mais on lui a refusé à cause de sa jeunesse.

« Attendez », réconforta Jack Stillwell, un jeune homme décontracté, avec une taille de fille et un visage aussi lisse que celui de Ned. « Il vous restera encore beaucoup à faire, à vous autres, soldats et autres. Attendez que Sheridan s'en prenne à eux.

« Wall, il n'y en aura pas autant qu'aujourd'hui », remarqua de manière significative Sharpe Grover, qui se tenait à proximité.

En vérité, c'est ce que pensait Ned lorsque, le 28 août, sorti de Fort Hays, il partit à cheval contre les Dog Soldiers en attaquant les colonies, une petite compagnie d'une demi-centaine - peu nombreux mais chacun étant un tireur habile. Ils étaient bien armés de fusils à répétition Spencer et Henry et disposaient de beaucoup de munitions. Le général « Sandy » Forsyth et Sharpe Grover étaient en tête.

Quelques jours se sont écoulés. Ned doit continuer à exercer ses fonctions de commis – que, bien sûr, quelqu'un doit accomplir, même en temps de guerre. Être soldat, ce n'est pas seulement se battre.

On apprit ensuite qu'au sud de l'Arkansas le général Sully, sa septième cavalerie et sa troisième infanterie, avaient failli perdre leur convoi et avaient été refoulés vers Fort Dodge ! Un soldat avait été capturé par les Indiens (le pauvre garçon, Ned le connaissait bien) et emmené pour être torturé à mort. Le capitaine Hamilton et le capitaine Smith avaient chargé en vain avec leurs compagnies de le secourir.

Et ensuite vint la nouvelle plus surprenante que sur la branche Arikaree du haut républicain, non loin de Forks où Pawnee Killer avait attaqué le camp de la septième cavalerie, 700 guerriers Cheyenne sous le chef Roman Nose avaient encerclé les cinquante hommes du général Forsyth et avaient presque « les a anéantis. Après un terrible combat de trois jours et trois nuits, les volontaires avaient été secourus par le colonel Carpenter et sa dixième cavalerie de Fort Wallace. Le lieutenant Beecher et le Dr Mooers avaient été tués ; le général trois fois blessé ; Roman Nose et nombre de ses braves étaient tombés. Jack Stillwell avait apporté la première dépêche à Wallace ; Trudell avait été son compagnon.

Oui, c'était la guerre. Custer ne serait-il pas nécessaire ? À Monroe, dans le Michigan, ne s'irriterait-il pas ? Son mandat disciplinaire était presque terminé. Puis, comme une grande nouvelle soudaine, parut dans le quotidien Leavenworth reçu à Fort Hays le télégramme suivant, avec copie :

Siège social du Missouri,
sur le terrain, Fort Hays, Kansas, 24 septembre 1868.

Général GA Custer, Monroe, Michigan :

Les généraux Sherman, Sully et moi-même, ainsi que presque tous les officiers de votre régiment, vous avons demandé, et j'espère que votre demande sera acceptée. Pouvez-vous venir immédiatement ? Onze compagnies de votre régiment se déplaceront vers le 1er octobre contre les Indiens hostiles, depuis Medicine Lodge Creek vers les montagnes Wichita.

PH SHERIDAN , *major-général commandant* .

XIII
LES CHEVEUX JAUNES REMONtent

Le général Custer ne tarda pas. Il ne l'a jamais fait. Dans moins d'une semaine, le dernier matin de septembre, qui devrait arriver en courant au poste, accompagnant l'ambulance depuis la gare de Hays City, si ce n'est Maida, Blucher et Flirt les chiens de cerf, et Rover le vieux chien-renard, et Fanny. le petit fox-terrier et tous les autres chiens Custer ; et qui devrait sortir de l'ambulance, avant qu'elle ne s'arrête au quartier général, sinon le général lui-même ! Il était là, avec ses cheveux jaunes et ses yeux brillants, sa voix vive et sa silhouette souple et soignée, prêt à reprendre les affaires.

Derrière l'ambulance suivaient, menés par un infirmier, les chevaux Phil Sheridan et Custis Lee.

Voyant cela derrière le siège social, le cœur de Ned fit un bond dans sa gorge.

« Custer est arrivé ! Custer est arrivé ! semblait parcourir le message avec un bourdonnement joyeux. Pour Ned, c'était comme un coup de clairon ; et il résolut aussitôt que là où allait le général, il irait aussi. Plus de tâches de commis pour lui ; Non! Soudain, il se sentit fort et bien, prêt à tout. C'était ce que le général faisait ressentir à tout le monde autour de lui ; il était tellement plein d'énergie et d'enthousiasme.

On savait maintenant avec certitude que le général Sheridan projetait une marche hivernale contre les Indiens, pour les attraper dans leurs villages alors qu'il n'y avait pas d'herbe pour leurs poneys et qu'ils ne pouvaient pas voyager à volonté. De nombreuses têtes furent ébranlées à propos de ce projet, jugé insensé ; et clairement de Saint-Louis est venu à Hays un homme grand, mince, au visage coriace et aux yeux louches – « le vieux Jim Bridger », le célèbre trappeur et alpiniste – expressément pour dire au général Sheridan que tout le commandement serait enneigé et perdu. .

Mais cinq cents wagons de fret étaient occupés à transporter des fournitures de Fort Harker et de Fort Leavenworth vers les postes situés au sud, dans la région de la rivière Arkansas ; et avec ces provisions à portée de main, pour les soldats et les chevaux, et avec des hommes bien habillés, le général Sheridan pensa que les hommes blancs feraient mieux en hiver que les hommes rouges.

« La seule façon de réconcilier ces Indiens est de leur donner une bonne raclée. Je compte sur toi pour ça, Custer, l'entendit dire Ned. "Nous porterons la guerre dans le pays de l'ennemi, quand il ne s'y attend pas."

Le général Custer n'était pas réticent ; non, pas « Old Curly ». Il se comportait aussi heureux que s'il partait à la chasse au bison ou à une promenade avec

Mme Custer et les chiens. Il ne resta que quelques jours à Hays, pour les instructions et les derniers préparatifs ; et quand il partit vers le sud, désireux de reprendre le commandement du Septième, Ned le suivit, comme son ordonnance de nouveau.

Fort Hays était dépourvu de ses éclaireurs que Ned connaissait : California Joe, Jack Stillwell, Jack Corbin, Trudell, Romeo – ils étaient au sud de l'Arkansas ; Buffalo Bill était dehors avec quelques membres de la Cinquième Cavalerie ; Wild Bill transportait des dépêches sur la piste : et avec leur départ, et avec le Septième parti, Ned s'était senti seul et négligé. Maintenant, tout était changé : il roulait à nouveau avec Custer. Hourra!

Le rendez-vous de la septième cavalerie était à Bluff Creek, à environ trente milles au sud-est de Fort Dodge. Fort Dodge se trouvait en amont de l'Arkansas depuis Fort Larned et était en pierre comme Larned et Riley. Le général Custer s'est arrêté ici uniquement pour faire son rapport au général Sully, commandant le district. Le lendemain, il repartit ; et dans l'après-midi, on aperçut les tentes blanches familières de l'armée de la Septième Cavalerie.

Quel accueil ce fut, car les troupes se précipitèrent pour le recevoir, et les chiens aboyèrent, et dès qu'ils le purent, les officiers accoururent pour lui serrer la main.

Il y avait quelques nouveaux officiers et beaucoup de nouveaux hommes, car des recrues avaient été dépêchées pour remplir les rangs de l'effectif de guerre. Cependant, il y avait suffisamment de vieux visages amicaux pour que le camp du Septième se sente comme chez Ned ; et il était presque aussi occupé à serrer la main que le général.

"De retour, n'est-ce pas?" salua Odell chaleureusement.

"Oui," sourit Ned.

« Soyez plus ordonné, alors, je suppose. »

"Je suppose que je le suis, pendant un moment."

« Eh bien, le général s'en tient à ceux qu'il aime et à ceux qu'il n'aime pas, de même. Il a un grand coeur. Quelles sont les nouvelles de Hays ? Est-ce que le général Sheridan vient aussi ?

"Oui. Il dit que les Indiens doivent être trouvés et battus.

"B'gorry, avec Phil Sheridan et 'Old Curly' travaillant ensemble, ce ne sera pas une campagne papier, je pense."

« Vous avez raison », acquiesça le sergent Walter Kennedy, qui, nota Ned, portait les chevrons d'un sergent-major. « Parce qu'ils ont transformé Sully et nous tous en Dodge, les Indiens pensent qu'ils sont les patrons. Mais quand Sheridan et Custer s'en prendront sérieusement à eux, ils changeront d'avis.

California Joe était là, dans toute sa splendeur.

« Est-ce que Shuridan arrive, jeune homme ? Il a demandé. « Wall, il ne peut pas faire des conneries que d'autres généraux de haut rang ont fait. Mais je parie plutôt sur Shuridan.

« Le connaissez-vous, Joe ? » » demanda Ned poliment.

« Est-ce que je le connais, jeune homme ? Vous connaissez Shuridan ? Eh bien, bénis mon âme, j'ai connu Shuridan « tout en haut de l'Oregon, il y a plus de quinze ans, et il n'était qu'un deuxième pilleur d'infanterie. Quartier-maître de l'infanterie, ou quelque chose comme ça. J'avais l'impression que si jamais ils le relâchaient, il blesserait quelqu'un. Dis, ne préviens pas le vieux éclair, à la guerre ! Je vous le dis ! Et Joe essuya son visage poilu avec un morceau de sac de jute qui lui servait de mouchoir. « Je viens d'être nommé par le général Custer, chef des éclaireurs ici ; mais je lui ai dit que je ne servirais pas si c'était une campagne d'ambulance. Il a dit non; lui et Shuridan allaient chasser les Indiens à cheval, afin de les attraper. Cela a mis le doigt sur la tête. Une colonne sur roues, avec des chariots remplis de soldats comme s'ils se rendaient à des funérailles municipales aux États-Unis, a autant de chances d'attraper des Indiens qu'une équipe de six mulets en aurait. une meute de coyotes. Eh bien, ce genre de choses n'est amusant que pour les Indiens.

En attendant les instructions du général Sheridan, la Septième Cavalerie a travaillé dur pour arriver à ce qu'Odell appelait son « poids de combat ». Cinq cents chevaux frais sont arrivés par sentier depuis Leavenworth. Le général se choisit une baie animée qu'il nomma Dandy. Les autres étaient répartis, puis les troupes ou compagnies étaient « colorées ». C'est-à-dire que les chevaux étaient divisés par couleurs ; de sorte qu'une troupe était composée de gris, une autre de noirs, une autre de bai, et ainsi de suite. Le commandant de compagnie subalterne doit se contenter des bringés, les couleurs mélangées qui restent.

L'entraînement au tir était à l'ordre du jour, car certaines des recrues n'avaient jamais tiré avec une arme à feu. Quarante des meilleurs tireurs à toutes les distances furent regroupés en une compagnie de tireurs d'élite, sous les ordres du lieutenant « Queen's Own » William Cook, lui avec les longues moustaches anglaises.

Il y avait des expéditions de reconnaissance et de nombreuses chasses. Le camp vivait équitablement de dindons sauvages, de cerfs, d'élans, de buffles, de lapins et de tétras. Les chiens du général poursuivaient les loups et les antilopes.

Octobre s'est écoulé. Bientôt, les Indiens des plaines se retireraient dans leurs villages pour l'hiver. Ils mangeaient de la viande de buffle séchée et leurs chevaux mangeaient de l'écorce de peuplier et de saules ; et ils ne s'attendraient pas à être interférés. Puis, au printemps, ils sortaient de nouveau, pour chevaucher ça et là, à trois milles de celui de la cavalerie.

D'après les rapports que le scout Buffalo Bill avait rapportés de Fort Larned à Fort Hays, les familles des Indiens s'étaient déplacées vers le sud. Le général Sheridan pensait donc que les principaux villages d'hiver se trouveraient dans le territoire indien, vers le Texas. C'était un pays sauvage et accidenté, où les hommes blancs pénétraient rarement. Mais les Cheyennes, les Kiowas et les Comanches le savaient bien.

Le général Sully et l'oncle John Smith, un vieux commerçant marié avec les Cheyennes, avaient trouvé un bon lieu de rendez-vous pour l'expédition, où, formant la rivière North Canadian, Wolf Creek et Beaver Creek se rejoignaient, à environ cent milles au sud de Fort Dodge. . Avec un énorme train de ravitaillement de quatre cents wagons et avec cinq compagnies de la troisième infanterie régulière sous les ordres du major John H. Page, les onze compagnies de la septième arrivèrent là-bas pour attendre la dix-neuvième cavalerie volontaire du Kansas. Le gouverneur Crawford du Kansas avait démissionné pour en être le colonel sur le terrain ; et la dernière dépêche du général Sherman avait annoncé que le régiment était en route.

Le camp s'appelait Camp Supply, car les fournitures devaient être stockées ici. C'est dans l'actuel comté de Woodward, au nord-ouest de l'Oklahoma.

XIV
LE SENTIER DE LA GUERRE HIVERNALE

Aux alentours, les tempêtes continuaient de menacer. L'air était vif mais incertain. Tout le monde doit se tourner vers et aider à construire des entrepôts pour abriter les fournitures. Les Volontaires du Kansas devraient arriver à tout moment ; mais ils ne le firent pas, car ils étaient perdus, enneigés et affamés, loin au nord.

Cependant, au milieu de l'anxiété et de l'impatience, le général Sheridan arriva. Avec son escorte, il apparaît dans l'après-midi du 21 novembre. Il fait venir 350 hommes : une compagnie de la dixième cavalerie régulière ; les éclaireurs « Sandy » Forsyth qui avaient combattu à l'Arikaree, maintenant sous les ordres du lieutenant Lewis Pepoon ; deux compagnies de volontaires du Kansas qui avaient été envoyées en tête du régiment à Fort Dodge ; douze éclaireurs indiens Osage et dix éclaireurs indiens du Kansas. Le lieutenant Thomas Lebo de la dixième cavalerie commandait l'escorte.

Tout le monde était heureux de voir venir le général Sheridan. Avec « Little Phil » sur scène, la campagne démarrerait immédiatement. Le général Custer était parti au galop avec enthousiasme pour le rencontrer, monter avec lui et discuter de la situation.

Les nouveaux arrivants les plus intéressants étaient les Osages. Ils haïssaient les Cheyennes, les Comanches, les Kiowas et tous ces Indiens pillards qui les pillaient ainsi que les Blancs ; pendant la guerre civile, les Osages avaient agi comme éclaireurs de l'Union dans les plaines.

Le chef de l'équipe était un grand vieil homme hétéro nommé Cha-pa-jen-kan, ou Petit Castor. Un autre chef était le vieux Wen-tsi-kee ou Hard Rope, plutôt gros et réputé très sage. Parmi les guerriers, Koom-la-Manche ou le Trotteur était le plus célèbre, comme coureur rapide et bon tireur.

Les Osages avaient « fabriqué des médicaments » pour le sentier de la guerre à Fort Hays ; les Kaws avaient fabriqué leurs médicaments en descendant. Ils étaient tous armés des nouveaux fusils Springfield à chargement par la culasse ; et étaient payés soixante-quinze dollars par mois et dépenses. Pour montrer comment ils pouvaient tirer, ce soir-là, les Osages sur leurs poneys de guerre galopèrent devant une bûche de bois et tirèrent dessus ; et chaque coup de feu a frappé.

La colonne Sheridan a signalé un temps terrible lors de sa descente de Fort Hays. Une tempête de neige après l'autre les avait assaillis ; les plaines étaient couvertes de neige ; la rivière Arkansas à Fort Dodge était épaisse de glace flottante.

Ce soir même, l'hiver s'abattait également sur Camp Supply. La neige commença à tomber abondamment ; mais se démarquant dans la tempête, la bande de la septième cavalerie donna vigoureusement une sérénade au quartier général de Sheridan. Les Septièmes étaient fiers de leur groupe. Odell a dit que c'était le meilleur de l'armée. Il pouvait jouer aussi bien à cheval qu'à pied. Partout où les soldats allaient, le groupe allait aussi. Le général Custer aimait la musique et pensait qu'elle faisait du bien au régiment.

Le général Custer était en consultation avec le général Sheridan ce soir-là ; et le matin on apprit bientôt que la septième cavalerie n'attendrait pas les volontaires du Kansas, mais qu'elle partirait immédiatement contre les Indiens. La colonne du général Sheridan, en descendant de l'Arkansas, avait trouvé une nouvelle trace d'un groupe de guerre indien se dirigeant vers le nord, pour un raid. La Septième Cavalerie devait suivre cette piste à rebours, afin qu'elle la conduise au village.

Ned entendit son général lire les ordres à l'adjudant Moylan. Ils ressemblaient à Sheridan, comme ils disaient :

Continuer vers le sud, en direction des Antelope Hills, de là vers la rivière Washita, siège d'hiver supposé des tribus hostiles ; détruire leurs villages et leurs poneys ; tuer ou pendre tous les guerriers et ramener toutes les femmes et tous les enfants.

La neige tombait toujours rapidement ; mais personne ne s'en souciait, et encore moins le général Custer. Il avait dit au général Sheridan qu'il serait prêt à partir dans vingt-quatre heures ; et c'est ce qu'il était. De nuit, le convoi de ravitaillements pour trente jours avait été constitué. Seules quelques tentes étaient autorisées ; les bagages ont été réduits à des couvertures et des pardessus.

Le réveil était à trois heures ; dans la neige et dans l'obscurité tombèrent les soldats du Septième ; et aux écuries, au mess et même à l'appel, diverses plaisanteries circulaient. Tout le monde était mal à l'aise, mais personne ne se plaignait.

Les sentinelles étaient enfoncées jusqu'aux genoux dans la neige ; les chevaux frissonnaient ; les cuisiniers ont travaillé dur pour préparer les petits déjeuners.

« Comment ça se passe pour une campagne d'hiver ? » » demanda l'adjudant Moylan, marchant péniblement sur ses bottes de cavalerie, jusqu'à la tente du quartier général.

"Bien! Bien!" » déclara le général Custer en regardant dehors. "Juste ce que nous voulons."

"Eh bien, nous l'avons, alors", assura l'adjudant, couvert de neige.

Alors ils étaient partis, bon gré mal gré, pensa Ned.

Il faisait juste jour quand, au mot de l'adjudant, il sonna « Bottes et selles ». Les notes non seulement mettaient la cavalerie en action, mais semblaient réveiller tout le camp ; car les tentes étaient ouvertes et les officiers, les hommes d'infanterie et les volontaires sortaient la tête. Le général se dirigea au galop vers la tente du général Sheridan.

« C'est toi, Custer ? Que penses-tu de la tempête ? Les paroles du général Sheridan retentirent, étouffées mais claires, dans les flocons.

"C'est exactement ce qu'il faut, général", répondit avec tant d'entrain "Old Curly". « Nous pouvons bouger, mais pas les Indiens. Je ne demanderais rien de mieux qu'une semaine.

« Au revoir, mon vieux. Prenez soin de vous », a appelé depuis la porte de sa tente le lieutenant Taylor, un assistant, alors que le général Custer revenait au galop. Enveloppé dans une immense robe de buffle, le lieutenant Taylor avait l'air d'un chef.

Le général lui fit signe.

"À cheval", sonna Ned.

Les soldats, embrumés par la tempête, se tenaient prêts.

"Préparez-vous à monter!" a été crié l'ordre. "Monter! À quatre pattes, c'est vrai ! Pour-r'd-mars !

Tout au long de la rangée de tentes, des mains s'agitaient et des voix appelaient pour dire au revoir et bonne chance, tandis qu'en colonne de quatre au pas chevauchait la septième cavalerie, onze compagnies, 800 hommes, en route contre la tempête et les Indiens. Le groupe a courageusement hurlé en jouant « The Girl I Left Behind Me ».

Le général Custer portait une casquette ronde en fourrure de loup avec des oreillettes, des mitaines de fourrure et aux pieds de grandes surchaussures en peau de buffle avec les cheveux à l'intérieur. C'était à la manière d'un trappeur. Son pardessus de cavalerie à double boutonnage gardait son corps au chaud. L'ensemble du commandement était habillé de la manière la plus confortable. California Joe était gréé comme d'habitude dans son vieux chapeau mou attaché en forme d'écope, sur ses mains se trouvaient d'énormes mitaines en peau de buffle, et sur ses pieds se cachaient des chaussures comme celles du général. Les Osages, qui furent capturés, étaient assis raides, leurs robes de buffle dépassant au-dessus de leurs têtes, derrière. Hard Rope frissonna et trembla, et murmura plaintivement.

"Qu'est-ce qu'elle dit?" demanda le général à l'interprète.

"Il dit que c'est mauvais pour un vieil homme d'être seul par temps froid, et il va capturer une squaw Cheyenne pour lui garder le dos au chaud", a expliqué l'interprète.

Mais les éclaireurs furent bientôt hors de vue et hors de portée de vue. Ils étaient censés prendre l'avance, afin de lire le panneau et de guider la colonne jusqu'au prochain camping, à quinze milles. Après eux suivait la longue colonne de soldats et de chevaux enneigés, avec les chariots à bagages peinant à l'arrière. Derrière les chariots montait une troupe en guise de garde.

Les éclaireurs savaient où la piste du groupe de guerre hostile avait été croisée, mais la neige la cachait ainsi que tous les points de repère. Et la neige tombait toujours, jusqu'à ce qu'après la marche de quinze milles (qui dura toute la journée), la colonne entra au camp, le manteau blanc et froid avait dix-huit pouces d'épaisseur.

« Comment ça va, Joe ? C'est fini, n'est-ce pas ? invita le général, car lors d'une courte tournée d'inspection dans la grisaille du lendemain matin, il rencontra ce digne.

"Oui, le voyage se passe bien aujourd'hui, bonjour, général", répondit Joe prêt. "Et j'ai une toux chronique infarnale qui a failli me détruire depuis deux jours, et j'ai pensé que j'avais attrapé la morve, et ils feraient aussi bien tirer sur un gars pour le tuer que d'avoir ça." ça le dérange.

"Désolé, Joe", rit le général.

La marche se faisait vers le sud, en remontant la vallée de Wolf Creek. Les parcelles de saules et de bois regorgeaient de cerfs, d'élans et de buffles qui avaient été chassés là par la tempête. Les chiens de cerf du général Maida et Blucher s'amusaient à les poursuivre ; et la colonne a obtenu beaucoup de viande.

La marche quitta alors la vallée du Loup et traversa la vallée du Canadien, à une journée de marche vers le sud. Au-delà du Canadien s'étendait le pays de la rivière Washita, où, selon tout le monde, se trouvaient les villages d'hiver des Indiens hostiles. Les Cheyennes, les Kiowas, les Comanches, les Apaches, on les retrouverait peut-être là, confortablement campés jusqu'à l'appel du printemps.

C'était le troisième jour. Les Cheveux Jaunes et sa cavalerie se trouvaient à soixante milles dans le propre pays de l'Indien, là où la cavalerie blanche n'avait jamais été auparavant. Tout autour s'étendait le désert enneigé des plaines et des cours d'eau. Il était temps de retrouver des traces des Indiens. En reconnaissance le long du Canadien fut envoyé le vaillant major Joel Elliot, qui ne faisait jamais les choses à moitié. On lui donna trois soldats. Il devait voyager léger, sans chariots, mais avec cent cartouches de carabine par homme, des rations pour une journée et du fourrage pour chevaux. Si une piste indienne était découverte, il devait la poursuivre immédiatement et renvoyer un courrier avec la nouvelle. Avec des soldats et des éclaireurs rouges et blancs, le major Elliot chevauchait vers l'ouest, le long des rives enneigées du Canadien, du sol rouge duquel le vent avait soufflé la neige.

California Joe avait trouvé un gué et, visant la Washita, traversa les chevaux et les chariots à travers les glaces flottantes du courant rapide. Pour aider, les hommes doivent patauger jusqu'à la taille. C'était un travail froid et pénible, mais cela a été fait en trois heures.

Les hautes collines rondes d'Antelope Hills se profilaient devant nous. C'étaient les points de repère de la marche et Petit Castor, Hard Rope et leurs partisans les avaient frappés exactement. Sur l'autre pente de la vallée canadienne, les lourds chariots de l'armée à capot avançaient péniblement.

Le major Elliot était parti depuis trois heures ou plus.

Depuis une petite colline, le général surveillait et dirigeait, tandis que Ned était assis à côté de son cheval et que l'adjudant Moylan s'affairait ça et là. L'arrière-garde avait enfin traversé, en contrebas. C'est ce qu'ils attendaient.

«Très bien», dit brièvement le général à Ned. « Du son pour le cheval. » Et non! Attendez!" tonna-t-il. "Voici quelqu'un qui arrive."

Il montra du doigt et leva ses lunettes. Du nord, approchait au galop régulier une silhouette noire sur fond blanc.

«C'est Corbin», prononça le général en regardant sérieusement à travers son verre. Son visage bronzé rougit.

Oui, c'était Corbin, Jack Corbin l'éclaireur qui était un partenaire de California Joe. Il était évidemment porteur d'une nouvelle importante, car il poussait son cheval sans pitié. Il arriva, le visage glacial et son cheval haletant par ses larges narines givrées. Le général ne dit pas un mot de question ; rien n'était nécessaire, car Corbin parla immédiatement.

« Nous avons trouvé la piste, à environ douze milles au nord. Cent cinquante Indiens, pointant vers le sud-est, vers les Washita. Fabriqué dans les vingt-quatre heures.

"Bien!" s'écria le général. "Où est Elliot?"

"Follerin'."

"Pouvez-vous l'attraper, avec un cheval frais ?"

"Je pense que je peux."

« Amenez ce cheval là-bas », ordonna le général.

Corbin changeait de selle en un tournemain.

« Dites au major Elliot de pousser la poursuite aussi vite que possible, et je traverserai le pays pour le rejoindre. Si le sentier change de direction pour que je ne puisse pas le franchir, il doit me le faire savoir. Si je ne le rejoins pas ce soir à huit heures, il doit s'arrêter et m'attendre.

Sans un mot, Jack Corbin galopa.

« Sonnez l'appel des officiers, clairon », ordonna le général à Ned.

Les officiers étaient tellement occupés qu'apparemment aucun n'avait remarqué l'arrivée et le départ de Jack. Mais maintenant, au son du clairon, ils accoururent, curieux de connaître l'occasion. Le général leur raconta avec rapidité et acuité ce qui s'était passé.

"Maintenant, messieurs, c'est notre chance", a-t-il ajouté. « Nous ne devons pas le négliger, et nous ne devons pas laisser le major Elliot mener tous les combats. On va se lâcher. Les chariots seront laissés ici, sous la garde d'un officier et de dix hommes détachés par chaque compagnie. Les commandants de compagnie établiront leurs propres détails. L'officier de jour gardera la garde et amènera les chariots, suivant notre trace aussi vite que possible. La colonne qui les poursuit sera en ordre de marche léger. Peu importe la météo. Les Indiens sont plus importants. Les commandes seront limitées à cent cartouches de munitions pour l'homme, ainsi qu'au café, au pain dur, au fourrage et aux couvertures qu'il pourra emporter sur la selle. Tentes et couvertures supplémentaires à laisser avec les wagons. C'est tout, messieurs. Et le général regarda sa montre. « L'avance sera sonnée dans vingt minutes. Adjudant, vous informerez l'officier du jour des dispositions prises.

A la fois, une demi-douzaine de voix parlèrent, en petit chœur.

« C'est Hamilton ! Oh, nous devrions avoir Hamilton avec nous !

Le général sourit et secoua la tête.

"Le devoir de quelqu'un est avec le wagon-train."

Les officiers se dispersèrent, car le temps était effectivement compté, et le général n'acceptait jamais d'excuses pour son retard. Le jeune capitaine Hamilton, comme officier du jour chargé de l'arrière-garde qui venait de traverser, avait été absent de la conférence ; maintenant il arrivait au galop, interrompant le général qui s'était plongé dans les préparatifs. Le visage du capitaine était blanc et anxieux. Il salua.

«Je vous demande pardon, général», lâche-t-il. " Mais est-ce que je comprends que l'officier du jour reste avec le wagon-train ? "

"Oui capitaine."

« Mais, général ! Je suis l'officier du jour !

«Je n'y avais pas pensé à ce moment-là, Hamilton», répondit franchement le général. "J'ai simplement donné les instructions et j'ai bien peur qu'elles doivent être suivies."

"Général!" s'écria le capitaine. Il était très affligé. Ned savait pourquoi et appréciait. Rester sur place pendant que les autres se battaient serait horrible. « Alors je dois rester ? Je ne peux pas y aller, monsieur ?

« Il faut protéger le wagon-train », répondit le général, gentil mais ferme. « Nous aimerions vous avoir parmi nous, Hamilton. Nous avons besoin d'hommes comme vous. Mais le train a aussi besoin d'un officier ; et c'est la chance du soldat. Votre devoir est ici.

« Cela semble assez dur que je doive rester », murmura-t-il, consterné. "Il risque d'y avoir un gros combat et je ne serai pas là pour diriger mon escadron."

Le général l'examina avec des yeux adoucis. En vérité, le jeune capitaine, courageux et militaire, faisait mauvaise figure.

« Je vais vous le dire, Hamilton. Si... *si* vous pouvez trouver un officier qui, pour une raison ou une autre, est convaincu qu'il devrait rester plutôt que vous, il pourra prendre votre place. Sinon, en tant qu'officier du jour, votre devoir est avec le train.

Le visage du capitaine Hamilton s'éclaira.

« Merci, général ! Merci! Je vais aller voir. Et faisant tournoyer son cheval, il revint au galop, sur cet espoir désespéré. Ned était plutôt confiant dans sa réussite.

Bientôt, le voilà revenu. Il brillait assez en saluant.

« Lieutenant Mathey, monsieur ! Il est atteint de cécité des neiges, ce qui fait qu'il voit à peine, et il ne serait d'aucune utilité avec la colonne. Il a gentiment accepté d'échanger avec moi. Dois-je rejoindre mon escadron, monsieur ?

«Très bien, monsieur, approuva le général. Et le heureux capitaine Louis Hamilton, petit-fils d'Alexander Hamilton, s'est envolé pour son poste.

A l'heure précise, le général regarda sa montre. Il sauta en selle.

« Tout est prêt, Moylan », a-t-il appelé. Et, à Ned : « Sonnez l'avance. »

XV
« NOUS ATTAQUONS À LA LUMIÈRE DU JOUR »

Ce fut une très longue marche forcée. Large et blanc s'étendait le désert désolé au-delà du Canadien, et à travers les pieds de neige labourait la colonne avide. Pas une silhouette en mouvement ne brisait l'étendue blanche ; pas une seule silhouette en mouvement, à l'exception des figures de California Joe, Romeo, Little Beaver, Hard Rope et les autres éclaireurs, aussi loin en avant et de chaque côté qu'ils chevauchaient à la recherche de la piste Elliot. Comme le major, à la suite des Indiens, se dirigeait vers le sud-est, un cap vers le sud devrait retrouver ses traces, tôt ou tard.

Il s'est avéré que c'était tard ; car ce n'est que moins d'une heure après le coucher du soleil, et après une journée de marche sans arrêt pour manger ou boire, que la colonne vit Petit Castor s'arrêter net et, de la main levée, signaler une piste.

Tel fut le jour de Thanksgiving, le jeudi 26 novembre 1868.

Près des voies ferrées, le major Elliot était toujours sur la piste des Indiens en direction du village. Après avoir lu le panneau du poney, Petit Castor et ses Osages déclarèrent que les Indiens étaient passés en route ce matin même. Très soulagé, le général ordonna le trot ; et en avant pressa la colonne, pour dépasser le major. Le crépuscule descendit. Avant, on voyait les contours des bois, le long d'un ruisseau dans une petite vallée. Le général envoya en avant une escouade de soldats et d'éclaireurs pour attraper le major et lui dire de s'arrêter au bois et à l'eau et d'attendre.

"Dites-lui de ne pas camper, mais d'être prêt pour une marche de nuit lorsque je le rejoindrai", ajouta le général.

Quant à la colonne, on lui donna enfin une heure, pour se reposer, prendre le café et nourrir les chevaux.

Le zélé major Elliot était allé plus loin que quiconque ne l'aurait imaginé. Ce n'est qu'à neuf heures du soir, et après une autre dure chevauchée à travers la neige, les bois et l'obscurité, qu'il fut finalement retrouvé, attendant comme ordonné, près d'un ruisseau aux berges élevées.

« Encore une heure de repos », ordonna brièvement le général. « Ensuite, la lune se lèvera et nous pourrons emprunter la piste. Il ne doit y avoir aucun appel de clairon ou autre bruit. Le son porte loin, dans ce pays. Les hommes peuvent allumer du feu pour le café, de petits feux sous les bords des berges afin que les flammes ne se voient pas. Envoyez-moi les Osages. Je veux parler avec eux.

Les Osages étaient certains qu'il s'agissait d'un bras de la rivière Washita et que les Cheyennes, les Kiowas et tous avaient leur village non loin en aval. Le sentier semblait y aller droit. Mais par l'intermédiaire de l'interprète métis, Petit Castor insistait pour que les soldats restent ici cachés dans le bois jusqu'au jour, puis reprennent le sentier.

Le général Custer claqua des doigts avec impatience et rit.

« C'est la manière indienne de combattre », a-t-il déclaré sans tarder. « Ils détestent attaquer quiconque se cache dans l'obscurité ou dans des retranchements. Non, dis au Petit Castor que nous allons combattre à la manière des Blancs et que nous marcherons dans une heure, quand la lune se lèvera.

Cela ne parut pas satisfaire les Osages, qui murmuraient entre eux gutturalement. Evidemment, comme Pawnee Killer, bien que pour des raisons différentes, ils n'accordaient pas une grande estime aux compétences du chef blanc, qu'ils appelaient le chef aux longs cheveux jaunes.

L'heure passa ; la demi-lune s'est levée ; et un par un, le capitaine Hamilton, le colonel Cook, le capitaine Yates, le capitaine Smith, le major Bell et tous les autres commandants de compagnie rapportèrent à l'adjudant Moylan que leurs détachements étaient prêts pour la marche.

Aucun clairon n'a été sonné ; mais en colonne de quatre, les huit cents cavaliers chevauchaient en faible colonne le long du ruisseau, suivant la piste indienne si clairement visible dans la neige blanche.

Deux des Osages, Hard Rope et un guerrier, étaient en tête, trois cents mètres en avant. Ils étaient à pied, pour mieux lire les panneaux ; d'un pas long et silencieux, ils se faufilèrent rapidement sur la neige. Ils virent des scalps destinés à être retirés à leurs ennemis détestés, les Cheyennes et les Kiowas.

Après eux, en file indienne, les éclaireurs blancs et rouges, California Joe sur sa mule en tête. Son vieux mousquet Springfield gisait dans le creux de son bras gauche ; mais pour une fois, l'odeur de sa pipe ne revint pas. Les ordres interdisaient de fumer. À côté de la Californie, Joe chevauchait lui-même le général, pour être prêt à saisir le premier mot ou le premier signal. Juste derrière lui se trouvait Ned, l'infirmier trompettiste.

A un quart de mille, la colonne suivit prudemment. De temps en temps, un des officiers s'avançait au trot et murmurait au général en lui faisant des suggestions ou des questions ; mais même cela ne rompit pas le silence. La marche continuait toujours, comme pendant des heures et des heures.

Soudain, California Joe montra du doigt, de manière significative. Les deux Osages qui suivaient la piste s'étaient arrêtés ; sur un bref ordre du général Ned doit se retirer et dire à l'adjudant Moylan d'arrêter également la colonne.

Lorsqu'il revint au trot, le général était avec les deux Osages. L'un d'eux parlait un peu anglais.

"Quel est le problème?" demanda le général.

"Je ne sais pas", répondit l'Osage. "Mais je sens le feu."

L'adjudant Moylan, le colonel Myers (qui était un vieux homme des plaines) et le colonel Benteen arrivèrent ; ils reniflèrent tous fort, tout comme Ned ; mais aucun d'eux ne pouvait sentir la moindre trace de fumée.

« Humph ! » grogna le colonel Myers. « Il a peur ; c'est ce qui lui fait mal. Vous savez, ces Indiens ne sont pas favorables à cette marche et ils essaient de trouver une excuse pour s'arrêter.

"Je sens le feu", a insisté l'Osage; et son compagnon hocha violemment la tête.

"Est-ce que tu sens quelque chose, Joe?" demanda le général.

California Joe secoua lentement la tête, tandis qu'il inspirait à travers ses moustaches givrées rouge brique.

« Non, je ne le fais pas, général. Ni Corbin non plus. Et nous avons aussi des odorateurs de première classe, même si, pour plaisanter, en ce moment, ils sont gelés.

« Très bien », répondit le général. « Nous allons procéder. Dites aux remorques d'aller lentement et de garder le nez et les yeux ouverts.

Plus d'un demi-mille a été parcouru ; et encore une fois les Osages s'étaient arrêtés. Cette fois, ils triomphèrent et reçurent le général avec une dignité consciente. L'Osage anglophone a pointé devant, vers la gauche.

«Je vous l'avais bien dit», murmura-t-il.

Assez sur. Devant, à cent mètres du sentier, à l'orée du bois, brillait la faible lueur d'un feu de camp presque éteint. Ce n'était qu'une poignée de braises, et Ned ne pouvait toujours pas la sentir ; mais c'était là. Vraiment, ces Osages avaient un bon nez.

Même si, à travers les nuages à la dérive de l'hiver, la lune brillait avec éclat sur la longue colonne qui attendait dans la neige, le feu ne faisait aucun mouvement. Les Indiens qui avaient allumé le feu devaient dormir.

"Joe, toi et Petit Castor, emmenez quelques-uns de vos hommes et explorez ce camp", murmura le général. Un tremblement dans sa voix témoignait de son enthousiasme. « Découvrez tout ce que vous pouvez. Nous attendrons ici.

Vers la neige se balançaient California Joe, Jack Corbin, Little Beaver et tous les Osages. Avec le clic de la serrure du fusil, ils s'avancèrent furtivement, en circuit pour pénétrer dans le bois au-dessus du feu et ainsi l'espionner. Bientôt, ils disparurent. Assis tendus, chaque officier et chaque soldat, scrutant, désireux de répondre à toute volée vicieuse qui viderait sûrement les selles. Car la colonne était une bonne note.

La dure et froide marche de trois jours était-elle un échec ? Les Indiens étaient-ils déjà en alerte ? Voir! Maintenant, se penchant bas, du bord du bois sortit un Osage. California Joe le suivait de près. L'un après l'autre, les éclaireurs sortirent tous, s'approchant du feu. Ils y arrivèrent, ils se redressèrent : rien ne se passait apparemment, et un grand soupir de soulagement parcourut la colonne tendue où les compagnies siégeaient à intervalles réguliers.

Après avoir fouillé et examiné astucieusement, les éclaireurs revinrent. » a rapporté California Joe.

« Il n'y a pas de feu de camp ordinaire », dit-il. « Le groupe que nous suivons n'est jamais arrivé, d'après les Osages. C'est l'œuvre des bergers indiens ; les garçons, comme d'habitude, pour les réchauffer pendant qu'ils surveillaient les poneys. Le village devrait être à moins de deux ou trois milles au maximum.

C'était une bonne nouvelle. Le général donna le mot d'avancer de nouveau, mais plus prudemment que jamais. Et prenant Ned comme infirmier, avec son impulsivité habituelle, il s'avança en accompagnant les deux guides Osage qui avaient si bien réussi.

Le sentier avait quitté le ruisseau pour franchir un grand virage. Les guides se tenaient juste en tête du cheval du général. Chaque fois qu'ils arrivaient à une hauteur, on s'avançait en rampant et on regardait par-dessus. Voyant que la voie était libre, il faisait signe aux autres de venir. C'était là un travail à couper le souffle, et le cœur de Ned battait à tel point qu'il craignait qu'on lui ordonne de rester où il était. Maintenant, depuis la crête d'une longue ligne de broussailles, l'Osage, en reconnaissance, avait mis la main sur son front, scrutant par dessous. Il s'accroupit plus bas et revint précipitamment. Quelque chose avait été aperçu.

"Qu'est-ce que c'est?" demanda vivement le général.

« Des tas d'Indiens là-bas », grogna gutturalement l'Osage, au niveau des rabats de la selle. Et il montra du doigt devant lui.

Le général descendit de son cheval ; il fit signe à Ned, et laissant leurs montures en charge de l'autre Osage, avec le premier ils volèrent également en avant.

"Lâchez ce sabre", murmura sévèrement le général à Ned. Ned déboucla sa ceinture et la laissa tomber, le fourreau traînant. Il faisait trop de bruit.

Au clair de lune, regardant par-dessus le sommet de la crête, ils scrutèrent la vallée auparavant. À environ un demi-mille plus loin, sur la neige qui bordait les bois bordant le ruisseau glacé, se trouvait une grande masse noirâtre, semblable à une grande masse d'animaux.

"Buffle!" hasarda le général après avoir longuement et sérieusement regardé.

L'Osage ne dit pas un mot.

« Pourquoi pensez-vous que les Indiens ? » murmura le général. "Peut-être un buffle."

L'Osage secoua sa tête emplumée.

"Non. J'ai entendu un chien aboyer », affirma-t-il doucement.

Encore une fois, ils ont écouté. L'air glacial était très calme. Le cœur de Ned battait à tout rompre ; il souhaitait ne pas avoir besoin de respirer. Puis, clair, à travers la nuit, retentit l'aboiement jappeur d'un chien, provenant du bois près de la masse noire.

«C'est vrai», murmura le général. "Attendez! N'est-ce pas une cloche, une cloche de poney ? Oui. Ce sont des poneys. Les buffles n'ont pas l'habitude de porter des cloches dans ce pays.

Il se tourna vivement et fit un pas pour porter la nouvelle à la colonne. Mais il s'est arrêté net. La cloche s'était arrêtée, aucun chien n'aboyait, mais le cri aigu et plaintif d'un bébé jaillissait du désert solitaire. Ned sursauta ; ça ressemblait tellement à la maison et au coin du feu. Bien sûr, les Indiens ont eu leurs bébés.

«C'est dur», marmonna le général. "Ces Indiens n'ont pas épargné nos femmes et nos enfants, mais j'aurais aimé que ce village n'abrite que des hommes."

Avec Ned, il retourna en toute hâte vers les éclaireurs pendant que les deux Osages surveillaient le village endormi.

"Mes compliments à l'adjudant et dites-lui que tous les officiers me rejoignent ici", ordonna-t-il à Ned. Et Ned a porté le message.

Bientôt le mot fut passé, et de toute la colonne remplie de rumeurs, les officiers se rassemblèrent aussitôt en cercle autour de leur colonel.

« Le village est en avant, à environ trois quarts de mille, messieurs », dit prudemment le général. « Enlevez vos sabres et avancez avec moi, aussi doucement que possible, et du haut de cette colline là-bas où se trouvent les deux Osages, je vous montrerai la configuration du terrain. »

C'est ce qu'ils ont fait, avec plaisir. Depuis la montée, ils reconnurent, en un nœud prudent. Le troupeau de poneys était aussi simple qu'avant ; il régnait toujours sur la nuit solitaire ; quelque part là-bas, le village indien dormait. Ils pensaient pouvoir retracer une collection de tipis.

Après avoir montré du doigt et expliqué, et reçu des signes de compréhension, le général se retira tranquillement. Tous ont suivi.

Il fallait maintenant tenir un conseil de guerre là où les sabres avaient été laissés. California Joe écoutait avec approbation ; Little Beaver et Hard Rope anxieusement, essayant de comprendre le plan du chef blanc. Les Osages avaient desserré leurs robes de buffle, comme s'ils se préparaient à une action instantanée. Mais ce n'était pas le plan.

L'attaque devait avoir lieu à l'aube, dès qu'il y aurait assez de lumière pour viser. Le village devait d'abord être encerclé et chargé de quatre côtés.

Il était maintenant plus de minuit ; la lune flottait haut. Aussitôt partis, à couvert de la crête, avec les troupes G, H et M, environ 200 hommes, le major Joel Elliot, sur un large circuit pour prendre position d'où il pourrait charger le village d'en bas ; partit dans l'autre direction, avec les troupes B et F, le colonel William Thompson, pour prendre une position similaire au-dessus.

« L'attaque sera lancée promptement, au point du jour, messieurs », furent les dernières instructions du général. "Le groupe jouera Garryowen, et dès la première note, vous chargerez, quelle que soit la position dans laquelle vous vous trouvez."

Le vétéran colonel Myers et sa colonne du « centre droit » pourraient rester, jusqu'à ce qu'il soit temps de prendre également leurs postes, pas si loin, à droite.

La quatrième colonne ou colonne « centrale » était commandée par le général lui-même ; mais des quatre compagnies A, C, D et K, le capitaine Hamilton commandait l'un des escadrons, le colonel West l'autre. Et il y avait les tireurs d'élite du lieutenant (colonel) « Queen's Own » Cook.

Ah, mais il faisait froid ici, derrière la crête. Il était deux heures, et quatre heures devaient s'écouler avant le jour. Personne ne pouvait faire de feu, et les ordres interdisaient de taper du pied ou de marcher de long en large, car un tel craquement de la neige pourrait alarmer le village.

Les hommes, blottis dans leurs pardessus, se tenaient debout ou accroupis, chacun se tenant aux lignes de son cheval. Les officiers se rassemblaient en petits groupes et, assis ou debout, parlaient à voix basse.

Le groupe du général était le plus nombreux : l'adjudant Moylan, le lieutenant Tom Custer, le capitaine Hamilton, le colonel West et d'autres.

« La journée de Thanksgiving a été longue et un jeûne plutôt qu'un festin », a déclaré le Colonel West.

"Oh, nous ferons notre fête plus tard", dit le lieutenant Tom. « Vous connaissez le verset :

« Pour l'or, le marchand laboure la principale,
le fermier laboure le manoir ;
Mais la gloire est le prix du soldat,
la richesse du soldat est l'honneur.

« Et ça, Hamilton ? Es-tu content d'être venu ? » demanda le lieutenant Moylan.

"À la perfection. La seule personne pour laquelle je suis désolé est le pauvre Mathey.

"Il risque de rater un bon combat passionnant."

« Et dans lequel certains d'entre nous risquent d'être blessés. Ces Indiens se battront comme des démons pour défendre leurs familles et leurs biens.

« Eh bien, quant à moi, messieurs, vous savez ce que je ressens », parla sincèrement le jeune capitaine Hamilton. « Je veux la mort du soldat. Quand mon heure viendra, j'espère que je recevrai une balle dans le cœur, au combat.

Au vu de tous les bavardages, parmi les hommes comme parmi les officiers, la bataille qui approche doit être considérée comme un problème sérieux. Personne ne pouvait dire combien d'Indiens étaient hébergés en contrebas, sur leur propre terrain, avec beaucoup de munitions, de nourriture et de couverture ; et aucun combattant plus dur n'a pu être trouvé que les Cheyennes et les Kiowas.

Les Osages, dans leurs peintures de guerre rouges, blanches, noires et jaunes, étaient assis sous des couvertures et des robes, en cercle, murmurant gravement comme s'ils doutaient eux aussi des capacités du chef blanc. L'un d'eux n'était pas en peinture de guerre. Sa peinture était entièrement noire, pour le deuil. L'interprète expliqua que ce guerrier avait perdu sa squaw, au profit des Cheyennes, et qu'il ne pouvait laver son deuil avant d'avoir pris un scalp de Cheyenne.

Ned pensait beaucoup au village. Il contiendrait probablement des captifs blancs. Parmi eux se trouve peut-être la petite Mary. Il résolut de garder les yeux ouverts pour détecter toute trace de quelqu'un qui ressemblerait à ce qu'elle pourrait ressembler.

XVI
« GARRYOWEN » ET « CHARGE ! »

Pendant que traînaient les heures froides, quelques officiers jetaient sur leur tête les capes de leurs capotes de cavalerie et s'étendaient sur la neige pour dormir. Le général, ayant terminé son inspection, fit de même. Mais les Osages ne dormaient pas ; Les hommes du rang, désormais rassemblés en groupes plus rapprochés à la tête de leurs chevaux, ne se gardaient pas non plus au chaud. Les chiens de cerf, Maida et Blucher, frissonnaient, gémissaient et se roulaient en boule.

Au-delà, sur la crête de la crête, un Osage et deux des officiers surveillaient attentivement le village inconscient en contrebas.

Ned somnolait ; quand il se réveilla, raide et frissonnant, la lune était couchée, tout était dans l'obscurité totale, sauf que loin à l'est, juste une teinte grise signalait l'approche de l'aube.

Quelqu'un près de Ned remua et craqua une allumette. C'était le général qui regardait sa montre. La lumière vacillante révélait son visage anxieux et sa moustache bordée de givre. Il se leva et, se penchant sur une autre forme endormie, il dit d'une voix basse et sérieuse : « Moylan ! Moylan ! »

"Oui Monsieur." Et l'adjudant se redressa aussi pour bâiller et se relever d'un bond.

« Il est temps que nous nous formions. Réveillez les officiers, continua le général. "C'est toi, trompettiste ?"

"Oui, monsieur", répondit Ned.

« Vous pouvez nous aider. Lorsque vous viendrez voir le colonel Myers, l'un ou l'autre de vous, faites-lui mes compliments et dites-lui de retirer immédiatement son commandement et de prendre position.

"Oui Monsieur."

De nombreux officiers étaient déjà réveillés, attendant, regardant, écoutant. Tout autour se dressaient des silhouettes sombres et des voix prudentes parlaient à voix basse. Un léger tintement retentit tandis que les chevaux s'agitaient au mouvement de leurs gardiens.

Bientôt, dans l'obscurité, la colonne du colonel Myers défila pour prendre position plus loin sur la droite.

Les cavaliers de la colonne centrale n'étaient pas encore montés ; les compagnies en colonne de quatre attendaient le moment où la lumière venant de l'est serait plus forte.

Ned, à côté de son cheval, frémit de froid et d'excitation mêlée. Tout avant était sinistre et silencieux ; la crête, enneigée et tachée de broussailles, s'étendait contre la ligne d'horizon au sud ; au-delà de la crête se trouvait le village destiné. Pas même un chien n'a aboyé.

Soudain, un murmure parcourut les colonnes de quatre. Dans le ciel noir et velours au-dessus de la crête s'élevait lentement et majestueusement un signal de feu, d'une lueur jaune. Instantanément, dans l'esprit de Ned surgit l'idée que le village était alarmé, que le major Elliot ou le colonel Thompson avaient été détectés, et c'était une flèche enflammée pour répandre la nouvelle dans la vallée. Viennent ensuite les salves, les cris et les hurlements.

"Une fusée! Une fusée-signal ! » éjacula quelqu'un.

« Combien de temps le feu pend ! Pourquoi n'éclate-t-il pas ? se demanda l'adjudant Moylan, impatient.

De plus en plus haut, et toujours plus haut, majestueux, il flottait plus haut, passant du jaune au rouge, et du rouge au bleu, et du bleu au citron. Les colonnes regardaient, essoufflées, les yeux et les oreilles fixés sur la courbe descendante ou l'explosion. Le général parla, d'un ton joyeux.

"C'est une étoile."

"Oh!" soupirèrent l'officier et les hommes, détendus, en passant le mot.

C'était une étoile, qui brillait maintenant en blanc sur le blanc et le noir ; une étoile du matin belle au-delà de toute description, dans cet air pur et immobile. Cela ressemblait à un présage de paix, mais cela présageait une scène de guerre.

La lumière à l'est s'était élargie. De bouche en bouche, l'ordre d'avancer fut donné ; sans son de clairon, les colonnes montèrent et maintenant, avec le craquement de la neige, elles commencèrent à gravir la crête. De la crête descendaient l'Osage et les deux officiers. Le village dormait toujours, sans méfiance.

La crête a été atteinte. Tous les yeux cherchaient le village en contrebas. Ses tipis pointus pourraient être décrits, aussi épais que de jeunes cèdres, des deux côtés du ruisseau sinueux. Le troupeau de poneys était agité, à l'approche du jour qui suivait la longue et mordante nuit.

Ici, sur la crête, fut rapidement formée la ligne de bataille pour la charge. À droite et à gauche, les soldats se mettaient en ligne pour former le front de l'escadron ; la droite tenue par le colonel West, la gauche par le capitaine Hamilton et les tireurs d'élite Cook qui devaient combattre à pied.

« Les officiers et les hommes enlèveront leurs pardessus et les hommes leurs musettes, pour être laissés ici sous la garde d'un homme de chaque compagnie », ordonna laconiquement le général. « Nous devons être libres dans nos actions. Aucun coup de feu ne doit être tiré avant que la charge ne soit entendue. Gardez ces chiens ici aussi.

Ainsi les pardessus et les musettes furent abandonnés ; et, déshabillées, la colonne attendait de nouveau, respirant fort.

« Pour… r… mars ! » Le commandement bas s'est répandu le long de la longue ligne ; et plus par la vue que par l'audition de la ligne obéie. De la crête, il commença à descendre ; et si tout allait bien, depuis trois autres points, trois autres lignes se rapprochaient tout aussi prudemment du village condamné.

Le général menait, au centre, avec l'adjudant Moylan à ses côtés, Ned derrière. A quelques pas en arrière de la droite du général se trouvait le colonel West, commandant l'escadron de droite. Le capitaine Hamilton était à gauche.

"Maintenant, les hommes, restez calmes, attendez l'ordre, tirez doucement et pas trop rapidement", l'entendit Ned l'avertir, d'un ton clair et calme.

Le sergent-major Kennedy, de l'état-major, était un autre homme devant la ligne. Ned l'a aperçu sur la droite.

Juste avant le centre de la ligne, l'orchestre marchait en formation serrée — chacun avec son instrument en équilibre, le cornet du musicien en chef à ses lèvres, prêt à faire irruption dans « Garryowen » au premier signal d'attaque.

Le pied de la colline était atteint ; le troupeau de poneys regardait fixement et se bousculait avec inquiétude, sentant, entendant et voyant. Avec le crépitement de la neige, ils s'écartèrent — et tandis que le crépitement de la cavalerie se mêlait au crépitement de leurs poneys, le village continua de dormir, ne se doutant de rien.

Désormais, le bois à venir était le but ; car dans le bois se trouvait la principale collection des loges. Quelques-uns, en haut et en bas, avaient été installés de ce côté du ruisseau ; mais la majorité se trouvait de l'autre côté, là où la banque était basse et de niveau.

Du troupeau de poneys à la lisière des bois, il y avait plus loin que prévu ; tandis qu'avec des crépitements et de légers tintements de sabre et de morsure, la ligne avançait au rythme d'une marche avide, chaque homme scrutant, égayait trop vite le paysage. Les tipis brillaient de blanc ; du sommet d'une fine fumée enroulée ; très bientôt le village s'éveillerait à la routine d'un autre jour. Comme ils dormaient dur, guerriers, squaws, enfants et même chiens !

"Encore un village déserté!" murmura le général à l'adjudant Moylan.

L'adjudant hocha la tête. Le général jeta un coup d'œil le long de sa ligne, à droite et à gauche ; il se redressa davantage sur la selle, sa main droite tomba sur la crosse de son revolver, dépassant de son étui ; le moment était évidemment venu, et dans quelques instants on saurait s'il s'agissait bien d'un autre village abandonné. Ned porta son clairon à ses lèvres pour la « Charge » ; mais alors même qu'il respirait, prêt, un coup de fusil retentit de l'autre côté du village, vif et vif ! L'alarme!

Quel changement a éclaté dans la vallée endormie ! Tourna en selle le général ; avec un mot, sa voix poussa le groupe à l'action.

«Garryowen! Donnez-le-leur !

Il n'y avait plus besoin de se cacher. Plutôt l'inverse. Brisant l'air glacial, rose à l'approche de l'aube, le groupe courageux poussa un cri retentissant. Les hommes applaudirent sauvagement ; de retour des collines au-delà du village destiné, se précipita comme un écho d'autres acclamations.

« Trot… marche ! »

La ligne des escadrons, irrégulière à mesure qu'ils s'élançaient à travers les broussailles, se mit au trot. Les sabres tintaient, les selles grinçaient ; les carabines étaient à « l'Avance », crosse sur la cuisse, museau relevé ; et les tireurs d'élite doivent courir.

Les arbres étaient proches auparavant. Les tipis étaient simples. Des silhouettes sombres se précipitaient parmi eux. Les chiens aboyaient furieusement. De l'autre côté du village, une volée de carabines retentit et se propagea en un fracas constant.

Le général se tenait sur ses étriers ; il fit tournoyer Dandy et releva sa casquette au-dessus de ses cheveux jaunes. Au-dessus des clameurs de la fanfare et des acclamations, sa voix s'éleva exultante.

"Charge!"

C'était suffisant. Ned colla ses lèvres à ce vieux clairon et, de ses joues gonflées, enfonça son âme dans les notes sauvages et émouvantes de « Charge ». A droite et à gauche, les clairons de la compagnie répondaient. Les chevaux s'élancèrent en avant, n'attendant aucun éperon.

Ned était conscient que la fanfare avait reculé pendant un intervalle de l'escadron derrière ; ils coururent devant ; mais il a continué à jouer.

Nos cœurs si vaillants nous ont valu la renommée,
Car on saura bientôt d'où nous venons ;
Où que nous allions, ils redoutent le nom
de Garryowen dans la gloire.

Les hommes acclamèrent plus sauvagement. Le sergent-major Kennedy (excellent soldat) était presque à égalité avec le général et l'adjudant. Ils montaient avec des revolvers en l'air, pour être descendus au niveau mortel. Ned soufflait encore et encore sur la « Charge » : le clairon dans sa main gauche, mais son revolver dans sa droite.

Maintenant, ils frappèrent les premiers arbres, bordant le ruisseau et abritant de ce côté les tipis. Des tipis surgissaient des hommes et des femmes – les hommes à moitié nus, les armes à la main, les femmes se précipitant avec leurs enfants effrayés. Ils aperçurent la ligne bleue galopante et firent un écart pour s'abriter sous un arbre et un ruisseau. Les fusils indiens frappaient de manière venimeuse la face même des chevaux. Ned crut voir, du coin de l'œil, le capitaine Hamilton tanguer de côté depuis sa selle. Mais le revolver Custer et les revolvers de ses compagnons jetaient de la fumée, et avec un rugissement les carabines des soldats couvraient tous les bruits, presque toutes les pensées, sauf celle du combat.

Les Indiens furent repoussés : les guerriers esquivaient, les femmes et les enfants fuyaient. Chassés de leurs huttes blanches, de nombreux guerriers se tenaient jusqu'à la taille dans le ruisseau gelé ; d'autres combattaient à couvert de la haute rive ; d'autres des arbres et des broussailles. C'était un travail chaud et rapide. Même les squaws utilisaient un fusil et un arc. Certains tombèrent, comme les guerriers, abattus au cours d'une défense acharnée. Cela ne pouvait être évité. Ned a tiré à droite et à gauche, mais il ne savait pas s'il avait touché quelqu'un.

La file était maintenant bien avancée dans la première rangée de tipis et près du ruisseau. De l'autre côté, la bataille faisait rage ; et dans le courant plongea l'escadron imprudent, sa ligne désorganisée mais toujours résistante. Parmi les tipis d'en face se dressait un seul tipi noir, qui devait être le tipi du chef, le vieux Black Kettle. Mais le vieux Black Kettle gisait complètement, abattu par le Koom-la-Manche qui roulait rapidement.

La bataille s'était transformée en un combat à volonté, en une fusillade rapide parmi les tipis et les arbres, pour les nettoyer. Le village fut rapidement nettoyé, mais la lutte ne faisait que commencer. Dans le village se trouvaient désormais les troupes ; les Indiens étaient dehors ; leurs cris et leurs tirs devenaient de plus en plus furieux. Les éclaireurs Osage se précipitèrent ici et là, répondant à cri par cri. Le visage du petit Castor était convulsé comme celui d'un démon. L'ayant aperçu, Ned faillit lui tirer dessus, mais retint sa main juste à temps. Dans la mêlée, il était difficile de distinguer un ami d'un ennemi.

Poussés par le cordon de soldats, les Cheyennes toujours piégés se précipitèrent désespérément pour se mettre à l'abri. Soudain, les yeux de Ned, errant rapidement parmi les tipis, furent arrêtés net par un nouveau spectacle : une petite fille blanche qui courait ! Une petite fille blanche, en peau de daim frangée et en mocassins ; mais pourtant une petite fille blanche, ses longs cheveux clairs flottant sur ses épaules. Avec un cri surpris de « Regarde ! » et d'un coup d'éperon, Ned se précipita vers elle.

"Marie!" il a appelé. "Marie! Me voici! Marie!"

Mais comment sa voix pouvait-elle être entendue, au milieu du brouhaha des coups de feu, des acclamations et des cris !

Le combat se faisait chacun pour soi et tous ensemble pour empêcher les Indiens de se séparer. Le bosquet était un véritable chaos. Ned s'était précipité seul. Il dépassa le premier des tipis sur son passage ; et voilà que Marie arriva, voletant courageusement, esquivant durement ; derrière lui, la main encore tendue, le visage renfrogné méchamment, se trouvait un grand guerrier indien. Nez coupé ? Peut être. Qui il était n'avait pas d'importance.

Ned cria à nouveau et poussa Buckie. Il se pencha et poussa son revolver en avant pour appuyer sur la détente. <u>Le gros Indien était une bonne cible</u>, à courte portée ; mais bien sûr, <u>la balle ne doit pas toucher Mary</u>. Maintenant, elle avait trébuché sur un piquet de tente et était à terre. Mais Buckie était presque sur elle ; l'Indien aussi. Il tenait à la main un arc tendu et une flèche tandis qu'il courait ; il avait l'esprit vif, car au signe que Ned sur Buckie contestait sa prétention, sa flèche fut instantanément dans son œil, la corde de l'arc tendue en arc de cercle et la pointe de fer pointée vers la poitrine de Ned.

LE GRAND INDIEN ÉTAIT UNE MARQUE JUSTE, MAIS LA BALLE NE DOIT PAS FRAPPER MARY

Ned eut à peine le temps de contrôler Buckie, de se jeter sur le côté et d'appuyer sur la gâchette. Il était conscient que le tintement de l'arc et l'aboiement de son Colt résonnaient ensemble. Puis un coup terrible au visage l'aveugla de rouge étoilé et le fit tomber, vertigineux. Ses pieds glissèrent des étriers et il atterrit en tas.

Il ne doit pas y rester. Sa tête était engourdie par le choc, mais son esprit travaillait frénétiquement. Qu'arrivait-il à Marie ? Que lui arriverait-il ? La grande peur du couteau à scalper et des déchirures causées par des mains cruelles le piquait plus que la douleur qui augmentait maintenant. Il se tortilla à genoux, le revolver armé, et s'efforça de voir. Devant son œil unique, les tipis nageaient vaguement. Était-il seul ici ? Où étaient les autres soldats ? Était-ce un point lumineux, Mary ? Est-ce que Cut Nose arrivait ? Ou bien le grand Indien gisait-il blotti sur la neige piétinée au pied du tipi de droite, ses doigts tendus touchant la petite fille dont le visage était caché dans ses bras !

Fast Ned a rampé, le revolver prêt. Le grand Indien ne bougeait pas ; dans une main, son arc était brisé ; sous lui la neige rougissait. Ned a mis de côté sa prudence de bête sauvage.

"Marie!" il a appelé. "Se lever. Rapide."

Elle leva la tête et regarda, surprise, les yeux bleus écarquillés.

"Qui es-tu?" elle trébucha.

« Je m'appelle Ned. Je suis frère Ned. Je te sauverai."

"Oh, Ned!" cria-t-elle en se précipitant vers lui. "Tu es blessé! Vous avez une flèche plantée en plein dans votre tête.

Ned leva la main, pressé de ressentir. Ses doigts rencontrèrent l'extrémité plumeuse d'une flèche qui dépassait de son visage. Une douleur atroce lui parcourut la tête et le dos ; et effrayé, il s'évanouit.

XVII
APRÈS LA BATAILLE

Ned n'est pas resté inconscient longtemps. Il était à moitié conscient. Il entendit vaguement la voix suppliante de la petite Mary, il sentit ses caresses, il sentit que les coups, les cris et les huées continuaient, il sentit la douleur lancinante de sa blessure, il se sentit soulevé et porté, relâché et déposé à nouveau. ; et il ressentit une agonie plus aiguë et plus nauséabonde lorsque les doigts manipulèrent la flèche, tandis qu'une voix gentille l'apaisa. Ce doit être le chirurgien, le Dr Lippincott.

Il ferma fermement les lèvres, même pour ne pas gémir. C'était le rôle du soldat de supporter la douleur ; et s'il n'était qu'un garçon, il était aussi un soldat. Un « coup » retentit sur la flèche, et pendant un instant, le choc fut presque trop fort pour être supporté. Ensuite, la tige a été doucement mais fermement glissée hors du trou. Le chirurgien avait coupé la tête et avait tiré la flèche vers l'arrière, car la pointe était évidemment barbelée.

« Tout ira bien, mon garçon, » dit le chirurgien. « Ce n'est qu'une blessure corporelle. Il a suivi à l'extérieur du crâne. Bien!"

Toucher doux appliqué un bandage.

« Tu ne vois pas, Ned ? S'il te plait regarde!" implora la petite Marie.

Ned se ressaisit et ouvrit son œil unique. Il était soutenu sur un tas de robes de buffle. Mary essayait de le serrer dans ses bras. Il serra Marie dans ses bras. Ils se trouvaient dans un espace ouvert au milieu des tipis, là où avait été installé l'hôpital de campagne. Autour d'eux se trouvaient d'autres soldats blessés. Le colonel Barnitz gisait à côté, pâle comme mort. Le docteur Lippincott et ses assistants s'affairaient ici et là.

Le bruit du fusil et de la carabine, les ordres rapides, les cris de défi annonçaient une bataille désespérée. Les airs de « Garryowen » semblaient sauvages et inspirants, tandis que le groupe, posté sur une petite colline près du village, jouait encore et encore. Mais plus haut, plus perçant, pénétrant toute la clameur, semblable au hurlement des loups, s'élevait un chant incessant, le gémissement des squaws affligées.

L'accusation avait été couronnée de succès. Les troupes avaient le village. Désormais, les collines environnantes regorgeaient d'Indiens ; les soldats étaient au centre ; et il n'était pas encore midi.

La nouvelle arriva rapidement, apportée par les blessés, ou dérivée au hasard des combattants pressés. Le capitaine Hamilton avait été tué, touché au cœur au combat, exactement comme il l'avait souhaité comme fin de soldat. Le colonel Bluff Alfred Barnitz a été désespérément blessé par une balle dans le corps. Le lieutenant- colonel Tom Custer avait été blessé, ainsi que le lieutenant March. Depuis la première attaque, on n'avait rien vu du major Elliot ni du sergent-major Kennedy. Black Kettle et le chef Little Rock ont été tués. Le major Benteen avait rencontré le jeune fils de Black Kettle, âgé de moins de quatorze ans, et après avoir reçu des tirs répétés de sa part et avoir fait tirer son cheval sous lui, il avait été obligé de riposter et de tuer le vaillant jeune guerrier. Les squaws et les enfants s'étaient battus méchamment, aidant les guerriers. Une squaw, fuyant avec un petit garçon blanc captif, l'avait poignardé plutôt que de le livrer. Elle avait été abattue sur-le-champ ; mais trop tard. Roméo, l'interprète, avait rassemblé les squaws captives dans un grand tipi, et California Joe avait gardé neuf cents poneys. C'était le village Cheyenne, avec quelques tipis Arapaho et Sioux. Mais une des squaws avait informé le général (qui était indemne) qu'au-dessous du village de Cheyenne s'étendaient sur dix milles les villages des Kiowas et des Comanches, d'autres Cheyennes, des Arapahos et quelques Apaches. Réveillés par les coureurs et par le bruit du conflit, ces guerriers se rassemblaient par centaines à l'attaque et au secours.

Le capitaine Smith arriva en toute hâte ; par les mouvements de sa main, il comptait les tipis ; et il était pressé parce que de temps en temps une squaw en colère lui tirait dessus.

« Cinquante et un », appela-t-il à un infirmier.

Le général Custer lui-même apparut, rouge et énergique, sur Dandy éclaboussé d'écume, de boue et d'eau gelées.

«Bonjour», cria-t-il à la vue de Ned. "Blesser?"

"Oui, monsieur", et Ned essaya de saluer.

"Balle?"

"Non monsieur. Flèche."

«Ça ne lui est pas passé par la tête», dit courageusement la petite Mary. "C'est juste resté là."

«J'ai retrouvé ma sœur, monsieur», informa Ned, impatient de le lui faire savoir.

"Bien!" Et le général très occupé se tourna vers d'autres sujets. Son regard d'aigle mesurait l'hôpital. « Vous devez vous préparer à partir d'ici, docteur », dit-il. "Nous ne resterons pas."

"Très bien, général."

Et les Cheveux Jaunes s'enfuirent.

De plus en plus d'Indiens se rassemblaient sur les crêtes autour du village. On pouvait voir les coiffures des guerriers. On apprit que les pardessus et les musettes laissés par la colonne centrale lors de son avancée avaient été capturés et que la garde était obligée de fuir de toutes ses forces pour s'échapper. Blucher, le cerf, avait couru parmi les Indiens, croyant qu'ils criaient pour la chasse ; et maintenant il se raidit là-haut, avec une flèche le transperçant. Maida n'avait pas été blessée.

C'était une mauvaise chose de perdre les pardessus et les musettes de rations – même si, bien sûr, ici, dans le village, il y avait beaucoup de fourrures et de nourriture. Mais qu'en est-il du train de ravitaillement que le lieutenant Mathey emmenait ? Depuis les collines, les Indiens l'apercevraient bientôt, et tandis qu'un millier d'entre eux combattraient la cavalerie, un millier d'autres attaqueraient les quatre-vingts hommes gardant les chariots.

Les guerriers qui entouraient le village ne semblaient pas prêts à le prendre d'assaut et à le reprendre ; tandis qu'un cercle de cavaliers démontés les tenait à distance, des escouades de campagne cherchaient dans les tipis les morts et les blessés des deux côtés.

Une accalmie s'était produite dans les combats. Désormais, 200 soldats étaient mis à l'œuvre, accumulant le butin des tipis et les démolissant pour les brûler. Le général Custer, bien en vue, sur Dandy agité, donnant des ordres rapides à droite et à gauche à ses aides, reçut le rapport des résultats de la bataille.

Il y avait 875 poneys et mulets ; 241 selles, certaines (comme on peut le voir dans la pile rassemblée) très finement décorées ; 573 robes de buffle habillées, certaines d'entre elles, également, très fines ; 390 peaux de lodge ; 160 robes brutes, non tannées ; trente-cinq arcs, trente-cinq revolvers, quarante-sept fusils, 360 haches et hachettes, douze boucliers, soixante-quinze lances, quatre-vingt-dix moules à balles, trente-cinq livres de poudre, 1050 livres de plomb, 300 livres de balles, 4000 des flèches et des pointes de flèches, 470 couvertures gouvernementales, quatre-vingt-treize manteaux, 775 lariats en peau ou cordes de piquet, 940 sacoches en peau, 700 livres de tabac, des mocassins, de la viande séchée et de la farine, etc.

Cent trois Indiens avaient été tués, dont seize chefs ; trois squaws, un garçon et deux filles avaient été blessés ; cinquante-trois étaient prisonniers. Le capitaine Hamilton avait été tué, ainsi que trois autres soldats ; Colonel Barnitz, colonel Tom Custer, lieutenant March et onze hommes blessés ; Le major Elliot, le sergent-major Kennedy et quatorze hommes étaient toujours portés disparus. La rumeur disait qu'ils avaient poursuivi des Indiens qui s'enfuyaient en aval du cours d'eau.

Après avoir choisi quelques objets à conserver, les tas de loges et d'affaires ont été incendiés. A la vue des flammes, les Indiens des collines poussèrent un grand cri de rage, et ils descendirent, groupe après groupe, chargeant les lignes de cavalerie. Le général ordonna à ses escadrons montés de riposter. Dépassés, les Indiens furent contraints d'ouvrir la voie là où les menaient les guides. Ainsi, un répit fut à nouveau donné.

Toute la colonne était mise en formation de marche. L'hôpital était détruit, quand maintenant, à l'arrière de la colonne, des volées aiguës retentirent et des tirs nourris continuèrent.

Une attaque? Ou était-ce le major Elliot et ses hommes qui se frayaient un chemin pour rejoindre leurs camarades ? Ou était-ce le train de ravitaillement, en péril ? Non. Rapidement, on fit savoir que le général avait ordonné que tous les poneys et mulets capturés soient fusillés, à l'exception de ceux nécessaires au transport des prisonniers. Huit cents furent tués par quatre compagnies chargées de tirer.

C'était cruel, mais nécessaire en temps de guerre. Que pouvait faire la colonne, avec tous ces poneys et mulets sauvages ? Les Indiens se battraient farouchement pour les reprendre ; sans eux, les Indiens seraient gravement paralysés. Le général s'était donc serré le cœur et avait donné l'ordre. Quand les tirs cessèrent, toute la colonne était contente, car tuer des chevaux n'est pas le travail des soldats.

Le major Elliot et ses quinze n'avaient pas été contactés. Les retarder et les rechercher pourrait signifier la perte de toute la colonne et du train de ravitaillement. Comme les Indiens grouillaient ! Kiowa, Comanche, Arapaho, Apache et Cheyenne, en tenue de guerre, se rassemblaient pour venger leurs camarades. Sur les sommets des collines, ils avaient posté des vigies pour surveiller la campagne alentour et les prochains mouvements des envahisseurs.

Il était trois heures de l'après-midi. La bataille avait duré neuf heures. Au signal du général, le clairon retentit clairement et de manière provocatrice : « Avance » ; « Pour… r… mars ! » a donné le commandement.

Les blessés les plus graves et le corps du capitaine Hamilton enveloppé dans une couverture se trouvaient dans l'ambulance. Ned pouvait monter à cheval ; et à côté de lui chevauchait un poney, la petite Mary, avec ses atours indiens, son visage et ses cheveux blancs de fille. Les éclaireurs Osage portant de nombreux scalps – le guerrier en deuil maintenant en peinture de guerre comme les autres – étaient en tête ; les squaws et les enfants captifs, sur des poneys, sous garde enfermés à l'arrière. Les tirailleurs montaient sur les flancs.

Ainsi, en ordre serré, avec des drapeaux flottants et des fanfares, comme pour attaquer les autres villages en aval du champ de bataille et les cendres de la loge, la septième cavalerie marcha hardiment.

Les Indiens se précipitèrent pour sauver ce qu'ils pouvaient avant que l'impitoyable chef aux longs cheveux jaunes ne frappe là aussi. Ils se précipitèrent dans la vallée et la plupart disparurent. Mais les Cheveux Jaunes étaient rusés. Quand la nuit tomba, sans avoir attaqué les autres villages, il fit demi-tour et, sur la piste, marcha vite jusqu'à deux heures du matin. Les hommes sans pardessus ni musette souffraient. Le colonel West fut envoyé à la rencontre du train de wagons et le renforça ; le reste de la colonne campa autour d'énormes feux, ici dans la vallée de la Washita, avant que la piste ne bifurque pour le Canadien, vers le nord.

Les Osages accrochèrent leurs scalps capturés à un poteau devant leur feu et tirèrent plusieurs volées sur eux. Le plus haut de tous était accroché le crâne grisonnant de Black Kettle, le prix du fier et courageux Koom-la-Manche.

Cette fusillade, expliqua California Joe, qui savait tout, avait pour but de chasser les esprits du vieux Black Kettle et des autres, qui planaient partout pour tenter de récupérer leurs scalps.

California Joe était très joyeux et parlait constamment.

« Vous vous battez ? » » demanda-t-il pour une réponse générale. «Appelle ça un combat ? J'appelle ça une plaisanterie qui élimine régulièrement les nuisibles. Oui, et ils ne reviendront plus, je vous le dis. Je préfère "spécifier" maintenant que les Indiens seraient très heureux d'arrêter pour un moment.

Joe semblait avoir raison, car la matinée se levait claire, froide mais paisible. A midi, le convoi fut accueilli sain et sauf. Vive les couvertures, les tentes et les fournitures.

Cette nuit-là, California Joe et Jack Corbin partirent avec des dépêches annonçant au général Sheridan la bataille de Washita. « Ce serait un long voyage périlleux, à travers des kilomètres de pays hivernaux hostiles.

Les blessés se portaient bien. Même le colonel Barnitz, que l'on croyait mortellement blessé, avait survécu à toutes les secousses et, selon les rapports du docteur Lippincott, il était susceptible de se rétablir. La tête de Ned lui faisait évidemment très mal, et il ne pouvait pas sonner dans son clairon ni utiliser l'œil du côté bandé, mais il était capable de monter à cheval et serait bientôt comme neuf, à l'exception de la cicatrice. Lui et Mary avaient beaucoup à dire.

Lorsque Camp Supply fut presque en vue, California Joe, Corbin et un autre éclaireur arrivèrent pour répondre aux dépêches du quartier général. Joe et Jack avaient parcouru le chemin en trente-six heures, voyageant principalement de nuit ; les voilà à nouveau.

Ce soir-là, au poste de garde, avec toutes les troupes en ligne, sur ordre du général Custer, l'adjudant Moylan lut la dépêche reçue du général Sheridan : « Ordres généraux de campagne n° 6 », datés « Quartier général du Département du Missouri, en campagne ». , Dépôt sur le Nord canadien, à la jonction de Beaver Creek, territoire indien, le 29 novembre 1868. »

Il annonça officiellement la défaite « par le septième régiment de cavalerie, d'une grande force d'Indiens Cheyennes, sous le célèbre chef Black Kettle, renforcée par les Arapahos sous Little Raven et les Kiowas sous Satanta, le matin du 27 ». instantané, sur la rivière Washita, près des Antelope Hills, territoire indien ; » et, comme tous les rapports officiels sur les engagements dans l'armée ou la marine, il indiquait les pertes et les gains. Mais c'est le dernier paragraphe, lu par l'adjudant Moylan d'une voix emphatique, qui suscita les acclamations des rangs :

« L'énergie et la rapidité démontrées lors de l'une des tempêtes de neige les plus violentes qu'ait connue cette région du pays, avec une température inférieure au point de congélation, ainsi que la bravoure et la bravoure manifestées, qui ont abouti à un succès aussi remarquable, reflètent le plus grand honneur à la fois au officiers et hommes de la septième cavalerie ; et le major-général commandant, tout en regrettant la perte d'officiers aussi vaillants que le major Elliot et le capitaine Hamilton, tombés alors qu'ils dirigeaient vaillamment leurs hommes, désire exprimer ses remerciements aux officiers et aux hommes engagés dans la bataille de Washita, et son des félicitations particulières sont adressées à leur distingué commandant, le major-général Brevet George A. Custer, pour les services efficaces et vaillants rendus, qui ont caractérisé l'ouverture de la campagne contre les Indiens hostiles au sud de l'Arkansas.

« Par ordre de

« Major-général PH SHERIDAN . »

« Hourra ! Hourra! Hourra ! » ont applaudi les rangs. C'était bien d'être apprécié par un soldat comme Phil Sheridan.

La nouvelle fut envoyée par courrier que le lendemain l'expédition entrerait au Camp Supply, et bientôt tout le monde sut que l'entrée devait se faire avec style. La soirée et le petit matin furent chargés, consacrés au récurage des armes et des boutons et à la réparation des vêtements.

La journée était belle. Le soleil brillait, la neige avait fondu, l'air était chaud. Juste à midi, la tête de la colonne surmontait la crête au-dessous de laquelle se trouvait le camp de ravitaillement. Les joyeux coups de fusil des Osages, qui conduisaient, annonçaient que le camp était en vue.

Par-dessus la crête de la crête et le long de la longue pente ensoleillée, dans la vallée parsemée de tentes, défilèrent comme pour une revue les huit cents victorieux. Le général Sheridan et son état-major, en grande tenue, attendaient, postés sur leurs chevaux là où passerait la colonne.

Les éclaireurs Osage sont d'abord montés sur leurs poneys cabrés. Eux et leurs poneys étaient peints de couleurs vives et flottaient de bandes rouges et bleues, de plumes et de bibelots ; ils avaient revêtu leurs plus beaux atours ; de leurs lances pendaient des scalps – la lance du jeune Koom-la-Manche agitant le scalp de Black Kettle. Pendant qu'ils chevauchaient, ils brandissaient leurs armes, tiraient avec leurs fusils et chantaient de sauvages chants de triomphe. Le Petit Castor menait. Il essaya de rester assis raide et fier ; mais une fois, il doit se frapper la poitrine gonflée et crier fort : « Ils nous appellent Américains. Nous sommes plus. Nous sommes des Osages ! »

Derrière, montaient en ligne les éclaireurs blancs, eux aussi fiers, mais California Joe sur sa vieille mule fumant sa pipe noire comme d'habitude.

Puis vinrent les familles indiennes, regardant curieusement, certaines des squaws et des enfants trois sur un poney, la plupart vêtus de couvertures écarlates et bleues.

Puis chevauchèrent le général et son état-major. Après eux marchait le groupe jouant « Garryowen ». En colonnes de pelotons suivaient les troupes, rang par grade, commandées par leurs officiers.

Plus haut s'élevaient les cris et les chants des Osages ; Plus vite, California Joe tira sa pipe ; Le groupe jouait un rôle plus émouvant. Les armes brillaient, les couvertures brillantes et les ornements indiens d'argent et de cuivre brillaient, les sabres brillaient comme un « cadeau », tandis que, rang après rang, la colonne victorieuse passait en revue devant le général Sheridan, levant à plusieurs reprises sa casquette.

Ned et les autres blessés, qui se sentaient tous des héros, n'étaient pas les moins en vue de la cérémonie.

Lorsque le Septième fut rentré au camp, ici de nouveau au rendez-vous, il y eut un grand moment de félicitations et de poignées de mains. Cette nuit-là, les Osages ont donné une formidable danse du cuir chevelu, qui a duré jusqu'au matin et a tenu de nombreuses personnes éveillées.

XVIII
AU PAYS DES DAKOTAH

Le Septième entra dans son camp à environ 800 mètres en amont de Beaver Creek, depuis la palissade de Fort Supply. Le troisième jour après, le corps du capitaine Louis McLane Hamilton reposait sous des peupliers au bord du ruisseau. Ce furent des funérailles militaires solennelles et tendres ; avec des tambours sourds et une marche lente de la fanfare, et dans l'ambulance un grossier cercueil en planches recouvert du drapeau américain, et derrière l'ambulance le cheval du capitaine, drapé d'un drap noir, et portant la selle vide et les bottes de cavalerie à l'envers. Au-dessus de la tombe furent tirées trois volées ; Odell a fait entendre « Taps ».

Les dix-neuvièmes Volontaires du Kansas avaient enfin eu du mal, après avoir perdu presque tous leurs chevaux par le froid et la famine. Le général Sheridan n'attendait que les soldats du Kansas avant de se lancer lui-même, avec le général Custer et tous, dans une nouvelle marche hivernale contre les Indiens. Et il espérait avoir des nouvelles du major Elliot et de quinze hommes.

Cependant, il fut décidé d'envoyer les prisonniers et les blessés à Fort Hays ; et comme Ned n'était pas encore apte au service (la flèche avait fait deux grands trous, l'un sur son œil gauche, où elle était entrée, et l'autre sur son oreille gauche, où elle était sortie), il fallait monter jusqu'à Fort Hays. il va. Bien sûr, la petite Mary y est allée aussi.

Le 7 décembre, à peine une semaine après l'entrée du Septième, les fameux « poneys-soldats » repartirent avec l'infanterie ou « walk-a-tass ». Le général Sheridan, que les Indiens appelaient « Little-Big-Short-Man-Ride-Fast », accompagnait la colonne, mais « Old Curly » (« Creeping Panther », « Strong Arm », « Long Yellow Hair ») était aux commandes. . Ils se dirigèrent vers le sud. Car vers le nord traînaient les invalides et les prisonniers Cheyennes, sous escorte.

Des rapports de terrain arrivaient régulièrement à Fort Hays. Lors de la marche vers le sud, le champ de bataille des Washita avait été revisité. À deux milles au-dessous du village de Black Kettle ont été découverts, dans un petit espace de sol gelé, les corps défigurés du major Elliot et du sergent-major Kennedy perdus, ainsi que des quatorze autres. Des tas de cartouches montraient qu'ils s'étaient battus avec acharnement jusqu'à ce qu'ils tombent un à un. Les Indiens se précipitant au secours de Black Kettle ont dû les encercler.

Les Comanches et les Apaches se sont rassemblés sur la réserve. Satanta et Lone Wolf, le chef de guerre Kiowa, furent capturés et tous les Kiowas entrèrent. Les Arapahos aussi. Et ensuite, au Strong Arm, comme ils appelaient désormais le général, ils avaient livré deux jeunes femmes blanches, Mme Wilson et Miss White, ainsi que la plupart des Cheyennes.

La campagne a été un succès ; la bataille des Washita avait brisé les tribus des plaines du sud-ouest.

Par une belle journée de mars 1869, au son de « Garryowen », la Septième Cavalerie, épuisée par les voyages, rentra allègrement chez elle à Fort Hays. Ils ont amené plus de prisonniers Cheyennes et plus d'histoires.

Un nouvel officier commandait à Fort Hays. Il s'agissait du général Nelson A. Miles, qui venait d'être nommé colonel de la cinquième infanterie d'élite, mais pendant la guerre civile, il avait été officier de cavalerie. Il envoya sa bande de la Cinquième Infanterie (une bonne) pour saluer la Septième, et avec « Garryowen » pour l'escorter jusqu'au camp.

Tout vêtu de peau de daim, et portant toujours sa chemise bleue à large col avec les étoiles sur les pointes et sa cravate cramoisie, le général Custer conduisait Dandy. Il s'était laissé laisser pousser la barbe pendant l'hiver ; d'un rouge vif, et pas très beau. De nombreux officiers étaient vêtus de peau de daim. Les chariots étaient chargés de trophées de robe, de bouclier, de chemise brodée et d'arme sauvage. California Joe fumait sa pipe noire.

De retour à présent près de Big Creek, près de Fort Hays, où ils avaient campé au début de l'été 1867, la septième cavalerie pouvait profiter d'un long repos ; car les plaines étaient calmes.

Mme Custer était sortie en toute hâte de Fort Leavenworth, où elle attendait ; sont venus avec elle, rejoindre le « gin'nel », Eliza la cuisinière et Henry, cocher nègre. Les épouses d'autres officiers sont venues. Mme Miles, mariée depuis seulement un an, était déjà au poste.

Il semblait que les troubles indiens étaient terminés. C'est seulement dans le nord que les puissants Sioux étaient indépendants de l'homme blanc. Mais ils avaient leur propre grande région où se déplacer et où les Blancs étaient interdits.

La blessure de Ned avait rapidement guéri. La petite Mary a été placée dans une gentille famille à Leavenworth. Le Septième fut cantonné à Fort Leavenworth pour l'hiver 1869-1870 ; ils passèrent l'été suivant dans les plaines, à faire du repérage et à d'autres travaux de routine, variés par la chasse au bison, et en mars 1871, ils furent transférés au Kentucky et en Caroline du Sud. Ici, dans de petits postes, ils devaient aider à démanteler les manufactures de whisky non autorisées et une société secrète appelée Ku Klux Klan, qui interférait avec les droits des citoyens du Nord et des nègres.

Il ne s'agissait pas d'un travail militaire comme celui de servir dans les plaines, et le Septième n'en était pas particulièrement content.

Les éclaireurs étaient également bien dispersés. California Joe avait disparu. Les rapports disaient qu'il était parti dans les montagnes. Wild Bill Hickok avait été attaqué par des soldats indisciplinés et, à cause de sa terrible défense avec ses armes mortelles, il avait été obligé de quitter Hays. Il était devenu maréchal à Abilene, une autre ville rustique, plus à l'est sur le chemin de fer. Roméo s'était marié avec les Cheyennes, avec qui il vivait. Buffalo Bill Cody était rattaché à la Cinquième Cavalerie.

Quant à Ned, il lui semblait qu'il devait rester près de Mary. Il obtint donc sa libération (avec honneur) de l'armée et trouva un poste gouvernemental dans le département du quartier-maître à Fort Leavenworth. Ici, il pourrait se mêler à la vie de soldat qu'il aimait et aussi veiller sur Mary. Elle se portait bien et devenait une grande fille.

Un jour, Ned aperçut le général, alors qu'au printemps 1872, celui-ci revenait d'une grande chasse au bison dans les plaines avec le grand-duc Alexis de Russie. Custer avait été désigné comme son escorte par le général Sheridan. Buffalo Bill avait été le guide. La chasse fut un grand succès et le Grand-Duc en fut très content.

Une autre année passa et soudain la nouvelle se répandit que la Septième Cavalerie allait reprendre le terrain. Ils reçurent l'ordre de se rassembler et de former un régiment pour se rendre à Fort Rice, parmi les Sioux du territoire du Dakota.

Cette nouvelle était suffisante pour Ned. Cela lui faisait picoter le sang, cela faisait danser ses pensées, cela remplissait ses yeux d'images de camp et de marche et d'une silhouette alerte, souple et militaire dont les yeux bleus vifs, les longs cheveux jaunes et la voix de clairon aucun garçon ne pourrait jamais oublier. , pas plus qu'il ne pouvait oublier les guidons de cavalerie qui s'agitaient pendant la charge.

Ned s'est réenrôlé, avec une demande pour qu'il soit à nouveau affecté au Septième. Et comme il était un « vétéran » et que le Septième avait besoin de plus d'hommes pour le service sur le terrain, il reçut l'ordre de se présenter à son régiment à Omaha. Là, à la mi-mars, avec quelques véritables recrues, il attendait à la gare lorsqu'arriva le premier tronçon du long train qui transportait la célèbre septième cavalerie, en route des États-Unis vers la frontière tant aimée.

Des voitures bouillaient les chemisiers bleus et les rayures jaunes ! Il y avait le général, en premier, comme d'habitude. Il portait l'uniforme réglementaire de fatigue au lieu d'une peau de daim ; il s'était coupé les cheveux; il semblait plus blanc que lorsqu'il était dans les plaines : mais c'était le même esprit vif, audacieux et actif. Et il y avait Mme Custer, avec d'autres dames. Et il y avait « Queen's Own » Cook – et le lieutenant Tom – et le capitaine Benteen – et tous les anciens officiers, ainsi que plusieurs nouveaux. Et là, sortant des vitres de la voiture et sortant des marches, se trouvaient des visages et des formes familiers de camarades.

Ned doit se présenter à l'adjudant, qui s'est avéré être le lieutenant Calhoun. Il pourrait alors être accueilli par des amis. Il eut même le plaisir de saluer le général et de se faire serrer la main pendant que le général et Mme Custer s'enquéraient de lui et de Mary, et disaient qu'ils étaient heureux de le revoir. Finalement, il trouva Odell, qui faisait partie du groupe ; et d'Odell pourrait-il recevoir toutes les nouvelles.

"Plus besoin de courir après les contrebandiers et de jouer au policier pour le Sivinth, gros gorry", a déclaré Odell. « Tu étais bien sorti de là, mon garçon ; et maintenant tu nous as rejoint à temps. Dès que nous arrivons à Yankton du Dakota, qui est la fin du chemin de fer, alors c'est à nouveau «Boots and Saddles» pour de bon, avec une marche de six cents milles devant nous. Ma foi, ça n'a pas l'air bien ! Et c'est ce que nous sommes tous en train de faire. Nous sommes doux.

"Je me demande ce que nous allons faire dans le Dakota", a invité Ned d'un ton bluffant. « Recherchez et surveillez les Sioux ? »

"Eh bien, ils mériteront d'être surveillés, ou je me trompe", rétorqua Odell. « Les gens peuvent penser que cette petite guerre que nous avons eue avec les Cheyennes était une bonne chose. Mais je vous le dis, là-bas, dans le pays du Dakota, il y aura des combats pour que la bataille de Washita ressemble à une escarmouche. Quarante mille Sioux, dans un grand pays qu'ils connaissent et que nous ne connaissons pas, ne seront pas évincés dans l'urgence. Je vous le dis, ces Sioux constituent la plus grande confédération indienne du continent. Il n'y a aucune absurdité à leur sujet.

"Mais au fait, quel est le problème ?" osa demander à l'une des recrues. « De qui est le pays ?

« Les Sioux », répondit Odell. "Bien sûr; il appartient aux Sioux. En 68, le gouvernement n'a-t-il pas accepté par traité de fermer la route des chariots qui la traversait et de quitter les forts du pays de Powder River et de le donner pour toujours aux Sioux ? Et déjà, les hommes blancs ne se faufilent-ils pas dès qu'ils en ont l'occasion, et les mineurs ne sont-ils pas obligés d'explorer les Black Hills ; et avec le chemin de fer du Pacifique Nord atteignant Bismarck, dans le Dakota, ce n'est pas une route de chariots mais une route de fer qui menace de traverser le sol sacré. Avec ça, et les rations pourries servies dans les agences, je ne blâme pas les Indiens de se plaindre. Ma foi, je peux les combattre, mais ils ont ma sympathie.

« Quel genre de pays est-ce, dans le Nord ? » demanda la recrue.

« Eh bien, c'est un pays de badlands et de buttes, brisé en laves, avec les montagnes des Black Hills dans le coin sud-ouest et les régions de Powder River et de Yellowstone. Le Sivinth pense peut-être que les plaines du Kansas soufflaient du chaud et du froid, bon sang ; mais là-haut, il y a une étendue où il y a neuf mois d'hiver et trois mois de retard en automne, et le vent soulève l'herbe jusqu'aux racines.

De nouveau trompettiste de cavalerie, Ned fut affecté à la troupe B, celle du lieutenant Tom. Bien sûr, Ned ne pouvait pas s'attendre à devenir à nouveau l'infirmier préféré du général ; Au moins pas tout de suite. C'était un homme et il devait servir son tour, comme les autres hommes. Mais être l'un des trompettistes fringants et légers de Tom Custer était une autre chose que d'être celui du général.

Le lieutenant Calhoun avait épousé Miss Margaret Custer, la sœur du général. Elle et Mme Custer chevauchaient avec le général et son état-major, en tête de colonne. Dans le Kentucky, le général avait rassemblé beaucoup plus de chiens ; et avait acheté un cheval pur-sang nommé Vic pour accompagner le fidèle Dandy. Eliza la cuisinière noire n'était pas venue, cette fois ; mais il y avait une autre négresse cuisinière, nommée Mary, et un cocher nègre, nommé Ham, pour la voiture de voyage dans laquelle Mme Custer et Mme Calhoun se changeaient parfois.

En longue, longue colonne de deux, suivie par les chariots de l'armée à toit blanc, la Septième Cavalerie se fraya un chemin vers le nord à travers les sages plaines du Dakota, les saules et les peupliers du Missouri boueux étant toujours en vue.

XIX
SCOUTISME CHEZ LES SIOUX

Fort Rice était situé à dix milles au-dessus de l'embouchure de la rivière Cannon-Ball et à vingt milles en contrebas de la nouvelle ville de Bismarck. Tout autour, les bâtiments à charpente couleur ardoise s'étendaient sur les sages plaines du Dakota, apparemment plus vastes et plus dénudées que les plaines vallonnées à bisons du Kansas. La butte et la coulée ou le lavage à sec les cassaient ; les seuls arbres se trouvaient le long des cours d'eau. Les vents étaient frais et forts, les étés courts étaient chauds et les hivers longs froids. C'était un pays qui engendrait des hommes et des femmes forts, robustes et robustes, et tels étaient les Sioux, la fière nation Dakota.

Le Northern Pacific Railroad partant de St. Paul avait atteint Bismarck et était déterminé à traverser le Dakota et le Montana, tout comme l'Union Pacific avait traversé le Nebraska et le Wyoming. A peine la septième cavalerie avait-elle été accueillie à Fort Rice, qu'elle se préparait à reprendre le long sentier, comme escorte pour protéger les ingénieurs qui surveillaient une route vers l'ouest pour le chemin de fer.

Ainsi, lorsque les ingénieurs du Northern Pacific Railroad commencèrent leur prospection vers l'ouest, leur escorte comptait près de 2000 soldats : de la septième cavalerie, de l'infanterie, de l'artillerie et des éclaireurs indiens, tous sous les ordres du major-général DS Stanley, avec le général Custer le " Cheveux Longs » aux commandes des dix compagnies de la Septième.

Il devait s'agir d'une marche libre à travers l'ouest du Dakota jusqu'à la rivière Yellowstone, dans le Montana. Peu d'hommes blancs avaient vu ce pays.

Les éclaireurs indiens n'étaient pas les fidèles Osages ou Kaws. C'étaient des Arikaras ; une tribu guerrière, moins nombreuse que les Indiens du sud ; leur éclaireur en chef était Bloody Knife. Ils détestaient les Sioux, tout comme les Corbeaux du Montana. Les Sioux avaient longtemps combattu les Arikaras, et de nos jours ils envahissaient constamment le pays des Corbeaux, pour des scalps et des chevaux.

Avec le Septième se trouvaient le Dr James Honzinger, le vieux vétérinaire gros et chauve du régiment, et M. Baliran qui était le cuisinier de poste. Ce n'étaient pas des hommes de troupe mais des employés civils et ils accompagnaient l'expédition en guise de sortie. Le général a pris Mary la cuisinière noire, pour son désordre.

Il fallut un mois de marche avant que, le 19 juillet, la rivière Yellowstone, dans le Montana, ne soit atteinte. Cela ressemblait beaucoup au bon vieux temps, avec le général menant Dandy ou Vic, avec ses peaux de daim frangées, ses gantelets frangés, son chapeau à larges bords, sa chemise bleue et sa cravate cramoisie, et ses hautes bottes à bout rouge ; les chiens galopaient à droite et à gauche et beaucoup de chasse.

Le groupe d'ingénieurs et les scientifiques qui l'accompagnaient devaient avancer lentement, en prenant de nombreuses notes. Le Dr Honzinger et M. Baliran ont insisté pour se disperser et s'écarter de la colonne pour ramasser des spécimens. On les avait prévenus que c'était une pratique dangereuse, mais ils n'y ont pas prêté attention et ont même refusé de porter des armes.

Près de l'endroit où la Powder River se jette dans le Yellowstone, le général a emmené la compagnie du capitaine Moylan et celle du lieutenant Tom, ainsi que Bloody Knife, l'éclaireur Arikara, pour explorer la route à suivre. Aucun Indien n'avait encore été aperçu; mais maintenant, après un mile ou deux, Bloody Knife, s'arrêtant net, examinant le terrain, signa : « Des Indiens sont passés ici.

Ils avaient donc : dix-neuf Sioux, au signe frais. Ils devaient être en train de reconnaître le camp et avaient continué leur voyage pour informer la principale compagnie de guerriers.

Néanmoins, la petite escadre poursuivit sa route jusqu'à ce que, depuis les falaises le long du Yellowstone, devant eux, se trouve la belle vallée de la rivière Tongue qui coule du sud. Le général donna l'ordre de camper dans un bosquet de peupliers et d'attendre la colonne. Avec les chevaux sans selle, sans mors et jalonnés, et les piquets postés, le commandement s'étendit sur le sol pour se reposer. La plupart des agents ont desserré leurs vêtements et se sont préparés à faire une sieste.

Ned hochait la tête, à moitié endormi, quand, rompant le calme parfait, faisant sursauter tout le monde, il prononça le « Bang ! Claquer!" des carabines des piquets.

"Indiens!" criaient les voix des piquets.

Le camp était debout, scrutant et clignant des yeux. Les piquets étaient agenouillés et visaient ; et au-delà d'eux, à travers la vallée ouverte, chevauchait pour les chevaux attachés une courte file de cavaliers peints.

« À vos chevaux, messieurs ! Rapide! A vos chevaux ! Courir!" Le commandement du général était aussi sec que le claquement d'un fouet. Sans chaussures, sans chapeau et sans manteau, il se tenait debout, un fusil à la main.

Il n'y avait qu'une demi-douzaine d'Indiens en vue. De toute évidence, ils avaient eu l'intention de bousculer les montures ; mais ils avaient compté sans leur hôte. La Septième Cavalerie avait déjà rencontré des Indiens. Les soldats se précipitèrent pour saisir les lariats des chevaux et renforcer la ligne de piquetage. Et s'arrêtant net, l'escouade d'Indiens se contenta de courir d'avant en arrière, hors de portée, en faisant des gestes comme pour inviter les soldats à venir les chercher. Ils étaient des Sioux, par leur tenue de guerre et leur action, dit Bloody Knife, ses yeux flamboyants de haine et de dédain.

C'était maintenant "Boots and Saddles" et "Mount". Le général prit l'adjudant Calhoun, le lieutenant Tom et vingt hommes, dont Ned le trompettiste, et partit au galop avec audace ; Le capitaine Moylan devait le suivre.

Les six Sioux restèrent facilement hors de portée. Comme tout le monde devrait le savoir, ils essayaient seulement, astucieusement, d'entraîner le chef blanc dans une embuscade. Ainsi continua la poursuite, remontant la vallée verdoyante et herbeuse.

« Je vais prendre mon infirmier et partir devant, Tom », appela alors le général. « Peut-être que cela développera le plan de ces coquins. Vous suivez à environ deux cents mètres d'intervalle, prêts à vous précipiter.

Le général était sur son cheval du Kentucky, Vic. Le sergent Butler, son infirmier, avait aussi un bon cheval. Mais les Indiens ne les laissèrent même pas s'approcher, avec les autres soldats si proches. Ils étaient intelligents, ces six Sioux, et savaient ce qu'ils faisaient.

Un morceau de bois se trouvait devant à gauche. Le général s'était arrêté ; a également arrêté les six Indiens. Le général marchait en cercle pour parlementer ; les six Indiens n'y prêtèrent aucune attention. Le sergent Butler est revenu avec un message du général. Il salua le lieutenant Tom.

— Les compliments du général, et il vous suggèrerait de garder un œil attentif sur ce bouquet d'arbres, là-bas, dit le sergent.

«Très bien», répondit le lieutenant Tom.

Le sergent Butler est parti au galop.

"À mon avis, ces broussailles sont pleines de Sioux, et ces six dollars ne seraient que trop heureux de nous guider", a déclaré l'adjudant Calhoun au lieutenant Tom.

"Le général ferait mieux de nous rejoindre ou nous le ferons", répondit le lieutenant avec un regard anxieux. « Il est trop près. Il est responsable... » Mais tout le détachement poussa un cri soudain.

Les six Sioux avaient fait volte-face et chargeaient, et du bois en avaient jailli, comme d'un seul souffle, trois cents autres. À toute vitesse, ils arrivèrent, criant et tirant, et en ligne splendide. De toute évidence, ces Sioux étaient de bons guerriers.

Tous les regards se tournèrent vers le général. Il avait tournoyé autour, le sergent avait fait tournoyer, et en arrière ils se précipitaient pour sauver leur vie. Ils étaient à trois cents mètres des bois, presque en face d'eux, et à deux cents mètres des soldats.

On accéléra la ligne des Sioux, se divisant, une partie pour repousser le général, une partie pour chevaucher à l'arrière du détachement et chasser le capitaine Moylan, venant par derrière.

« Préparez-vous à combattre à pied ! » C'était la voix claire du lieutenant Tom.

De la selle partaient trois hommes de chaque escouade, laissant le numéro quatre tenir les chevaux.

« En tant que tirailleurs, les hommes ! Rapide!" et "Compagnie, arrêtez-vous!" a donné les ordres. Il n'y avait pas de temps pour les ordonnances réglementaires. Devant les chevaux, les hommes à pied avaient couru, s'arrêtaient en ligne lâche, s'agenouillaient et, sans attendre d'autres ordres, visaient.

« Ne tirez pas, mes amis, jusqu'à ce que je vous en donne l'ordre », dit le lieutenant Tom, le revolver à la main, derrière la ligne. "Visez bas."

Les Sioux, le général et le sergent Butler, se précipitant les uns vers les autres, semblaient sur le point de les rejoindre. Mais le général et le sergent battaient. Ils arriveraient les premiers. Bien!

Les Sioux étaient à portée de main. Leurs peintures de guerre et leurs plumes étaient visibles. Ils étaient assez nombreux pour franchir la petite ligne de cavalerie et la piétiner à mort. Ned, le revolver dégainé, s'agenouillant à l'arrière de la file, se sentit trembler, bien qu'il n'eût pas peur. La voix du lieutenant Tom retentit.

« Laissez-les l'avoir ! »

"Accident!" rota les quinze carabines. Et avec un râle intelligent alors que les chambres s'ouvraient, se fermaient, se rechargeaient, ils rotaient à nouveau : « Crash ! À travers la fumée, des cavaliers indiens chancelaient et tombaient, des poneys s'étalaient ou galopaient sauvagement ; et de chaque côté couraient les guerriers Sioux.

"Claquer! Bang Bang! Claquer!" pour la troisième fois les carabines rugirent. « Hourra ! Ouais! Ouais ! » » acclamèrent bruyamment les soldats. En réponse, le moral courut à toute vitesse, le soutien du capitaine Moylan. Le souffle court, les yeux bleus flamboyants à cause de son visage rouge et brûlé, le général était également arrivé et impatient.

« Préparez-vous à combattre à pied ! » cria le capitaine Moylan.

Les Sioux étaient nombreux ; les soldats sont peu nombreux ; mais, les chevaux protégés par un demi-cercle de tirailleurs, ils retombèrent progressivement vers le bosquet de la sieste de midi. Pourtant, même ici, les choses auraient pu être difficiles — car ces Sioux étaient des combattants déterminés — n'étaient pas apparues, venant avec des acclamations et des guidons au vent, quatre autres compagnies du Septième, envoyées en avant par le sage général Stanley. Et les Sioux sont partis au galop.

Les entreprises ont apporté de mauvaises nouvelles. Ce matin-là, après le départ du général, on avait retrouvé le long de la ligne de marche les corps sans vie du Dr Honzinger et de M. Baliran, transpercés de balle et de flèches. Les deux amis avaient erré, comme d'habitude, et devaient se trouver à trois kilomètres des secours lorsque les Indiens – les Sioux, bien sûr – les avaient abattus.

Deux soldats furent également tués et une autre bataille fut livrée - une bataille plus longue et plus dure - avec davantage de Sioux, en haut de Yellowstone, avant que, la dernière semaine de septembre, le Septième ne retourne à nouveau à sa caserne.

C'étaient de nouvelles casernes, le poste de Fort Abraham Lincoln, construites cet été et cet automne au bord du Missouri, au-dessus de Fort Rice et en face de la ville de Bismarck qui était l'extrémité du chemin de fer.

Fort Abraham Lincoln appartenait à la septième cavalerie. C'était leur siège social, abritant six entreprises. Les quatre autres compagnies en service au Dakota étaient stationnées à Fort Rice.

C'était plutôt ennuyeux d'être soldat à Fort Lincoln, ou à Rice non plus, dans ce long hiver enneigé et sous zéro. Aucun train n'est arrivé à Bismarck ; le courrier et les fournitures doivent arriver par cheval et en traîneau. Il y avait peu d'exercices à cheval pour les soldats, et les hommes se déplaçaient bien emmitouflés dans des bonnets de fourrure, des chaussures et des mitaines en peau de buffle.

Près des agences, les sympathiques Sioux se rassemblaient, attendant le printemps ; et plus loin dans la réserve, les Sioux hostiles s'étaient rassemblés dans leurs villages, sous la direction de Sitting Bull, le chef de la médecine. Mais on ne pouvait pas dire qui était amical et qui était hostile ; de sorte que personne dans le poste n'était autorisé à se promener au-delà du coup de fusil, sauf pour affaires.

Les éclaireurs Arikara ou Ree et leurs familles campaient aux abords de Fort Lincoln. Bloody Knife, le chef des éclaireurs, était le favori du général. Le meilleur éclaireur blanc de Fort Lincoln était « Lonesome » Charley

Reynolds. Il avait de longs cils bleu foncé et des traits petits et fins. Il était même plus silencieux que Will Comstock ; et parlait rarement à moins qu'on lui parle. Il ne ressemblait pas à un éclaireur et ne se comportait pas comme un éclaireur, mais il était pourtant l'un des hommes les plus courageux de l'Occident.

Au printemps, un autre Custer arriva en visite de l'Est, Boston Custer, le plus jeune frère du général ; un adolescent mince et pâle, à peu près de l'âge de Ned le trompettiste. Il n'avait pas l'air bien, mais il espérait que l'air frais et la vie en plein air des plaines de l'ouest le rendraient fort.

A l'ouverture du printemps, on avait beaucoup parlé des mystérieuses Black Hills, que les Indiens appelaient Pah-sap-pa. Les journaux avaient beaucoup parlé des Black Hills, et maintenant les habitants des frontières du Wyoming, au sud-ouest de celles-ci, et du Dakota, à l'est, demandaient au gouvernement de laisser entrer les explorateurs. c'était le pays des Sioux, que leur garantissaient les États-Unis dans le traité de 1868 ; et c'était un très cher pays Sioux.

« Vous voyez, » a déclaré Charley Reynolds, dans l'un des moments où il parlait entre les hommes, « c'est comme ça. Maintenant, je ne suis jamais allé dans les Black Hills, là-bas , je veux dire. Je n'ai aucun doute qu'il y a de l'or là-bas. Les rochers me paraissent ainsi ; et les trappeurs, ainsi que les Indiens, disent qu'il y a de l'or. Mais c'est le pays de la médecine. Les Indiens disent que ces montagnes sont pleines de mauvais esprits qu'il ne faut pas déranger. Le fait est que c'est le seul bon pays que possèdent les Sioux. Beaucoup de bois, d'eau et d'herbe fines ; un pays à la fois d'été et d'hiver ; et les Sioux ne veulent pas y renoncer. Vous ne pouvez pas leur en vouloir. Ils savent que dès que les mineurs entreront là-bas, le gibier sera effrayé ou tué, le bois coupé, l'eau gâtée et les Indiens chassés. Ils surveillent cette région de très près.

« Vous avez raison, je suppose », approuva le sergent Butler, et Odell hocha également la tête. « Mais je parierai mon manteau de buffle contre une pipe de tabac que le gouvernement ne laissera pas ces Black Hills inexplorées. L'armée doit avoir une carte de cette réserve, pour qu'en cas de problème, nous sachions où nous allons. Alors, si les Indiens se retirent dans les Black Hills, nous pourrons les suivre.

Effectivement, lorsque les plaines sont devenues vertes d'herbe, le bruit s'est répandu selon lequel la septième cavalerie devait explorer les Black Hills, distantes de 200 milles au sud-ouest, par voie aérienne.

Les ordres ont été émis le 8 juin depuis le quartier général du département du Dakota à St. Paul, sous le commandement du brigadier-général Alfred H.

Terry, commandant du département. Les quatre compagnies du Septième de Fort Rice devaient se rendre à Fort Lincoln, et les dix compagnies devaient prendre le terrain ensemble. Il y aurait des « doughboys » ou des « soldats ambulants » ; Compagnie G du XVIIe d'infanterie et I compagnie du XXe ; une escouade du génie militaire dirigée par le capitaine William Ludlow ; le général George A. Forsyth qui fut le fameux « Sandy » Forsyth de l'île combattit avec Roman Nose, près de la Fourche du Républicain ; Charley Reynolds l'éclaireur ; Skunk Head et Bull Bear et autres Rees sous Bloody Knife ; et quelques Santee Sioux dont les principaux guides étaient Goose et « Jo Lawrence ».

Boston Custer, ou « Bos », annonça qu'il devait partir ; et avant le départ, arrivèrent deux scientifiques engagés par le gouvernement : le professeur NH Winchell, géologue de l'État du Minnesota, et M. George Bird Grinnell, de New Haven, Connecticut, qui rendraient compte des fossiles et des animaux. Un photographe de Saint-Paul est arrivé pour prendre des photos du voyage ; et un certain nombre de mineurs civils s'attachèrent à la colonne pour chercher de l'or.

Le départ fut donné le 2 juillet. L'expédition doit revenir dans les soixante jours. C'était un spectacle formidable : environ 1000 hommes en tout, avec trois mitrailleuses Gatling et un canon rayé de trois pouces, 110 chariots et ambulances militaires, et les quarante chiens Custer !

Agard, l'interprète et Charley Reynolds ont déclaré que les éclaireurs indiens s'attendaient à ce que les Blancs n'oseraient pas entrer directement dans les mystérieuses Black Hills. Le général rit.

La marche était presque un pique-nique. Quiconque souhaitait chasser avait la chasse à l'antilope et au cerf en abondance. Les scientifiques étaient occupés à examiner les roches et les animaux. Bos Custer était un grand favori. Bien sûr, c'était un pied tendre, car c'était sa première expérience dans les plaines. Le général et le colonel Tom, ses frères, lui faisaient de nombreuses plaisanteries, pour s'essayer à son courage et se moquer ; mais il prenait tout avec tant de bonhomie et se rendait si utile qu'il était très apprécié. Quant au général, il était à nouveau dans son élément : vêtu de peau de daim, galopant sur Vic ou Dandy, parlant en langage des signes avec Bloody Knife et Bull Bear et Skunk's Head and Goose, et récoltant de nombreuses informations auprès des scientifiques.

Après 300 milles, selon l'odomètre ou les roues de mesure de la charrette des ingénieurs, le 20 juillet, à travers un petit ravin, le cap a soudainement changé de prairies sèches et brûlantes à de l'herbe verte jusqu'aux genoux, des groseilles à maquereau mûrissantes, des cerises sauvages, des brises fraîches et des eaux cristallines. . Telles étaient les terribles Black Hills, à l'intérieur. Désormais, même les éclaireurs étaient impatients de continuer. Jamais personne dans le commandement n'avait vu un pays aussi fascinant.

Du nord au sud et du sud au nord, la colonne marchait à travers les Black Hills. Les soldats chassaient et faisaient la sieste, les scientifiques recherchaient des connaissances, les mineurs prospectaient pour l'or. Ils trouvèrent une « couleur » considérable qu'ils montrèrent avec enthousiasme au camp ; mais ils ne firent pas de grandes frappes. Le professeur Winchell, le géologue, était d'avis qu'il n'y avait pas beaucoup d'or caché ici ; cependant, il n'a convaincu ni les mineurs ni les soldats.

Il n'y eut aucun ennui de la part des Sioux : toute l'expédition fut un succès parfait, sans ennui ; et leurs chariots et leurs selles chargés de cornes, de peaux et d'autres spécimens, à quatre heures et demie de l'après-midi du 30 août, le soixantième jour pile, la colonne en lambeaux mais heureuse a de nouveau balancé ses chapeaux vers Fort Abe Lincoln.

XX
VOEUX DE VENGEANCE DE LA PLUIE DANS LA VISAGE

L'hiver 1874-1875 s'est installé à Fort Lincoln, tout comme l'hiver long et froid et enneigé de l'année précédente. Maintenant c'était encore des chaussures de buffle, des mitaines et des bonnets de fourrure ; exercices courts et temps de suspension plutôt lourd. Les Sioux dirigés par Sitting Bull et Crazy Horse restaient quelque part au fond de la vaste réserve. Ils refusèrent d'entrer dans les agences, comme le firent les autres Indiens ; et toutes les provisions qu'ils recevaient leur étaient apportées par leurs amis. Les Sioux appelaient la piste du général Custer dans les Black Hills la « piste des voleurs ». Ils avaient fait de nombreuses protestations contre cette mesure. Mais les aventuriers blancs étaient très enthousiastes et envisageaient ouvertement de s'y rendre à la recherche d'or. Déjà, un groupe était parti, au mépris du gouvernement et des Indiens, et se trouvait quelque part dans les collines. Les soldats envoyés à leur poursuite ne sont pas parvenus à les retrouver.

Cependant, ce n'était pas la principale excitation à Fort Lincoln. Alors que décembre touchait à sa fin, des ordres furent soudainement donnés au capitaine Yates de prendre trois officiers et cent hommes et de partir en éclaireur. Le lieutenant Tom Custer était l'un des officiers ; et en tant que trompettiste de la troupe du lieutenant Tom, Ned fut désigné pour la marche.

Cela semblait assez difficile, en période de vacances ; car il faisait un froid glacial et un vent violent soufflait. Mais c'était quand même un changement par rapport à la routine plutôt ennuyeuse de la garnison.

Personne dans les rangs ne semblait savoir où allait la colonne, ni pourquoi elle allait. Charley Reynolds était le guide.

La route se dirigeait vers le sud, le long du Missouri, avec des officiers et des soldats emmitouflés jusqu'au nez dans les vêtements les plus chauds, réglementaires ou non. Fort Rice, vingt milles, fut dépassé ; et il y avait encore vingt milles derrière eux avant que, lors d'une brève halte, les officiers semblèrent consulter quelques ordres que le capitaine Yates avait donnés. Lui, le lieutenant Tom et les deux autres officiers murmurèrent et acquiescèrent. À « For'rd -mars ! » la colonne de quatre s'avança.

Devant, trente milles, ou soixante-dix milles en aval de Fort Abraham Lincoln, se trouvait l'agence Standing Rock pour les Sioux Unkpapa et Yanktonais. Le troisième jour de la marche, les bâtiments de l'agence étaient visibles. Juste à l'extérieur du terrain de l'agence, la colonne a établi un camp temporaire pour passer la nuit.

Il y avait beaucoup de Sioux dans les environs, car c'était l'heure des rations, et depuis leur village à dix milles en aval de la rivière, ils se rassemblaient pour prendre leur bœuf et d'autres provisions.

On racontait maintenant dans le camp que l'expédition avait été faite dans le but de capturer des Sioux qui avaient tué un homme blanc sur la rivière Rouge du Nord, l'été précédent. Cela semble correct ; car après le petit déjeuner, quarante des soldats furent emmenés vers le sud, vers le village où, selon la rumeur, se trouvaient peut-être les meurtriers. Cela semblait être une œuvre plutôt stupide de la part du capitaine Yates et du lieutenant Tom. Bien sûr, les autres Sioux verraient arriver les soldats et avertiraient les meurtriers de se cacher.

Cependant, c'était "Bottes et Selles", pour tout le camp. Après le départ du détachement, le capitaine Yates emmena le reste de la compagnie à l'agence. Ils furent arrêtés à quelques encablures du magasin de poste.

C'était plein d'Indiens qui faisaient du commerce. Ils entraient et sortaient, tous enveloppés dans des robes de buffle ou des couvertures gouvernementales rouges, bleues et grises. On voyait à peine un visage. Le lieutenant Tom descendit de cheval et, faisant signe à cinq de ses soldats, entra tranquillement. Il resta à l'intérieur, comme s'il discutait avec le commerçant.

« À l'aise », ordonna le capitaine Yates au sergent de la troupe à l'extérieur. Ainsi, le reste de la colonne pouvait descendre de cheval, se dégourdir les jambes, balancer les bras et observer avec curiosité les nombreux Indiens enveloppés dans un linceul. Même c'était un travail minable. Pourtant, il y avait quelque chose dans l'air. De toute évidence, le capitaine Yates et le lieutenant Tom avaient un plan dans leur sac.

Trois heures s'écoulèrent, et tout d'un coup il y eut une grande agitation. Du magasin sortaient de rapides bagarres de pieds et des ordres précis. Des voix hautes et colériques, en Sioux guttural ; Les Indiens dehors commencèrent à courir.

« Comp'ny—'ten' *évitez* ! Monter!" cria le capitaine Yates. « Faites la queue : marchez ! Pour la marche ! Trot, marche ! Compagnie… arrêtez-vous !

Ils faisaient la queue devant la porte de l'agence. Un Indien à l'intérieur parlait fort, comme s'il appelait aux armes. Au moins cinq cents Indiens accoururent avec leurs fusils ; et, par la porte, un autre Indien se bousculait entre deux soldats, les bras liés derrière lui, la couverture tombée de son visage fier, beau et impassible. Seuls ses yeux brillaient de défi. Deux soldats ouvrirent la voie ; Le lieutenant Tom et le cinquième soldat suivirent.

« La pluie au visage ! » à part, dit quelqu'un dans les rangs ; et le nom voyageait à droite et à gauche. Il s'agissait de Rain-in-the-Face, un éminent guerrier Unkpapa, qui avait été arrêté par le lieutenant Tom.

« Avancez… carabines ! » cria le capitaine Yates au-dessus du tumulte ; et des crosses de carabines furent promptement placées sur la cuisse, la bouche levée. C'était un « prêt » pour une action rapide.

L'orateur indien continuait à crier et à insister ; les autres Indiens se bousculaient et criaient, et de toutes parts la foule augmentait. Cela s'annonçait mal pour la petite compagnie de cavalerie.

Rain-in-the-Face n'a fait aucune résistance. Il fut hissé sur un cheval et encerclé par une garde de soldats, qui ne cédèrent pas d'un pouce devant les regards renfrognés et les menaces qui l'entouraient.

Peu à peu, à mesure que l'interprète du capitaine Yates s'adressait aux Indiens, le tumulte s'est calmé. Ils savaient que dans un combat sur place, beaucoup d'entre eux seraient tués ; et ils savaient que Rain-in-the-Face avait été arrêté pour de bonnes raisons. Alors, bientôt partis, ils commencèrent à se précipiter vers leur village, pour un pow-wow et peut-être pour obtenir des renforts.

« Quatre à droite, marchez ! Colonne de droite : marchez ! ordonna le capitaine Yates ; et avec Rain-in-the-Face au milieu, la colonne de cavalerie compacte sortit de l'agence.

Lorsque l'on s'arrêta au camp temporaire juste à l'extérieur, tous comprirent rapidement pourquoi Rain-in-the-Face avait été arrêté. Quelques semaines auparavant, les Sioux réunis à l'agence avaient organisé une grande danse au cours de laquelle les guerriers avaient récité leurs plus grands exploits. Ils parlaient en sioux, mais Charley Reynolds, l'éclaireur, était assis à côté et regardait. Il comprenait les Sioux. Lorsque Rain-in-the-Face fut entré dans le cercle et se vanta de sa carrière, Charley dressa soudain les oreilles, mais ne donna aucun signe qu'il entendait ; car Rain-in-the-Face se vantait de la façon dont, un an et demi auparavant, il avait tué deux hommes blancs.

L'un était un gros homme sans cheveux ; il l'avait abattu de son cheval et en avait fini avec la massue de guerre. L'autre était un homme plus jeune, le compagnon du gros homme, qui s'était réfugié dans un bosquet d'arbres. Il avait signé pour la paix et offert son chapeau ; mais lui aussi avait été abattu, avec une balle et une flèche. Aucun scalp n'a été prélevé, car le gros homme était chauve et l'autre homme avait les cheveux très courts.

Alors Charley Reynolds sut qu'il avait trouvé l'un des meurtriers du vétérinaire Honzinger et de Sutler Baliran, tué alors qu'il était inoffensif et non armé, lors de l'expédition de Yellowstone de l'été 1873. Charley s'échappa aussitôt qu'il le put et se précipita avec le nouvelles au général Custer à Fort Lincoln.

Le général Custer avait gardé la nouvelle secrète, de peur que les Sioux ne soient alarmés et n'en fassent part à Rain-in-the-Face. Il était considéré comme un puissant guerrier, car il avait fait un record en étant suspendu pendant quatre heures, lors d'une cérémonie de danse du soleil, par des cordes attachées à des attelles enfoncées dans sa poitrine et son dos. Il avait cinq frères bien connus : Bear's Face, Red Thunder, Iron Horn, Little Bear et Shave Head : tous des guerriers. Donc, tout ce qui devait être fait devait être fait avec ruse. Et ainsi cela avait été fait.

Attendant là, dans le magasin de l'agence, jusqu'à ce que les Indiens donnent un aperçu de leurs traits, quand Rain-in-the-Face avait finalement laissé tomber sa couverture un peu, le lieutenant Tom, d'un bond par derrière, l'avait serré autour de ses deux bras.

À Fort Lincoln, Rain-in-the-Face a avoué les meurtres. Il s'attendait évidemment à être pendu sur-le-champ, car il s'habillait de noir. Son frère Iron Horn et d'autres Sioux de premier plan essayèrent de le réconforter et, en conseil avec le général, ils plaidèrent en sa faveur. Mais toutes les actions et discussions ont été conduites d'une manière solennelle et digne, comme il sied à la grande nation Sioux.

Pendant que le général attend les ordres précis du Département de la Guerre, Rain-in-the-Face doit être confiné au poste de garde. Il y resta près de quatre mois. Il restait toujours calme, toujours fier, ne regardant personne quand on lui permettait de faire des allers-retours, enchaîné à un autre prisonnier, pour faire de l'exercice.

Tôt le matin d'avril, l'alarme retentit, des sentinelles aux officiers. Par un trou fait dans le mur en bois par des prisonniers blancs, Rain-in-the-Face s'était enfui. Il ne s'est pas présenté à l'agence. Il n'a pas été retrouvé dans les camps voisins. Cependant, bientôt, de bouche à bouche, de Sioux à Sioux, de la bande d'ennemis de Sitting Bull, loin en amont de la rivière Yellowstone, dans le Montana, il envoya un message. Charley Reynolds lui-même faisait autorité.

"Rain-in-the-Face dit", rapporta Charley, "de dire aux Cheveux Longs et au frère des Cheveux Longs qu'il leur tranchera le cœur parce qu'ils ont mis un grand guerrier en prison."

XXI

SITTING BULL DIT : « VENEZ ! »

Cet été 1875, aucune campagne ou expédition régulière ne fut entreprise par la Septième Cavalerie. Les quelques mois furent consacrés à des exercices à Fort Lincoln et à Fort Rice, ainsi qu'à de courtes reconnaissances et à des entraînements. Cependant, on ne savait pas quand tout le régiment pourrait être ordonné de partir en toute hâte. Les Sioux marmonnaient constamment ; et selon Charley Reynolds et d'autres personnes qui connaissaient les postes, ils « allaient mal ».

Sitting Bull et Crazy Horse étaient toujours en dehors de la réserve, dans leur propre pays de Powder River et de la région de Big Horn ; mais même Red Cloud et Spotted Tail, qui avaient été les premiers à signer le traité de 1868, acceptant la réserve du Dakota, se plaignirent vigoureusement d'un traitement injuste.

Red Cloud avait affirmé que les Sioux se faisaient voler leurs provisions ; certaines des fournitures envoyées par le gouvernement ne leur sont jamais parvenues et d'autres fournitures étaient impropres à l'utilisation. Une enquête a prouvé que Red Cloud avait dit la vérité.

Le Northern Pacific Railroad s'était arrêté à Bismarck, mais les levés à travers le Dakota avaient été effectués, ce qui agaçait également les Sioux. Ils avaient compris qu'aucune route d'homme blanc ne devait traverser la réserve sans leur permission. Et bien sûr, il y a eu les problèmes des Black Hills.

"Eh bien, qu'en penses-tu, ces jours-ci, Charley?" a invité Odell, à mesure que l'été avançait, et seules des rumeurs circulaient dans l'air. « Il se fait tard pour la guerre, jusqu'à l'année prochaine ; n'est-ce pas ? Mais j'ai entendu dire qu'il y avait un millier de mineurs dans les Black Hills, et qu'ils ont fondé une ville qu'ils appellent Custer City.

"Lonesome" Charley Reynolds tirait lentement sur sa pipe et regardait devant lui avec ses yeux bleu foncé calmes et sombres.

« Il y aurait eu la guerre s'il y avait eu des buffles », répondit-il. « Mais le vieux Red Cloud était assez intelligent pour envoyer des coureurs et compter les buffles, et les coureurs en rapportèrent un très petit nombre. « D'après mon idée, en prenant l'ensemble des plaines, au nord et au sud, six ou huit millions de buffles ont été massacrés par des chasseurs blancs du marché. Les Sioux et les Cheyennes vivent du buffle. Red Cloud voit qu'avec la disparition des buffles, les Sioux sont redevables aux blancs pour la viande ; ils ne peuvent pas mener une guerre longtemps ; et c'est pourquoi, au lieu de se battre, Red

Cloud et Spotted Tail sont favorables à la vente des Black Hills au gouvernement. De toute façon, les Blancs ont les Collines. Les terrains qu'ils vendent à Custer City sont des terres indiennes. « Ce n'est pas juste, mais c'est la manière de faire de l'homme blanc. Tant que nous ne voulons pas de la terre, les Indiens peuvent l'avoir ; mais quand nous le voulons, nous trouvons un moyen de l'obtenir.

Des rapports arrivèrent concernant un grand conseil tenu le 17 septembre à Crow Butte, près de l'agence Red Cloud, sur la ligne nord du nord-ouest du Nebraska. Ici, les États-Unis ont rencontré la nation Sioux, les Cheyennes et les Arapahos du Nord, pour troquer contre les Black Hills. Une partie des Indiens voulaient vendre, une autre non. Ils parlaient de Pah-sap-pa comme de leur « Maison d'Or ».

Les États-Unis leur offraient 400 000 dollars par an tant que les hommes blancs voudraient les collines ; et a proposé d'acheter pour 6 000 000 $. Les Sioux rirent. Ils ont demandé environ 30 000 000 $, environ 60 000 000 $; ou « soutien à chaque Indien, aussi longtemps que les Sioux vivront ».

Petit Loup, chef Cheyenne, dit :

« Beaucoup de choses ont déjà été volées dans ces collines. Si le Grand Père nous prend ce riche pays, il devrait nous le payer généreusement. Ce pays vaut plus que toutes les bêtes sauvages et toutes les bêtes apprivoisées que possèdent les Blancs.

Plume de Corbeau, Sioux, a dit :

« Même si notre Grand Père donnait chaque année cent espèces différentes de bétail à chaque maison indienne, cela ne paierait pas les Black Hills. Je ne suis pas né et j'ai grandi ici pour m'amuser. J'espère que le Grand Père regardera et verra combien de millions de dollars ont été volés dans ces Black Hills ; et quand il le découvrira, je veux qu'il nous paie ça. Et nous ne permettrons pas aux Blancs d'arriver par de nombreux chemins. La route des voleurs faite par les Longs Cheveux Jaunes suffit. Que nous pouvons regarder.

Les États-Unis n'ont donc ni acheté ni loué les Black Hills, les Pah-sap-pa des Sioux et des Cheyennes. Ned a entendu de nombreux arguments, pour et contre, au poste ; mais il ne voyait pas que les Indiens avaient grand tort.

Toutefois, le gouvernement estime qu'il a également un grief à formuler. Là-bas, dans la région de Powder River et de Big Horn, hors de la réserve, se trouvaient Sitting Bull et Crazy Horse. Le traité stipulait que cette belle région du nord-est du Wyoming et du sud-est du Montana, depuis les lignes du Dakota et du Nebraska jusqu'aux montagnes Big Horn, était entièrement la propriété des Indiens et devait être un terrain de chasse pour les Sioux tant qu'il y avait quelque chose à chasser. Ici se trouvaient les groupes libres de Sitting Bull et de Crazy Horse ; mais les blancs du Wyoming et du Montana considéraient ces vagabonds comme dangereux, et les Crows, qui essayaient de vivre paisiblement dans leur réserve à l'ouest du terrain de chasse, déclarèrent que les chasseurs Sioux volaient leurs chevaux.

« Lorsque ces Sioux abandonnent la chasse au buffle pour chasser les scalps ou les chevaux, s'ils ne peuvent pas les trouver dans un endroit, ils les trouveront dans un autre », se plaignirent les Blancs, dont certains convoitaient plutôt la région de Powder River pour eux-mêmes.

"Nous ferions tout aussi bien d'aller nous battre comme avant", se plaignirent les Corbeaux, "au lieu d'être de bons Indiens, car nous n'y gagnerons rien si d'autres Indiens sont autorisés à nous voler."

C'était de plus en plus une coutume populaire parmi les Sioux que leurs jeunes hommes s'éloignent des limites de la réserve, rejoignent les groupes gratuits et passent un bon moment jusqu'à ce qu'ils décident de venir dans les agences pour se ravitailler.

Dans l'ensemble, les relations entre la nation Sioux et la nation américaine n'étaient pas satisfaisantes. Avant la mi-décembre, on savait à Fort Lincoln que le gouvernement avait ordonné à Sitting Bull et aux autres bandes d'entrer dans la réserve avant la fin janvier, sous peine d'en subir les conséquences.

"Hein !" grogna Odell, tandis que la nouvelle parvenait à Fort Lincoln, en route vers les différentes agences. "Cela signifie la guerre."

"Oui, et probablement une campagne hivernale aussi", a répondu le sergent Butler de la compagnie de Ned. « Un autre Washita pour le septième ! »

« Sitting Bull ou Crazy Horse ne viendront-ils pas, à votre avis ? » demanda Ned avec inquiétude.

"Charley dit qu'ils ne le feront pas", dit le sergent Butler en désignant l'éclaireur d'un signe de tête.

Charley était assis dans la salle de la caserne, tranquillement, près du poêle.

« Non, ils ne le feront pas », affirma-t-il calmement. « Pourquoi le devraient-ils ? Ils vivent sur leurs propres terrains, garantis par le gouvernement, où ils peuvent vivre et chasser. De plus, la moitié de la nation Sioux les rejoindra. J'ai beaucoup de respect pour Sitting Bull. Il est aujourd'hui la plus grande puissance de la nation Sioux, même s'il n'est pas un chef.

« Le connaissez-vous, Charley ? » demanda Ned.

"Oui je le connais. C'est un Indien petit et trapu, avec une large silhouette simple, des cheveux bruns et un teint clair grêlé. Le seul Injun que j'ai jamais vu avoir les cheveux bruns. Son nom Sioux est Ta-tan-kah-yo-tan-kah. C'est un Unkpapa, et son nom lorsqu'il était enfant était Jumping Badger, jusqu'à ce qu'il compte un coup sur une carcasse de Corbeau et prenne le nom de son père. Ce n'est pas un chef, ni le fils d'un chef sauf un sous-chef, mais c'est le Sioux le plus intelligent du monde. Les chefs de guerre ne l'apprécient pas beaucoup. Sa spécialité est de fabriquer des médicaments et de deviner ce qui va se passer. C'est aussi un bon devineur. Et il sait certainement lire le caractère humain.

« Ne va-t-il pas se battre ?

« Oh, il s'est battu, à la mode indienne. À Buford (Fort Buford), ils ont une vieille liste de la trente et unième infanterie, qui appartenait à Sitting Bull et qu'un autre Indien lui a volée. Il l'avait imaginé plein de lui-même, de ses meurtres et de ses vols. Il a donc été un guerrier ; mais parmi les autres Indiens, il se classe comme un grand médecin et non comme un homme comme Crazy Horse, Gall ou Red Cloud ; sauf qu'il déteste les Blancs et qu'il le fera toujours, je pense.

« Tu connais aussi Crazy Horse, Charley ? »

«Oui, je connais Crazy Horse. C'est un Sioux Oglala, mais sa bande est principalement composée de Cheyennes du nord. Crazy Horse est un combattant, d'accord. Vous pouvez parier sur cela. Le chef Gall est cependant leur général. À côté de lui se trouve Crow King. Si nous avons un combat, ce sera Gall, Crow King et Crazy Horse qui planifieront, et Sitting Bull prophétisera et les incitera à continuer.

"De toute façon, nous pouvons les battre." C'était la voix confiante de Boston Custer. « Bos » avait été nommé maître des fourrages, il se considérait désormais comme membre du régiment et en était fier. Il aimait parfois se mêler aux soldats et être l'un d'eux, même si son frère était le commandant.

«Peut-être, peut-être pas», réfléchit sobrement Charley Reynolds. « Ce pays des Bad Lands est une terreur à traverser. Ces Indiens sont aussi mieux armés que les soldats ; avec des Springfield, des Winchester et des Remington qu'ils reçoivent directement des agences, ainsi que de nombreuses fournitures. Quand tu rencontreras ces Sioux, mon fils, tu sauras que tu as participé à une mêlée.

Les semaines passèrent. Le premier février, les groupes Sitting Bull et Crazy Horse n'étaient pas encore arrivés dans la réserve et, de toute évidence, ils n'avaient pas l'intention d'y venir. Un jour, apparut à Fort Lincoln le vieil Isaiah, un interprète noir qui avait épousé une femme Sioux et vivait à l'agence Standing Rock.

"Eh bien, Isaiah, où sont le reste de tes Indiens ?" » héla un soldat.

"De qui vous parlez?" » demanda Isaïe.

"Sitting Bull."

"Tu n'as pas eu sa parole ?" rétorqua Isaïe. « Il a dit aux soldats : 'Allez. Pas besoin d'apporter de guides. Vous pouvez me trouver facilement. Je ne m'enfuirai pas. C'est vrai, parce que ma squaw me l'a dit, et elle le sait.

XXII
CONTRE LES SIOUX

Jusqu'à cette époque, le général et Mme Custer étaient partis tout l'hiver pour faire du tourisme à New York. Maintenant, ils revinrent après un dur voyage à travers une tempête de neige – et ils revinrent juste à temps. Des ordres avaient été envoyés par le général Sheridan, commandant de la division de l'Ouest, au général Terry, commandant le département du Dakota, pour que le département doive réprimander les Sioux désobéissants. Bien sûr, la Septième Cavalerie prendrait le van et les Cheveux Longs dirigeraient ses guerriers.

Les rapports indiquaient que la marche devait commencer immédiatement ; que le général Sheridan avait hâte de faire une autre campagne. Et cela ressemblait à cela, avec le général Custer s'affairant à Fort Lincoln, et avec des fournitures et des troupes (selon les discussions entre les officiers) rassemblées à Saint-Paul en vue des premiers trains à destination de Bismarck.

« Oh, mets juste le Septième sur le terrain. C'est assez. Nous pouvons lécher les Sioux et les faire manger à la table du gouvernement », tel était le slogan de Fort Lincoln.

Les plans semblaient être que le département du Dakota devait attaquer depuis l'est et l'ouest, et le département de Platte depuis le sud. Il serait donc assez difficile pour les Indiens de s'échapper, sauf en se dirigeant vers le nord, vers le Canada.

Le printemps était tardif. L'hiver revenait sans cesse, pour neiger un peu plus ; et après les neiges, il y eut beaucoup de gels et de pluies froides. Le général serait parti à tout moment ; mais le général Terry, à Saint-Paul, n'était pas prêt. Il accompagnerait la colonne depuis Fort Lincoln, même si le général Custer devait commander sur le terrain.

Pendant ce temps, le général laissait repousser ses cheveux, après les avoir fait couper pour son séjour à l'Est, et préparait son commandement. Il y avait de nombreux exercices. Tout le monde avait hâte de partir. Certains officiers, comme le capitaine Benteen et le lieutenant Calhoun et le capitaine (il avait été promu) Tom Custer et le lieutenant Smith et « Queen's Own » Cook et « Bandbox » Yates avaient déjà combattu des Indiens ; d'autres, comme le nouveau major, le major Marcus Reno, ainsi que les lieutenants Reily et Sturgis, étaient plutôt novices en la matière ; et il en était de même pour les hommes enrôlés.

Quant à Ned, il avait été transféré dans la compagnie du capitaine Benteen, qui était la troupe H. Le capitaine Tom commandait désormais la troupe C.

La rumeur s'est répandue que le régiment prendrait le terrain en avril, bien sûr, si la neige cessait un jour. Puis, au milieu des préparatifs, le général Custer fut soudainement convoqué à Washington. Tout le monde savait qu'il détestait y aller ; pourtant, il doit évidemment y aller. Il avait été convoqué pour témoigner devant un comité nommé par le Congrès pour enquêter sur certaines fraudes présumées dans les comptoirs indiens. Bien sûr, on s'attendait à ce qu'il revienne bientôt ; car qui d'autre était là pour vaincre les guerriers de la grande nation Sioux ?

Mars est passé. Déjà, plus à l'ouest, dans le Wyoming, où les neiges n'étaient pas si épaisses, l'armée avait livré une bataille contre les Sioux. Le 17 mars, jour de la Saint Patrick, la deuxième et la troisième cavalerie de Fort Fetterman, sous les ordres du général JJ Reynolds, envoyés par le général Crook le « Grey Fox », avaient attaqué le village de Crazy Horse à l'embouchure de la rivière Little Powder et avaient l'a détruit.

Mais les Indiens s'étaient échappés et avaient également récupéré leur troupeau de poneys ; de sorte que, de l'avis du Septième, le travail ne pouvait pas être comparé au bon travail effectué sur le Washita. Cependant, ce n'était pas une chance d'être en attente ici à Lincoln, pendant que le Deuxième et le Troisième étaient occupés au travail.

Mais peu importe. Le temps trente sous zéro a ramené les troupes de Fetterman chez elles. Crazy Horse, désormais plus fou que jamais, rejoindrait Sitting Bull ; et il y aurait suffisamment de combats pour tout le monde.

Avril arriva et grandit, et toujours aucun général Custer n'apparut. Le bruit courait qu'il avait été détenu à Washington, à cause de son témoignage qui n'avait pas plu au président Grant ; ensuite, le bruit courut qu'il avait été démis du commandement de la colonne « Custer » ; et ensuite le bruit courait qu'il n'accompagnerait pas du tout le régiment ! C'était une nouvelle surprenante pour le Septième. Que serait une campagne sans « Old Curly ! »

Or, en ces jours froids d'avril, tous les soldats étaient sur la pointe des pieds, impatients. Custer ou pas Custer, le moment était venu pour la marche. Bientôt, l'herbe reverdrait, les Sioux pourraient voyager et l'avantage serait pour eux. Pendant ce temps, chaque rapport des agences était plus alarmant. Les « amis » ou « Indiens de la réserve » s'éclipsaient, s'éloignaient, s'éloignaient, emportant des provisions et des armes.

« À Standing Rock, j'ai entendu dire qu'il n'y avait que cinq mille Indiens là où il y en avait sept mille auparavant », affirma Odell. « Les autres sont partis pour « visiter » et « chasser » ; mais vous pouvez être sûr que c'est dans le pays de Big Horn qu'ils vont.

Les quatre troupes du Septième de Fort Rice et les six de Fort Lincoln furent déplacées de la caserne vers le camp, comme lieu de rendez-vous plus pratique. Les alliés de l'infanterie arrivèrent, avec une batterie de gatlings ; les fournitures aussi, dans les premiers trains. La ville de Bismarck était animée par l'excitation des préparatifs.

Bloody Knife, le chef éclaireur d'Arikara ne pouvait pas comprendre ce qui était arrivé aux cheveux longs. Ned le regardait parler un langage des signes rapide avec Charley Reynolds ; et ensuite il s'en va sombrement.

« Bloody Knife demande pourquoi les Cheveux Longs ne viennent pas faire sortir ses guerriers. Trop de bruit et d'attente, dit-il. Les Sioux rient et se vantent ; et envoyez un mot depuis les collines : « Les soldats blancs sont-ils fatigués avant de partir ? « Quel est le problème avec les cheveux longs ? » « Est-ce que les cheveux longs sont malades ? Et ainsi de suite. Je dis à Bloody Knife que nous avons un autre grand chef, nommé Terry, pour nous diriger ; mais il dit : « Non, je veux Terry. Je veux des cheveux longs. Les cheveux longs ne sont jamais fatigués, n'ont jamais peur, chef de tas.'

"Terry est l'homme qui a capturé Fort Fisher en 65, n'est-ce pas ?" » demanda un fantassin qui se tenait à proximité. "Il doit donc être un bon gars."

"Oui; c'est ainsi qu'il a obtenu son étoile de général dans l'armée régulière, et grâce au Congrès en plus, répondit Odell. « Et notre propre lieutenant Smith n'était-il pas là aussi, dans l'état-major de Terry ? Bien sûr, il portait les couleurs pour encourager un régiment, lorsqu'un ballon lui a tellement fracassé l'épaule qu'il n'a jamais pu lever le bras au-dessus d'un certain niveau. Terry va bien. C'était un bon avocat avant d'être un bon soldat. Tout le monde l'aime. Mais il n'a jamais combattu les Indiens. Nous voulons tous Custer et vous pouvez être sûr que Sheridan le veut aussi. C'est le président, qui est à la tête de l'armée, qui est contre lui. Il a parlé trop librement, je pense, et certains amis de Grant en ont été blessés.

Cependant, la première semaine de mai, qui devrait arriver sinon le général Custer ! Par la suite, on a su qu'il venait d'échapper complètement à l'abandon. Finalement, il avait demandé à pouvoir participer à l'expédition, qu'il le commande ou non. « En tant que soldat, je vous demande de m'épargner l'humiliation de voir mon régiment marcher à la rencontre de l'ennemi et de ne pas partager ses dangers », avait-il été son télégramme au président Grant.

Le général Terry s'était joint à l'appel, et maintenant le président Grant avait consenti. Le général Custer ne devait commander que son régiment ; Le général Terry devait commander toute la colonne ; mais, de toute façon, « Old Curly » serait là.

Il avait l'air maigre et hagard, comme s'il s'était beaucoup inquiété. Ses cheveux étaient courts et ne pouvaient repousser avant la marche. Le temps pressait. Ici, c'était le mois de mai, le printemps était ouvert, les Indiens étaient en campagne, chaque jour augmentant leurs forces.

Les familles des officiers et les familles de nombreux hommes enrôlés ont quitté le poste pour le camp. Un autre Custer est également arrivé. Il s'agissait du jeune Armstrong Reed, ou « Autie », le neveu du général. Sa mère était la sœur aînée du général. « Autie » était plus jeune que « Bos » et Ned. Avec un camarade d'école, il était venu de l'Est pour passer ses vacances en tant qu'éclaireur ou soldat, il ne savait pas exactement lequel. Lui et « Bos » étaient ravis de participer à l'expédition ; beaucoup de soldats étaient également enthousiastes et se vantaient un peu ; mais les femmes du cercle des officiers et de Suds Row, elles étaient très sobres. Ils savaient que les Sioux se rassemblaient, ce que le retard avait fait pour modifier l'avantage et quelle était la gravité de la campagne. Les yeux de Mme Custer semblaient débordants ; tout comme ceux de Mme Calhoun et de Mme Yates, et tout.

Ce n'est qu'à la mi-mai que l'ordre fut donné de lever le camp. Le premier général Terry et son état-major sont arrivés du quartier général du département à St. Paul. Le général Alfred Howe Terry, commandant du département du Dakota, était un homme de grande taille, militaire, avec une longue barbe et des manières calmes et courtoises. Ned a immédiatement aimé son apparence.

Le 17 mai était le jour du départ. Le « Général » ou appel à la grève des tentes a été retenti à cinq heures du matin. Le train de wagons fut envoyé en avant, escorté par l'infanterie ; mais le général Terry avait ordonné au général Custer de faire défiler le 7 autour du terrain de parade de Fort Lincoln, en guise de compliment aux « épouses et amies » qui s'y trouvaient.

C'était gentil de la part du général Terry. Il avait vu ce que ressentaient les femmes et il espérait leur remonter le moral.

Fièrement assis, les officiers et les hommes, peloton par peloton, dans une colonne clignotante de jaune et de bleu, dirigés par la fanfare, le célèbre septième régiment – « Custer's Regiment » – de la cavalerie américaine, parcouraient et contournaient le terrain de parade de Fort Abraham Lincoln. . Le groupe a joué « Garryowen » :

Nos cœurs si vaillants nous ont valu la renommée,
Car on saura bientôt d'où nous venons ;
Où que nous allions, ils redoutent le nom
de Garryowen dans la gloire !

Des voix applaudissaient ; les enfants caracolaient. Mais de Officers' Row et de Suds Row scrutaient des visages tachés de larmes qui essayaient en vain de sourire, et du village d'Ankara à l'extérieur jaillissaient les chants lugubres de squaws lugubres.

Néanmoins Ned, chevauchant en ligne avec les sections du capitaine Benteen, trompette sur la cuisse, revolver à la hanche, ne pouvait qu'être sûr qu'un si grand régiment était capable de battre tous les Indiens des plaines.

La mélodie du groupe a été modifiée pour « The Girl I Left Behind Me » :

L'espoir de la victoire finale
Dans mon sein brûlant,
Se mêle aux douces pensées de toi
Et de mon retour affectueux.
Mais si je ne reviens plus jamais,
tu me trouveras toujours digne de ton amour ;
Le souffle du déshonneur ne tachera jamais
le nom que je laisserai derrière moi.

C'était le signe que le défilé était terminé. Des quartiers de garnison sortit la colonne de pelotons ; et ici fut donné l'ordre de s'arrêter et de descendre de cheval.

« Les officiers et les hommes sont autorisés à quitter les rangs pour faire leurs adieux à leurs familles. Ils rejoindront leurs commandements au son de « Assemblée ».

Telles étaient les instructions. Cependant, le général resta avec la colonne, tout comme le capitaine Calhoun. Leurs femmes devaient les accompagner, en quelque sorte, comme d'habitude.

Certains officiers et hommes avaient les yeux rouges de manière suspecte lorsqu'à « l'Assemblée », ils se sont à nouveau remis en place. On pouvait voir le train de wagons, roulant, suivant l'infanterie qui marchait péniblement. La cavalerie avança rapidement pour passer et prendre l'avance. Mme Custer et Mme Calhoun accompagnaient le général en tête de colonne. Il était monté sur Vic. Les chiens de cerf trottaient sur les deux flancs. Ils étaient toujours inclus.

En vérité, à voir cette longue colonne s'étendant sur deux milles, les rangs réguliers, les éperons tintant, les canons d'infanterie inclinés, les guidons et le drapeau gaiement flottants, il ne semblait y avoir aucune raison pour que les « épouses et amies » blanches et ces squaws Ree se sentent si mal. Ici se trouvaient les douze troupes de la septième cavalerie combattante, sous les ordres de Custer lui-même ; il y avait là de l'infanterie : deux compagnies du sixième régiment régulier et une du dix-septième ; il y avait là quatre mitrailleuses Gatling et un peloton de la vingtième infanterie pour les servir ; et quarante éclaireurs Arikari ou Ree sous les ordres du chef Bloody Knife ; et le maître des fourrages « Bos » Custer et le jeune « Autie » Reed, qui a été nommé berger pour les bovins de boucherie, et « Lonesome » Charley Reynolds l'éclaireur blanc, et Isaiah l'éclaireur noir squaw-man de Fort Rice ; et un grand train de ravitaillement de 114 wagons à six mulets, 107 autres wagons et quatre-vingt-cinq mulets de bât ; au total, 1 000 hommes. Ils avaient des rations et du fourrage pour trente jours, et chaque soldat portait cent cartouches de fusil ou de carabine et cinquante cartouches de revolver. Le Septième avait laissé ses sabres derrière lui et ils en étaient contents, car les sabres étaient un problème. Ils pourraient faire un meilleur travail avec leurs revolvers Colt et leurs carabines Remington. Même les officiers ne portaient pas d'épée.

C'était la « colonne Lincoln ». Depuis le Wyoming marchait la colonne Crook - dix compagnies de la Troisième Cavalerie, cinq de la Deuxième et six compagnies de la Quatrième et de la Neuvième infanterie américaine : 1 300 hommes sous les ordres du général George Crook, le « Renard Gris » qui avait combattu. les Apaches en Arizona. Depuis l'ouest du Montana marchait la « colonne du Montana » : quatre compagnies de la deuxième cavalerie et deux de la septième infanterie : 400 hommes sous les ordres du général John Gibbon, qui avait gagné rang et honneur pendant la guerre civile. Deux mille sept cents soldats commandés par trois généraux célèbres devraient fouetter Sitting Bull et Crazy Horse.

La colonne Lincoln établit son premier camp à une courte distance du fort. Tôt le lendemain matin, Mme Custer et Mme Calhoun ont dit au revoir à leurs maris et amis et doivent retourner à Lincoln.

Tant qu'ils étaient en vue, ils agitaient leurs mouchoirs ; le général et le lieutenant Calhoun, depuis leurs positions, leur répondirent. Lorsque cela cessa, Ned eut alors l'impression que la campagne contre le pays ennemi avait enfin réellement commencé.

XXIII

RECHERCHE SITTING BULL

"Combien d'Indiens y aura-t-il, à votre avis ?" a appelé « Autie » Reed, avec enthousiasme, de Ned.

C'était le soir du 21 juin. L'expédition était partie de Fort Lincoln depuis plus d'un mois. Ils étaient maintenant campés à l'embouchure de la rivière Rosebud, sur la rive sud de la rivière Yellowstone, dans le sud-est du Montana, juste au-delà de la rivière Tongue, où, au cours de l'été 1873, le général Custer avait rencontré les Sioux pour la première fois au combat et avait failli être coupé. et le docteur Honzinger et Sutler Baliran avaient été tués par Rain-in-the-Face.

Aucun Indien n'avait été rencontré. Beaucoup d'officiers et d'hommes étaient d'avis qu'aucun ne serait retrouvé et que tous s'échapperaient. Mais lorsque les chercheurs arrivèrent enfin à l'intérieur de la maison ennemie, il semblait qu'un combat allait bientôt éclater. La « colonne Montana » du général Gibbon campait de l'autre côté de Yellowstone. Ils avaient marché depuis l'ouest sur la rive nord et avaient rapporté qu'aucun Sioux n'avait voyagé vers le nord, mais qu'ils avaient vu des Indiens hostiles les surveiller depuis la rive sud. C'est pourquoi, de l'avis du général Gibbon, les Sioux étaient encore au sud de Yellowstone, dans les terrains de chasse sauvages de la Big Horn et des Powder Rivers.

Le général Crook le Renard Gris était là-bas, avec ses soldats. On n'avait pas eu de nouvelles de lui, mais on s'attendait à ce qu'à son approche, il conduise les Sioux devant lui. Personne ne savait que le 17 juin, le général Crook avait été rencontré sur le haut Rosebud par les guerriers de Sitting Bull et avait été repoussé. Le général rouge avait surpassé le général blanc. Les Sioux étaient de meilleurs guerriers que les Apaches.

Le major Reno avait reçu l'ordre du général Terry de prendre sa partie du Septième et de faire des reconnaissances vers le sud, d'examiner le pays à la recherche de signes indiens et peut-être d'apercevoir le général Crook. Il n'avait pas aperçu le général Crook, qui se trouvait à cent milles de distance, enfermé par une vaste étendue de pays accidenté et périlleux. Mais en faisant un cercle, il était revenu, avec la nouvelle que sur la rivière Rosebud, il avait trouvé une grande piste, tendant vers le haut de la rivière, tracée par de nombreux Sioux. C'était effectivement une nouvelle, et une bonne nouvelle.

Des bateaux à vapeur circulaient sur le Yellowstone. Le bateau de ravitaillement du gouvernement Far West, le capitaine Grant Marsh, était arrivé du Missouri. Le général Terry, le général Gibbon et le général Custer s'étaient consultés, à bord, où il était attaché au rivage en train de décharger ses fournitures ; et les résultats étaient connus.

La « colonne Montana » devait être traversée jusqu'à la rive sud ; et eux et l'infanterie, sous les ordres du général Terry et du général Gibbon, devaient se diriger vers le sud en remontant la rivière Big Horn, qui était la rivière suivante au-delà du Rosebud. Le Far West devait accompagner autant qu'il le pouvait. Mais toute la septième cavalerie devait remonter le Rosebud, jusqu'à la piste indienne, et voir où menait la piste. Alors, si les Indiens tentaient de s'échapper par l'est ou le sud-est, le Septième les renverserait ; et s'ils tentaient de s'échapper vers le nord par la Big Horn, l'autre colonne les ferait tourner.

Tous les soldats étaient désormais très intéressés, mais aucun n'était plus intéressé que « Autie ». Il avait donc cherché Ned, le vétéran, pour conférer avec lui. « Autie », étant le neveu du général, était toujours rempli d'informations privilégiées qu'il recueillait parmi les officiers. Ensemble, ils formaient donc une bonne équipe.

"Combien d'Indiens y aura-t-il, à votre avis ?" » demanda « Autie », près du feu de camp.

« Le major Reno dit qu'il a compté les signes de trois cent quatre-vingts loges, n'est-ce pas ? répondit Ned. « Charley Reynolds dit que cela signifie environ mille quatre cents en tout ; quatre ou cinq cents guerriers, si l'on inclut les garçons. Les garçons indiens de plus de quatorze ans peuvent se battre aussi fort que les hommes. Ils l'ont fait sur le Washita.

"Bloody Knife et les Rees ont déjà peur", a déclaré "Autie". « Ils fabriquent des médicaments. Mais Demi-Visage-Jaune, Bouclé et les autres Corbeaux n'ont pas peur. (Certains Indiens Crows avaient rejoint les éclaireurs Arikari pour lutter contre les ennemis Sioux.) De toute façon, je les préfère. Ils sont aussi joyeux que chacun d'entre nous.

«Oui», acquiesça sagement Ned; "Ce sont à peu près les meilleurs Indiens que j'ai jamais vus."

« Les Sioux peuvent les fouetter », grogna une voix. C'était celle d'Isaiah, l'éclaireur noir. "Les Sioux sont les meilleurs combattants des plaines."

"Mais ils ne peuvent pas nous fouetter", rétorqua "Autie". "Est-ce la piste de Sitting Bull que nous allons suivre, Ike ?"

"Non, je suppose que non. Le groupe va au village de Settin' Bull, mebbe. Mais ne t'inquiète pas, mon garçon. Nous trouvons Settin' Bull, très vite ; ou il nous trouve. Crazy Hoss aussi. Gall, Lame Deer, Black Moon, Two Moon, He Dog, Hump, Big Road, Crow King, ils sont tous là, avec leurs Minniconjous, et leurs Oglalas, et leurs Cheyennes, et leurs Sans Arc, et leurs

Brules, et Les Hunkpapas et les Pieds-Noirs s'amusent à se battre si nous leur apportons le message au bon endroit.

"Et Rain-in-the-Face", a suggéré "Autie".

"Ouais; La pluie au visage. Il soit là.

"Nous ne nous en soucions pas", se moqua "Autie", fidèle au Septième. « Le général Terry a offert à l'oncle Autie les mitrailleuses Gatling et une partie de la deuxième cavalerie ; mais oncle Autie dit que le septième est suffisant. Nous n'avons besoin de personne pour nous aider ; n'est-ce pas, Ned ! »

«Non», affirma Ned. « Nous pouvons nous occuper de tous les Sioux qui viennent. Il n'y en a pas plus de trois mille hors de la réserve, selon le rapport du ministère des Affaires indiennes ; et seulement six ou huit cents d'entre eux sont des guerriers. La Septième Cavalerie peut *les fouetter* .

«Vous voyez», grogna Isaiah. « Il y a autant de Sioux hors réserve que sur réserve. Ma squaw Sioux. Elle sait."

"Nous ne nous en soucions pas", se moqua encore une fois "Autie".

Lorsque la Septième commença, le lendemain midi, ils démarrèrent en beauté. Ils passèrent en revue devant le général Terry, le général Gibbon et le général Custer. Le général, le capitaine Tom, l'adjudant Cook et le capitaine Keogh portaient leurs costumes en peau de daim ; tout le régiment était élégant et sérieux ; le groupe a joué « Garryowen » – mais ils devaient être laissés pour compte, cette fois, c'était le groupe. Le général Terry sourit et salua chaque troupe tandis que les pelotons passaient devant eux. En voyant Dandy caracoler, le général se tenait droit et fier, car c'était son régiment d'élite.

Ce soir-là, « Autie » rendit compte du conseil des officiers qui se tenait sous la tente du général. « Oncle Autie » avait dit que le régiment devait suivre les Sioux même si la piste menait clairement aux agences du Nebraska ; et cela doit se faire sur les rations de quinze jours. Cela ressemblait exactement à celui du général. Tout comme le général Sheridan l'avait déclaré un jour, lorsqu'il voulait que quelque chose soit fait rapidement, il envoyait Custer.

Le Rosebud était un ruisseau petit mais rapide, coulant vers le nord à travers une campagne abrupte et dénudée. La piste indienne a été frappée le lendemain. Il y avait des marques de poteaux de pavillon, des traces de poneys, et de petites mèches de broussailles qui donnaient l'impression que des chiens avaient dormi dessous. Les éclaireurs Ree et Crow, ainsi que Charley Reynolds, Isaiah et d'autres éclaireurs non indiens, marchaient en avant, examinant de près tous les signes. Ils pensaient que la piste datait d'une dizaine de jours.

Sur la droite se trouvait la rivière Big Horn, parallèle au nord-est et au Rosebud. Mais entre les deux se trouvait le Little Big Horn, qui coulait vers le nord-ouest et se jetait dans le Big Horn. La théorie était que le village de Sitting Bull ou de Crazy Horse, ou les deux, se trouvait sur la Little Horn ou sur la Big Horn. Le Septième devait effectuer une courbe et rencontrer l'infanterie et la colonne Gibbon à l'endroit où le Little Horn rejoignait le Big Horn.

Que des Indiens fussent là-bas quelque part semblait certain ; car aujourd'hui, samedi 24 juin, l'éclaireur Curly the Crow a rapporté par l'intermédiaire de Mitch Bouyer l'interprète qu'ils avaient trouvé de nouvelles traces indiennes ; et ils virent des feux de signalisation à l'ouest ou à droite. Le sentier principal était très large et réduit en poussière par les sabots de très nombreux poneys.

« Ike dit que la poussière que nous produisons sera visible par les Sioux, bien sûr », se plaignit « Autie », très inquiet, au camp de midi, à la recherche de Ned. « La Little Big Horn est appelée par les Sioux « Greasy Grass River ». C'est juste au-delà de ces collines. Ce sont les Montagnes des Loups. Les Indiens sont peut-être au sommet et nous espionnent. Peut-être que nous ne les attraperons pas.

Cependant, le général Custer en savait autant qu'Isaiah. Les compagnies reçurent l'ordre de marcher à des intervalles plus rapprochés, afin de produire le moins de poussière possible ; et cette nuit-là, le camp fut dressé sous une falaise flanquante, et les feux furent éteints dès que le souper fut cuit. Le sentier s'était éloigné de la vallée du Rosebud. Il s'est dirigé vers l'ouest, comme pour traverser jusqu'à Little Big Horn. Les premiers sergents firent savoir dans les compagnies que les hommes étaient prêts à marcher à nouveau à onze heures trente. Après les coups, il semblait y avoir un autre conseil d'officiers, aux chandelles au quartier général. Allongé dans sa couverture, dans l'obscurité, alors que les officiers en route vers le général l'enjambaient, Ned pouvait dire que quelque chose se passait. L'air était plein de mystère et d'attente.

Alors que le jeune « Autie » dormait profondément dans sa propre couverture, Ned, comme les autres hommes dans les rangs, ne savait pas précisément de quoi les officiers avaient parlé. Mais à 11 h 30, le réveil silencieux – qui consistait en un contact de la main et une parole basse de la part des sergents et des caporaux – fut « sonné » et, en colonne de quatre, le régiment sortit à travers le crépuscule poussiéreux ; le train de mulets suivait.

C'était lent. Longtemps après minuit, l'ordre de s'arrêter fut transmis à la colonne ; et on sut bientôt que les éclaireurs affirmaient qu'ils ne pourraient pas les guider plus loin à travers la frontière avant le jour.

Tout le monde a attendu. Le jour était proche. Au bout d'une heure environ, l'est commença à s'éclaircir ; une heure plus tard, il y avait assez de lumière pour faire du café. Portant un message du capitaine Benteen, Ned eut un autre aperçu de « Autie », qui retournait au troupeau de chevaux.

"Bonjour", salua "Autie". « Tu aurais dû être là ! Oncle Autie et les éclaireurs indiens ont discuté, et Bloody Knife a dit aux autres : « Nous trouverons suffisamment de Sioux pour que nous puissions tous nous battre pendant deux ou trois jours. Et oncle Autie a juste souri et a dit : « Oh, je suppose que nous en aurons fini avec eux en un jour ! Ces Rees ont terriblement peur. Ce sera une grande bataille, je parie. Je me demande si nous allons nous battre dimanche. Je dois m'occuper de mes chevaux. Au revoir.

Le soleil était bien levé. C'était une glorieuse journée de juin ; et c'était le 25, ou dimanche, comme l'avait fait remarquer « Autie ». Bientôt, alors que les troupes attendaient, se reposaient et s'interrogeaient, le général descendit la colonne. Il était à cru, sur Vic. Son visage était illuminé, sous son chapeau à larges bords, ses cheveux jaunes et sa moustache fauve brillaient, mais ses yeux bleus étaient las et plissés, avec une trace d'inquiétude.

« Nous marchons à huit heures, Benteen », ordonna-t-il au capitaine. « Les éclaireurs ont repéré l'emplacement du camp indien à environ quinze milles plus loin, sur Little Horn. Beaucoup de fumée et de « tas de poneys ». Varnum rapporte qu'ils ont croisé des corps, sur des échafaudages Sioux. Laissez-moi prendre Fletcher comme infirmier.

« Très bien, monsieur », répondit le capitaine Benteen ; et le général partit au trot. Sur un signe de tête du capitaine, Ned se hâta de monter à cheval et de le suivre.

« Probablement nous nous approchons le plus près possible pour faire une reconnaissance ; et tôt le matin, nous attaquerons », faisait remarquer le capitaine, le lieutenant Gibson, tandis que Ned s'éloignait à toute vitesse.

« Il ne peut pas y en avoir plus de douze ou mille cinq cents. Nous pouvons facilement réduire ce nombre », fut la réponse.

Qui était là pour dire qu'au-delà de la crête, bien caché dans la vallée tortueuse de Little Big Horn, se trouvait un grand village - un autre village comme celui de la Washita, mais plus grand - les bandes alliées des Oglalas, les Minneconjous, les Sans Arc ou Bowless, les Brules ou Burnt Thighs, les Hunkpapas, les Blackfeet, les Northern Cheyennes : 15 000 Indiens, dont au moins 3 000 combattants bien armés et commandés par le sage Gall et d'autres puissants chefs. Fleur de la nation Sioux, ils ne craignaient aucun soldat blanc. Ils ne demandaient qu'à être laissés tranquilles.

Ned chevauchait maintenant avec le général, la marche se faisait le long d'un petit passage à travers les collines de la ligne de partage. Vers le milieu de la matinée, une halte fut de nouveau ordonnée, dans un ravin.

Mais prenant l'adjudant Cook, ses aides-soignants et Bloody Knife, le général galopa en avant pour rejoindre les éclaireurs sur une crête plus tôt. Ned et le sergent Butler de la troupe du capitaine Tom (il était l'autre infirmier) devaient tenir les chevaux pendant que le général et l'adjudant s'avançaient à pied pour surveiller la crête.

« De la fumée », commenta le sergent Butler en hochant la tête.

Au-delà de la crête pendait une pellicule de fumée mêlée de poussière. Lorsque les officiers revinrent, d'après leurs conversations, ils avaient également aperçu à travers leurs lunettes un troupeau de poneys. Le village indien doit être là-bas.

Dans le ravin encore, il faisait chaud ; les broussailles frémissaient sous la chaleur réfléchie par les rochers. La colonne attendait, dans l'expectative. Les Ree formaient un groupe, déshabillés comme pour un combat. Leur guérisseur, Bob-tail Bull, passait de l'un à l'autre, les enduit d'huile, pour les mettre à l'abri des armes de l'ennemi. Les Corbeaux étaient accroupis et témoins.

Le capitaine Tom est venu au galop à la rencontre du général.

« Keogh rapporte que le détachement envoyé par Yates pour récupérer le matériel qu'il avait lâché s'est heurté à un Sioux, ouvrant l'une des boîtes avec sa hachette. L'homme s'enfuit, jusqu'à être hors de portée ; puis il a chevauché tranquillement le long de la crête, nous évaluant.

« C'est un bon appel pour les officiers », dit le général à Ned.

Les officiers se sont rassemblés.

« Messieurs, dit le général, des Indiens ont été vus sur le sentier et sur les collines, et notre présence doit être bien connue. Cela nécessitera que nous attaquions immédiatement, au lieu d'attendre jusqu'au petit matin, comme je l'avais prévu. Si nous attendons, le village se dispersera et s'enfuira. Chaque commandant de troupe détaillera un sous-officier et six hommes pour accompagner les meutes. Les troupes seront inspectées pour action. La colonne se formera dans l'ordre dans lequel les rapports finaux seront faits, et la première troupe signalée prête se verra attribuer le poste d'honneur, dans l'avance.

Le capitaine French, M Troop, a remporté cet honneur ; et bientôt toutes les troupes furent signalées : « Prêt, monsieur. »

« Préparez-vous à monter… montez ! Pour-r'd-mars ! Pour combattre les Sioux, le septième impatient chevaucha. « Autie » s'était précipité en avant. Ned était l'infirmier du général, tout comme il l'avait été à la bataille de Washita. Quelle chance!

La ligne de démarcation avait été franchie, car pour l'instant le sentier semblait être plus en descente. Le Rosebud était derrière ; le Little Big Horn avant ; mais les collines étaient encore fermées de tous côtés. Une nouvelle halte fut faite et la colonne se reforma en trois bataillons. L'attaque serait donc lancée en plusieurs coups, comme au Washita également. C'était le mode de combat préféré du général. Il l'avait également utilisé pendant la guerre civile.

Le major Reno avait le premier bataillon, composé de trois compagnies et d'éclaireurs ; le général avait cinq compagnies ; Le capitaine Benteen en avait trois, et la compagnie B dirigée par le capitaine McDougall escortait le train de bât et les chevaux en liberté. Le général gardait Vic pour cheval de bataille ; Dandy a été mis avec les figurants.

Le bataillon du capitaine Benteen vira vers la gauche, effectuant un circuit dans une autre vallée. La colonne du major Reno a également viré davantage vers la gauche. Le général se retrouva à hauteur de lui, du côté droit de la première vallée.

Tandis que les deux colonnes avançaient, le cœur de Ned battait comme il battait toujours avant un combat. Il voyait des Indiens, dans les rochers et les broussailles, mais ils disparurent lorsqu'il regarda attentivement. Il n'avait pas peur ; non, pas peur. Le général Custer lui-même commandait, et les meilleurs officiers du régiment étaient ici : le vaillant capitaine Tom, et le courageux capitaine Keogh de deux grandes guerres, et le capitaine Yates le dandy, et le lieutenant Smith au bras estropié, et le lieutenant Calhoun qui avait épousé Maggie Custer. , et le lieutenant « Queen's Own » Cook, l'adjudant. Ils avaient tous participé à la bataille de Washita. Et voici le capitaine Lord, le chirurgien, le petit « Autie », le bon vieux « Bos » et le civil M. Kellogg, qui écrivait pour le New York Herald. Isaiah l'homme-squaw noir et « Lonesome » Charley Reynolds étaient là-bas avec le major Reno.

Mais où étaient les Sioux ? Combien de temps avant d'atteindre Little Big Horn, où se trouvait le village ?

Les éclaireurs Ree et Crow étaient répartis à travers la vallée. Il pouvait voir Bloody Knife, Bob-tail Bull, Stab, Half-Yellow-Face et Curly the Crow qui parlaient anglais. Maintenant, ils s'étaient tous rassemblés en groupe et avaient fumé. Oui, il y avait des Sioux ! Les éclaireurs avaient quitté la fumée et poursuivaient d'autres cavaliers ; juste un peu. Lorsque les troupes atteignirent le lieu de la fumée, ils découvrirent qu'elle provenait d'un tipi avec un Sioux mort à l'intérieur. Les éclaireurs avaient mis le feu au tipi et avaient chassé les guerriers Sioux de l'endroit qui semblait avoir été un petit camp de village.

« Oh, Cook », appela le général ; et l'adjudant Cook trottina vers lui. «Dites à Reno que les Indiens s'enfuient. Le village doit être à seulement trois kilomètres de là-bas. Dites-lui d'avancer à l'allure aussi rapide qu'il le juge prudent, et lorsqu'il atteint le village, de charger ; et toute l'équipe le soutiendra.

L'adjudant Cook galopa vers le major Reno. Le major Reno se retourna sur sa selle pour donner l'ordre ; sa colonne se mit au trot rapide ; et au milieu d'un nuage de poussière, ils s'en allèrent, allant de l'avant, virant à gauche tout en suivant le sentier qui descendait au bord d'un petit ruisseau et contournait la pointe d'une haute crête. Le Little Big Horn était proche avant, au fond de la vallée !

Mais le général éloigna sa colonne de la piste, plus à droite. Tout le monde écoutait en regardant ; j'écoutais les acclamations et les volées du major ou du capitaine Benteen.

« Debout, les hommes », prévint le capitaine Keogh, sur son cheval Comanche, à sa compagnie, derrière la position de Ned.

Ils gravissaient le flanc de la crête autour de laquelle le major Reno avait maintenant disparu. Les instants semblaient des heures. Avec un bruit de sabot rapide, un soldat arriva au galop par derrière ; c'était un caporal, l'infirmier du major Reno. A côté du général, il s'arrêta court jusqu'aux hanches de son cheval et salua.

"Les compliments du major, monsieur, et dit qu'il est à la rivière et qu'il a tout devant lui et qu'ils sont forts."

« Très bien, monsieur, répondit le général. Sa voix était brusque, tendue par l'énergie. "Adjudant, vous feriez mieux de renvoyer quelqu'un avec des ordres pour que ce train et ces munitions se dépêchent."

Et l'adjudant Cook a envoyé un sergent de l'état-major des sous-officiers. Ned avait oublié son nom. Il s'est enfui.

Ils continuèrent à grimper en diagonalant la pente. À tout moment, ils entendraient les cris et les coups de feu des hommes de Reno, les cris et les coups de feu des Sioux.

"Nous allons avoir une grosse bagarre, je suppose", risqua encore une fois "Autie", reculant de quelques pas pour chevaucher avec Ned. Sa voix était tremblante, son visage brun était pâle, mais ses yeux claquaient. Ned hocha gravement la tête.

Le général avait éperonné avec impatience ; et, formant une petite escouade se dirigeant vers une haute colline en avant, ils quittèrent progressivement la colonne. Le général atteignit le premier le sommet de la butte. Il s'était penché anxieusement, à la recherche de la vue au-delà. Maintenant, il s'en prenait à Vic, comme s'il était surpris. L'adjudant Cook le rejoignit immédiatement. Ils scrutèrent attentivement. « Autie » aussi. Ned s'avança pour voir. A gauche, en avant et en contrebas, s'étendent la vallée de l'Herbe Grasseuse et le village Sioux.

Une ligne irrégulière de saules verts et de peupliers marquait le cours d'un ruisseau très tortueux coulant évidemment entre de hautes berges, au milieu de falaises ondulantes. De hautes montagnes sombres s'élevaient loin vers le sud, fermant un plateau plat. Mais Ned n'en avait qu'un aperçu, car quelque chose de plus important était plus proche.

La vallée du ruisseau tortueux se trouvait à un kilomètre et demi de là, mais elle était partiellement cachée par une autre crête plus basse. Mais au-dessus de la crête flottait de la poussière brune, due à une certaine agitation ; et là-bas, le long du ruisseau, flottait encore de la poussière. Les loges blanches des Sioux brillaient à travers elle, alors qu'elles se regroupaient sur un mile et plus de longueur ! Un formidable village, celui-là ! Des silhouettes ressemblant à des fourmis se déplaçaient çà et là ; les troupeaux de poneys (qui faisaient la poussière) paissaient sur le plateau au-delà des tipis ; des cris aigus de squaws et des aboiements de chiens flottaient faiblement dans l'air calme et ensoleillé. Ned regarda pour voir la colonne du major Reno, mais elle n'était pas encore visible.

"Un gros!" s'exclama le général, le visage rayonnant. "Bien! Renvoyez une autre commande à Benteen, Cook. Nous devons avoir immédiatement ces packs avec leurs munitions, et plus d'hommes.

Le lieutenant Cook sortit son carnet de voyage et, avec son bout de crayon, griffonna à la hâte, posant le livre sur son genou en peau de daim. Alors qu'il écrivait, en creusant dur dans son sérieux, il lut :

« Benteen, allez. Grand village. Être rapide. Apportez des sacs.

Il y jeta un coup d'œil une fois et ajouta un mot ou deux. Il tendit le papier plié à Ned.

« Ici », dit-il sèchement. « Apportez cela au capitaine Benteen et n'épargnez pas votre cheval. »

**"ICI, APPORTEZ ÇA AU CAPITAINE BENTEEN ET
N'ÉPARGNEZ PAS VOTRE CHEVAL"**

XXIV
SITTING BULL À LA BAIE

Saluant, Ned à roues autour. Il eut un aperçu du visage du général. Les yeux bleus brillaient, le chapeau à larges bords était balancé vers la colonne qui avançait au trot.

« Nous les avons surpris en train de dormir, les garçons ! » » applaudit la voix haute et claire du général. "Maintenant, pour une charge!"

Le long de la colonne, Ned fonça en trombe vers la piste arrière. Des visages familiers, poussiéreux et en sueur, mais tous résolus, lui souriaient ; une main ou deux s'agitèrent. Depuis l'obscurité à l'arrière des rangs enthousiastes, il regarda derrière lui. La colonne avait dépassé la crête. Dirigé par le général et l'adjudant et le jeune « Autie », les étoiles et les rayures et le quartier général ou le drapeau du « général » suivent de près, avec les guidons de cavalerie rouges et blancs ruisselant au soleil pour marquer chaque troupe, les chevaux au trot dur , les hommes penchés en avant, les bords des chapeaux évasés, les mains des brides en avant, les carabines et les pistolets pas encore dégainés, rang par rang, guidon par guidon, ils plongèrent dans un creux et disparurent. Ils étaient partis : mais ils ont laissé derrière eux une acclamation.

Ned ne regarda plus. Il avait son devoir à accomplir. Il n'était pas certain de l'endroit où il trouverait le major Benteen ; mais ce serait quelque part vers la rivière ; les embranchements des sentiers guideraient.

"Continue! Continue!" il a poussé, dans les oreilles dressées de son cheval, un autre « Buckie ».

« Un bruit sourd ! Un bruit sourd ! Un bruit sourd ! » Les broussailles et les rochers défilaient avec vertige, sous lesquels coulaient les traînées brunes de nombreux sabots. Il sortit le message de sa blouse, pour le lire et s'en assurer au cas où il serait perdu. Oui, c'était bien cela dans le gribouillage précipité de l'adjudant Cook :

Benteen, allez. Grand
Village. Soyez rapide. Apportez des sacs.

CUISINIER , adj't.

PS Apportez des packs.

« Clk ! » gloussa Ned à Buckie ; et le piqua de nouveau avec les éperons. Ils doivent y arriver. Le général dépendrait d'eux. L'adjudant Cook avait répété les mots « Apportez des sacs », ce qui montrait l'importance de l'affaire.

« Un bruit sourd ! Un bruit sourd ! Un bruit sourd ! » La mousse était blanche là où les rênes frottaient le cou mouillé de Buckie ; sa respiration sifflait, parfois il reniflait pour chasser de ses narines tendues la poussière et l'humidité ; mais il n'a jamais hésité. Bon cheval !

Au loin et faiblement, sur la droite, on entendait des crépitements de coups de fusil, comme un feu d'escarmouche ; et puis bravo ! Ce doit être le major Reno ou le capitaine Benteen ; et là-bas se trouverait la rivière.

Galopez, galopez, remontez le sentier arrière, avec les pentes arrondies, sages et chaudes, ceinturant le long, très long chemin. Où était le capitaine Benteen ? Où était le train de bât ? Ah, voici quelqu'un, un cavalier qui galopait aussi fort. Il sortit le revolver de Ned ; mais bientôt la tache se transforma en un homme vêtu d'un costume d'homme blanc. On aurait dit un soldat. C'était "Bos!" « Bos » Custer, maître des fourrages.

Il vit Ned et lui fit signe. Ned reprit les rênes à peine un instant, alors qu'ils se rencontraient.

"Où étais-tu?"

"Je reviens chercher un nouveau cheval."

« Où est le capitaine Benteen ? L'a vu?"

«Je viens de le quitter. Tout droit. Gardez la trace. Un combat, n'est-ce pas ?

"Tu paries." Et Ned était parti, dans une direction ; « Bos » a galopé pour rejoindre son grand frère. Cinq membres de la famille Custer devaient être ensemble dans cette bataille : trois frères, un beau-frère et un neveu.

Ned surveillait tout signe de la colonne Benteen. Hourra! Ils étaient là – une longue masse de poussière bleue, avançant au trot, le long de la piste, le capitaine Benteen et son aide de camp en tête. Le convoi n'était pas en vue. Ned galopa (le revolver rangé dans son étui) et rencontra le capitaine Benteen, qui surveillait son approche.

"Une dépêche du quartier général, monsieur", haleta Ned en la tendant.

Tandis qu'il chevauchait, le capitaine Benteen le lut rapidement. Ned se tenait prêt à un mot pour se retourner et porter la commande aux meutes. Mais alors que le capitaine lisait, les éclaboussures de coups de feu au loin se sont soudainement transformées en une clameur continue. Le capitaine leva la tête, écoutant, regardant. Les coups de feu retentissaient de plus en plus fort, comme si la bataille approchait. Les Indiens étaient-ils chassés de cette façon ? Quoi--? Mais l'ordre du capitaine sonna vivement.

« B'tall-*yun*, dégaine… des pistolets ! Galopez, marchez !

Avec des acclamations, ils se jetèrent en avant, les pistolets levés, les yeux alertes, prêts à rencontrer les Sioux en fuite et à les repousser.

La vallée s'élargit ; C'est dans cette direction qu'avait chevauché le bataillon du major Reno, se rappela Ned, tandis que lui aussi galopait, le pistolet haut.

« À droite et à gauche en ligne… marchez ! cria le capitaine Benteen, pour couvrir le terrain avec le front de bataille.

Puis, alors que tous galopaient, formant la ligne, la voie s'ouvrit sur une large vallée transversale, et là se trouvait le champ de bataille - une arène broussailleuse et brisée, coupée par le ruisseau tortueux bordé de saules, brumeuse de fumée d'herbe brûlante et de poudre. à travers lequel résonnaient des tirs, des cris et des chants, et à travers lequel on voyait vaguement des cavaliers courir dans toutes les directions, comme s'ils attaquaient un objet commun au milieu d'eux. Sur une falaise à droite se déroulait une autre bataille : des soldats en haut, des Indiens en bas.

Le galop cessa rapidement. Maintenant, où aller, ou que faire en premier ?

"Attention! En voilà !

Le cri et le murmure se propageaient d'homme à homme. Une masse confuse remontait rapidement la vallée, vers eux.

« Non, ça va. Ils ont fait signe. Ce sont des Corbeaux, avec un troupeau de poneys.

C'est ce qu'ils étaient. Alors qu'ils passaient en courant, chassant leur butin, à la manière indienne, des voix les saluaient, demandant où était Reno, où était Custer. L'un des Corbeaux agita la main en direction du bluff.

« Des soldats là-bas », dit-il.

« Oblique à droite, trot… marche ! ordonna le capitaine Benteen. Et pour le bluff qu'ils ont fait.

Les hommes sur la falaise se sont avérés être le major Reno et son bataillon. Ils étaient démontés et tiraient à longue distance sur les pentes. Les combats en contrebas s'étaient déroulés par l'arrière-garde, dans la retraite vers la falaise. Le major Reno portait un mouchoir noué autour de la tête. Ned pensait qu'il avait été blessé, mais il avait seulement perdu son chapeau. Il avait également perdu son revolver. Il salua fébrilement le major Benteen.

« Où est Custer ? Avez-vous vu Custer ?

"Non."

« Moi non plus. Il a promis de me soutenir. Il faisait trop chaud pour nous. Nous avons été chassés. Cinq pour un." Le major parut presque hors de lui.

« Eh bien, je vous le dis, nous combattons toute la nation Sioux, ainsi que tous les hors-la-loi et les métis à l'est des Montagnes Rocheuses. Descendez de vos hommes, capitaine, et déployez-les comme tirailleurs le long de cette colline au sud.

Oui, le major Reno et ses 200 hommes étaient partis charger le village, de l'autre côté de la rivière ; mais il semblait qu'ils étaient attirés dans une embuscade ; lorsqu'ils s'étaient arrêtés pour observer, les Sioux avaient envahi, de plus en plus épais. Ils arrivèrent à pied et à cheval. "Salut-yih salut-yih ouais-ouais-ouais!" avaient-ils pleuré, effroyablement. Les Rees, sur le flanc gauche, s'étaient enfuis pêle-mêle. Le major avait démonté ses hommes dans du bois ; mais aucun Custer n'était en vue, les Indiens l'entouraient, et il avait ordonné la retraite vers la falaise de ce côté.

Cela avait été un coup dur. Lors de la retraite, le lieutenant Don McIntosh et le lieutenant Benny Hodgson, l'adjudant par intérim, avaient été tués, tout comme le docteur DeWolf, le « Lonesome » Charley Reynolds et le noir Isaiah. Le Fidèle Bloody Knife était également tombé ; foudroyé, dit quelqu'un, aux côtés du major Reno. Vingt-neuf autres hommes sont également morts. Il manquait une partition. Les corps de la plupart des victimes étaient encore là.

Le bataillon aurait pu faire mieux s'il était resté dans les bois près du village et s'il avait combattu à pied. Mais où était Custer ? Où était le général ?

Les clairons hurlèrent.

« Cessez le feu, les hommes ! Cessez de tirer ! ordonna aux sergents, le long de la ligne d'escarmouche d'hommes agenouillés, de protéger la falaise.

Maintenant, nous pourrions tous arrêter de plisser les yeux sur les canons chauds des carabines et s'essuyer les fronts. Les Indiens de la vallée galopaient le long des collines et des ruisseaux, vers le nord.

Qu'y avait-il là ? Oh! Écouter! Custer doit être en action. Ses carabines claquaient de plus en plus vite. Mais pourquoi n'envoie-t-il pas de message ? Pourquoi le bataillon a-t-il été gardé ici ? Pourquoi le major n'a-t-il pas ordonné une avance ?

Écoutez *maintenant* ! Accident! Tir de volée ! Et encore « Crash ! » Un autre. Sûrement « Old Curly » leur donnait du lourd. Qui est-ce qui venait ? Ah, McDougall et les meutes. Bien! Le général avait envoyé un message pour les meutes ; n'était-il pas temps d'avancer en force et de le rejoindre, ou de l'aider en attaquant ?

Il fallait de l'eau ; mais lorsque les soldats essayèrent de l'extraire de la rivière en contrebas, ils furent immédiatement visés. La fusillade dans la direction où se trouvait le général s'éteignit dans un fracas intermittent ; on voyait peu d'Indiens ; et enfin le major Reno ordonna un mouvement vers le nord sur les falaises, vers le général. Alors les Indiens se rassemblèrent rapidement et furieux, et le commandement fut repoussé au premier bluff. Le bataillon du général était en vue, à deux milles de distance, sur une colline. Au moins, là-bas, il y avait un tourbillon de chevauchées et des tirs irréguliers. De cet endroit, de nombreux Indiens arrivèrent soudain en toute hâte pour attaquer les autres soldats blancs. Il semblait donc que le général avait été vaincu et que son arrière-garde défendait sa retraite.

Mais pourquoi n'a-t-il pas envoyé de courrier ni fait de signaux pour informer le reste du régiment ?

La falaise était un endroit animé. De plus en plus nombreux, les Sioux et les Cheyennes l'assiégeaient. De tous côtés, d'en haut comme d'en bas, leurs railleries hurlaient, leurs balles gémissaient. La journée était presque terminée. Alors que le soleil descendait sur les collines désolées, l'ennemi rouge criait plus fort et tirait plus vite ; chaque bouquet de sauge et chaque rocher semblait abriter un Indien ; au bord du ruisseau bordé de saules, les squaws chantaient vengeresses dans le village toujours debout et triomphant.

Même au crépuscule, les Indiens n'osaient pas charger. Régulièrement et désespérément, les soldats ont répondu à leurs balles. Officier et homme abattus en même temps ; et Ned parmi eux. Sa carabine de cavalerie tronquée s'est bloquée à plusieurs reprises sur lui. Cela n'extraireait pas la coquille. A droite et à gauche, il entendit ses camarades se plaindre également de leurs carabines. Ils doivent s'arrêter et utiliser leurs lames de couteau pour détacher les coquilles.

Le crépuscule s'estompa ; le crépuscule s'installa ; et les Indiens ont quitté. Les bruits de fusil et de carabine cessèrent ; et pendant un instant le calme bénit la vallée. Ned était heureux de se lever, d'étirer ses jambes et son dos à l'étroit et de regarder autour de lui.

«Écoutez!» a encore averti quelqu'un. « J'entends des commandes ! Les troupes arrivent ! Hourra pour Crook !

« Vous ne les voyez pas là-bas ? Juste là-bas, contre la ligne d'horizon ! Ah, maintenant ils ont disparu. Mais ils arrivent – Terry ou Crook ou Custer ! Hourra!"

"Hourra!" Les acclamations jaillirent de cette colline et tout le long de la falaise, où les hommes de Reno étaient également agités.

« Des écuries saines, Fletcher », dit le capitaine Benteen, à propos de Ned. « Aussi fort que possible, pour les atteindre et les guider. »

Les lèvres desséchées et gercées, Ned fit de son mieux, sonnant de sa trompette cabossée l'air entraînant et familier :

Venez à l'écurie tous ceux qui le peuvent,
et donnez à vos chevaux de l'avoine et du blé ;
Car si vous ne le faites pas, votre colonel le saura,
et alors vous le regretterez aussi sûrement que vous êtes né.

"Maintenant écoute!"

Il semblait que répondre à un appel de clairon flottait dans le crépuscule. Mais après que des coups de feu eurent été tirés et que d'autres appels eurent été lancés, les officiers et les hommes durent reconnaître que leurs espoirs les avaient trompés. Personne ne venait. Alors, où était Custer ?

Des barricades de boxes et de carcasses de chevaux s'entassaient, et l'ordre fut donné de creuser les fosses à fusils, pour le combat du lendemain. L'obscurité s'est progressivement installée. Il n'y avait pas d'eau pour le café et toutes les bouches étaient trop sèches pour mâcher du pain. Le bluff était misérable, mais le village en contrebas était gai. De grands incendies éclataient en rouge ; et autour d'eux, les Indiens caracollaient et criaient dans une formidable danse du cuir chevelu. Avec des flammes, des cris, des hululements, des tirs de fusils et des battements de tam-tams, les danses ont duré toute la nuit. Mais les Indiens n'ignoraient pas les observateurs sur la falaise ; car lorsque le major Reno envoya des éclaireurs pour trouver une voie ouverte, ils revinrent rapidement, disant qu'ils n'avaient rencontré que des Sioux, des Sioux, des Sioux, partout.

Peu importe; Custer viendrait le matin ; et bientôt viendraient Terry et Gibbon, ainsi que Crook le Renard Gris.

Le creusement des petites fosses à fusils dura la majeure partie de la nuit. Ned aidait l'une des équipes. Ils avaient fini leur fosse, et il avait fermé les yeux, un instant (il était si fatigué !), lorsqu'il se réveilla en sursaut. Deux coups de fusil résonnèrent à ses oreilles. Au signal s'enfla de nouveau une clameur hideuse, des cris et des détonations rapides ; les balles tombaient, résonnaient sur les rochers et coupaient la terre sèche et la sauge cassante. Il n'y avait pas besoin d'« Assemblée » ; dans les fosses plongeaient les hommes.

L'est était à peine rose. L'aube était à peine arrivée. L'heure doit être très tôt. Mais pour les blancs et les rouges, la journée avait commencé.

« Donnez-leur, les hommes ; donnez-le-leur, mais faites attention à la façon dont vous tirez. Faites en sorte que chaque balle soit révélatrice. Les paroles acerbes du capitaine Benteen et du lieutenant Gibson, alors qu'ils marchaient de long en large derrière la troupe H, calmèrent les nerfs de tous.

À quelle vitesse les balles ont plu ! Ils frappaient par devant et par derrière. À mesure que l'aube s'éclairait, on pouvait voir les chefs à plumes faire des gestes et commander, tandis que leurs guerriers nus couraient çà et là pour occuper de meilleures positions. Il y en avait des nuées ; *des essaims* !

"Pour l'amour de Saint Patrick, mais ce sont tous des tireurs d'élite !" » haleta le soldat McDermott, aux côtés de Ned. "La moitié d'entre eux sont hors de portée de nous, avec ces carabines à canon scié."

Ils étaient donc tous des tireurs d'élite. Rapides et fidèles, leur avance était ramassée, ramassée, dans les fosses à fusils et les barricades ; J'ai fouillé le creux où étaient parqués les mulets et les chevaux de réserve. Le long de la ligne de la compagnie H, des hommes étaient tués, certains par balles tirées par derrière. Les mulets et les chevaux hurlaient de blessures. Une odeur de poudre emplit l'air immobile. On avait mal à la tête à cause du bruit, on avait la gorge irritée par la fumée.

Le major Reno, dans sa position au nord, doit rester discret ; doit faire profil bas, le capitaine Benteen et tous les autres officiers. Les Indiens se rapprochaient. Par petits élans et élans, ils se faufilaient à travers les broussailles. Avec des sifflements et des crépitements, les flèches commencèrent à faire sortir la grêle de balles.

« Je dois manquer de munitions », marmonna le soldat McDermott.

"Attendez! Je vais chercher un de ces mendiants rouges », s'est exclamé le soldat Burns. De sa place, il rampa en avant, serrant la brosse, pour mieux viser. Il continua son chemin, scrutant ; mais voyez ! À mi-hauteur, il sauta et tomba, s'effondrant en un tas lâche.

Avec un cri d'exultation, une silhouette cuivrée peinte et luisante se précipita vers lui, accélérant comme un cerf, un coup d'État, long de dix pieds, tendu pour toucher son corps et réclamer un scalp. Mais une demi-douzaine de carabines parlèrent ensemble, et la silhouette cuivrée et peinte s'effondra en une masse rouge terne.

Audacieux? Oui. Là, entre les lignes, gisaient soldats et Sioux, tandis que sur eux passaient et repassaient balles et flèches, criaient et gémissaient. En réalité, le combat devenait de plus en plus désespéré.

"Cela ne suffira pas", dit le capitaine Benteen. Le major Reno était venu. « Nous devrons agir vite, sinon ils se précipiteront dans nos lignes. Nous devons les repousser, major ; repoussez-les.

« Préparez donc vos hommes pour une charge », ordonna le major.

« Tout est prêt, mes amis », appela vivement le capitaine. « C'est maintenant votre heure. Hip, hip, c'est parti ! Donnez-le-leur ! Donnez-le-leur !

"Hourra!" » applaudit le lieutenant Gibson.

Sortant de l'abri et descendant la pente sage, la ligne des chemises bleues déferla. Ned n'a pas pris le temps de faire exploser la « Charge » ; il tirait. Il fallait du plomb et non du laiton. Les carabines rugissaient, les hommes criaient violemment et les Indiens brisèrent la rivière.

« De retour, les hommes ! Revenir!" ordonna le major Reno, suivant avec les autres officiers, de près.

Nous nous retrouvâmes donc de nouveau dans les puits de tir.

Midi était proche ; ou bien les Indiens n'avaient plus de munitions, ou bien ils étaient épuisés, car leurs tirs se ralentissaient. L'adjudant par intérim Hare se précipita vers le capitaine Benteen.

"Les compliments du major, et allez-vous avancer votre ligne d'escarmouche pour couvrir les volontaires qui vont chercher de l'eau."

Les collecteurs d'eau se dirigeaient, par des creux et des ravins, vers la rivière en face. Ils transportaient des bouilloires et des paquets de gourdes. C'était un travail dangereux, et certains d'entre eux étaient blessés ; mais ils remplissaient les cantines. Ceux-ci ont été remis le long des lignes. Ah mais c'était bien, enfin de boire un verre !

Le soleil s'était déplacé de l'est vers l'ouest. L'après-midi a connu des hauts et des bas : parfois les Indiens tiraient avec colère ; parfois ils semblaient se reposer. Que devait-il se passer ensuite ? Que complotaient-ils ? Les officiers se promenaient, ordonnant aux hommes d'être prêts et de ne pas avoir peur.

« Bien sûr, mais il me semble que les mendiants partaient », songea le soldat McDermott, l'air perplexe.

Puis, vers le coucher du soleil et vers la fin de ce deuxième jour de combat, de la falaise s'éleva un murmure et un cri. Les Indiens abandonnaient et partaient ! « C'était trop beau pour être vrai ; mais néanmoins les tipis tombaient, tandis que les squaws travaillaient dur pour emballer le village. Bientôt, des nuages de fumée fraîche s'enroulèrent. L'herbe avait encore été brûlée ; derrière elle, on pouvait voir des personnages l'éventant de couvertures.

Les officiers et les hommes le regardaient fixement. Dans la lueur fraîche du crépuscule, le village tout entier – ou ce qui semblait être le village tout entier – émergea de la fumée dissimulée et s'éloigna à travers le plateau nu qui avait été le pâturage des poneys.

Ils formèrent une masse énorme et régulière ; il n'est pas étonnant que les bataillons du septième cavalerie n'aient pas fouetté tout ce peuple.

« Ils sont aussi nombreux qu'une brigade de l'armée du Potomac et en aussi bel ordre », déclara le major Reno, observant au milieu de ses officiers.

Cependant, les Indiens préparent peut-être un piège. Dix-huit morts et cinquante-deux blessés, tel est le bilan du docteur Porter, le chirurgien de la falaise. Le major Reno n'osa pas s'aventurer loin, mais il rapprocha les compagnies du fleuve, pour l'eau. Ainsi la nuit tomba le lundi 26 juin 1876, par le Little Big Horn.

Mardi, le troisième jour s'est levé clair et paisible. Avant, les seuls objets mobiles étaient quelques poneys indiens qui paissaient dans les fonds ; pas un feu de loge indien ne devait être aperçu. Maintenant, où était Custer ? Où était Crook ? Quand Terry et Gibbon pourraient-ils être attendus ?

Après le petit-déjeuner, les hommes pouvaient s'asseoir, méfiants mais à l'aise, à l'exception des blessés. Le soleil flottait plus haut et la sauge brillait de chaleur. À peine un son a-t-il brisé les conséquences du bruit de la bataille, à l'exception des croassements rauques des pies. Sur une butte étaient également assis le major Reno, l'adjudant par intérim Hare, le capitaine Benteen, ainsi que d'autres officiers, Ned et ses collègues aides-soignants à portée de main.

La discussion portait beaucoup sur Custer et sur la raison pour laquelle il n'avait pas envoyé de message. Certains officiers étaient impatients envers lui. Mais tout à coup, la conversation cessa. Le major Reno regardait attentivement à travers sa lunette, vers le nord. Ca c'était quoi? Des hommes allongés s'éleva de nouveau un murmure. Ils se levèrent d'un bond, tout comme le major Reno et tous.

« Sonnez l'assemblée, trompettiste ! À vos messages, messieurs ! ordonna le major.

Contre les sommets des montagnes, tout au long du cours de la rivière tortueuse et à moitié cachée, se trouvait une autre écume de poussière semblable à un nuage brunâtre. Aux notes précipitées de « l'Assemblée », clairon après clairon, les hommes accoururent de la rivière en contrebas, saisirent les carabines et s'accroupirent de nouveau en ligne. Les Indiens revenaient !

Non! La poussière n'est pas arrivée assez vite pour les cavaliers indiens. C'était plutôt la poussière d'une marche de cavalerie ou d'infanterie. Et pourtant, si c'était le cas des Indiens, le bluff pourrait-il leur résister un autre jour ?

Ned sentit son cœur se serrer de terreur. De toute évidence, le major Reno avait des doutes. Il réfléchit un instant ; et rédigea rapidement un ordre.

«Je veux que trois hommes transmettent ce message», a-t-il déclaré à l'adjudant par intérim Hare. « Ils doivent s'approcher le plus près possible de cette colonne qui approche et voir de quoi il s'agit. Si ce sont des Indiens, ils doivent transmettre ce message à Terry à Big Horn, afin qu'il se dépêche. S'il s'agit d'une colonne blanche, ils doivent immédiatement faire demi-tour et nous le faire savoir. Vous pouvez demander des volontaires dans les rangs. Nos Indiens ne valent rien. Je ne peux pas compter sur eux.

En suivant la ligne de falaises, les trois courageux courriers s'étaient enfuis. Les deux bataillons doivent attendre.

"C'est peut-être Terry, vous ne pensez pas, major ?" » demanda l'adjudant Hare.

"Non. S'il s'agit de cavalerie, ce doit être Custer. Terry n'aurait guère eu le temps d'aller aussi loin.

« Alors cherchez la troupe de chevaux gris », suggéra le capitaine Benteen. « Troupe E ; Celui de Smith. Cela racontera l'histoire.

Une heure passa ; et hourra, voici les trois courriers qui se hâtaient le long de la crête ! Avec eux se trouvait un quatrième cavalier. La poussière aussi approchait ; bientôt les hommes en dessous seraient en vue.

L'escouade de quatre personnes arriva, haletante de hâte. L'homme supplémentaire était un éclaireur, près de son gréement. Il était fatigué et épuisé par le voyage.

« C'est une colonne d'armée ; cavalerie et infanterie, monsieur, rapporta le caporal des trois courriers ; et l'étrange éclaireur remit au major Reno un billet sale.

Le major le lut, le lut deux fois et le passa à l'officier suivant.

« Qu'en pensez-vous, messieurs ? » demanda-t-il anxieusement. "Tu dis que c'est Terry là-bas ?" il demanda à l'éclaireur :

L'éclaireur hocha la tête et, le visage tiré, répondit.

"Oui Monsieur."

« Et Custer n'est pas avec lui ?

"Non monsieur."

« Cette note est adressée au général Custer, » dit le lieutenant Hare ; "du général Terry." Et il le lut à haute voix : « Général : Un éclaireur Corbeau vient d'entrer dans le camp, disant que vous avez été fouetté. Je n'y crois pas, mais je viens avec une aide médicale.

« J'ai essayé de pénétrer dans vos lignes la nuit dernière », informa l'éclaireur blanc, « mais les Sioux accusés étaient si nombreux qu'ils m'ont retenu. Je pensais que tu étais Custer. Où est Custer, puis-je demander ?

Le visage blanchissant s'est transformé en visage blanchissant. Ned se sentait pâle et tremblant de peur.

« Si Custer n'a pas rencontré Terry… »

"Et n'a pas communiqué avec nous——"

«Ou avec lui…»

« Nous devons espérer le meilleur, messieurs », balbutia le capitaine Benteen.

La rumeur se répandit comme un éclair dans les stands que le bataillon Custer avait rencontré un grand désastre. Aux petites exclamations d'émerveillement et de pitié succédèrent un silence d'attente.

Mais ici, le long de la vallée, là où s'était dressé le fier village Sioux, apparut la tête de la colonne ; paraissaient la cavalerie et l'infanterie, sous guidons et bannières. Hourra pour Terry et Gibbon ! Hourra pour les camarades en bleu ! Les chapeaux étaient balancés, des mains crasseuses agrippaient la main crasseuse.

La colonne arriva, sous les acclamations. Le général Terry, en tête, était grave. De toute évidence, il était porteur d'une très mauvaise nouvelle. Sobres étaient tous les officiers avec lui, sobres étaient les hommes ; et sobre grandit le camp craintif.

« Custer ! Et Custer ?

Les têtes étaient secouées.

«Je ne sais pas encore, c'est sûr. Mais certains commandements ont été tués, tous les hommes, apparemment, là-bas sur ces collines. Nous avons croisé environ deux cents corps déshabillés.

Ned aperçut un visage familier. C'était celui de Curly, l'éclaireur Crow. Il se précipita vers Curly.

« Où est le général, Curly ? Où sont les cheveux longs ?

Curly secoua la tête, comme d'autres têtes étaient secouées.

« Les cheveux longs sont morts », dit-il gutturalement. "Tous morts. Il ne m'en reste qu'un. Lâchez vos cheveux comme Sioux, mettez de la peinture Sioux et partez. Alors presque tous tués.

Curly avait donc été aux côtés de Custer dans le combat.

La voix de l'adjudant par intérim Hare était étranglée, il pouvait à peine parler, quand, au moment voulu, cherchant le capitaine Benteen, il dit :

« Le major a la permission du général Terry d'envoyer une compagnie inspecter le champ de bataille où les corps ont été vus. Il vous ordonne donc de prendre votre compagnie et de revenir dès que possible avec un rapport.

Sobrement, le capitaine Benteen accusa réception du salut ; et emmena sobrement avec lui ses hommes de la compagnie H, dont Ned, trompettiste de cavalerie.

Oui, ils gisaient là, sur une pente et une crête, à trois kilomètres de Reno Hill. Ils gisaient là : 212 au décompte, les combattants du grand chef blanc Long Hair, dépassés par les 2000 combattants des grands chefs rouges Gall et Crazy Horse, et la médecine de Sitting Bull.

Compagnie par compagnie, en retraite de position en position, ils pouvaient être reconnus non par des guidons mais par des officiers et des hommes. Voici le beau Calhoun et sa lignée ; voici le sombre capitaine Keogh et les siens ; voici les hommes de Yates, les hommes de Smith et ceux de Tom Custer, appuyés par leurs officiers. Voici le cuisinier de « Queen's Own » ; et « Bos » et la petite « Autie » ; et dans le cercle des braves se trouvait le général.

Des scalps avaient été arrachés, une hache et une massue étaient à l'œuvre ; mais le général Custer restait calme et à l'aise, avec seulement deux blessures, et ressemblant à ce que Ned l'avait vu mille fois auparavant. Même le couteau de Rain-in-the-Face lui avait échappé. Les Sioux ont déclaré : « De tous les hommes courageux que nous avons jamais combattus, les Cheveux Longs étaient les plus courageux. »

Deux cent soixante-cinq tués, cinquante-deux blessés, tel fut le bilan de la septième cavalerie, après cette bataille de Little Big Horn, les 25 et 26 juin 1876. Les Sioux s'enfuirent, Crazy Horse à l'est, assis Taureau à l'ouest. La poursuite fut longue. Bande après bande, elle doit céder la place à la cavalerie et à l'infanterie. American Horse a été tué ; Iron Dog s'est rendu ; Dull Knife, le Cheyenne a été vaincu; Lame Deer a été tué; Two Moons et Hump se rendirent ; Crazy Horse a été vaincu et doit se rendre ; Sitting Bull fut vaincu à deux reprises et, à travers la neige et le froid, il dut conduire au Canada le peu de son peuple qui restait. Cinq ans après la grande bataille de Greasy Grass, lui aussi se rendit. Les États-Unis avaient acheté les Black Hills. Mais le chef aux longs cheveux jaunes et près de trois cents hommes de sa septième cavalerie ne chevauchèrent plus jamais.